습속
용례, 매너, 관습, 모레스, 그리고 도덕의 사회학적 중요성

4

서양편 · 786

습속

용례, 매너, 관습, 모레스, 그리고 도덕의
사회학적 중요성

제4권

윌리엄 그레이엄 섬너(William Graham Sumner) 지음
김성한, 정창호 옮김

한국문화사

• 일러두기 •

1. 본서는 프로젝트 구텐베르크 웹사이트(http://www.gutenberg.org/ebooks/24253)에 있는 판본을 번역 원본으로 삼고 미국 뉴욕 Cosimo사의 Cosimo Classics Literature 총서 중 하나로 출간된 Folkways: A Study of Mores, Manners, Customs and Morals를 참고했다.
2. 원본에 있던 미주는 모두 각주로 옮기고, 옮긴이가 넣은 주는 '옮긴이 주'로 표기했다.
3. 인용한 문헌의 원문에 저자가 직접 추가하거나 수정한 부분은 [ ]괄호로 표시되어 있다.
4. 저자가 각주에 인용한 문헌을 한국어판에서는 옮긴이가 원서의 참고문헌에 추가했다.
5. 본문에 인용되어 있는 절은 책 말미 '절번호 찾아보기'를 통해 그 인용 절을 확인할 수 있다. (예: 본서 42절 참조 → '절번호 찾아보기'의 '42.⋯→62'에 따르면 1권 62쪽에 42절이 있음)

옮긴이의 글

『습속(Folkways)』(1906)은 섬너의 대표적인 저술로, 원문의 분량이 700쪽이 넘는 방대한 문헌이다. 그는 책에서 '습속'과 '모레스'에 대한 정의로부터 출발하여 노동, 부, 노예제도, 식인풍습, 원시적 정의(正義), 성(性), 결혼제도, 스포츠, 드라마, 교육과 역사에 이르기까지 폭넓은 사회 현상을 진화론적인 관점을 바탕으로 정리, 소개하고 있다. 책에 대한 적절한 이해를 위해 독자들은 그가 진화론을 받아들이고 있다는 점, 이를 인간 사회에 적용해 보고자 한 점, 아울러 그가 자유라는 이념에 커다란 가치를 부여하고 있다는 점을 염두에 두어야 할 것이다. 책에서 주목해야 할 또 다른 점은 습속과 모레스 등 그가 사용하고 있는 핵심적인 용어에 대한 설명이다. 이러한 용어들은 섬너가 각론에 들어가 성이나 결혼 등 구체적인 주제를 설명할 때 적절한 방식으로 스며들어 있다.

책에서 섬너는 인류가 진화 과정을 거치면서 획득하게 된 본성을 전제하면서, 인간이 이와 같은 본성을 충족시켜 생존을 도모하기 위해 각자에게 주어진 환경 속에서 자신이 가지고 있는 능력을 발휘했고, 이것이 계기가 되어 문화가 만들어졌으며, 결국 오늘날과 같은 거대 사회가 탄생하게 되었다고 생각한다. 이처럼 그는 인간이 주어진 환경 내에서 살아남기 위해 자신의 역량을 발휘하는 지속적인 과정을 통해

문화가 단순한 형태에서 복잡한 형태로 발전해 왔다고 생각하는데, 이러한 생각에서 핵심을 차지하는 개념이 바로 습속(folkways)이다. 습속이란 "필요를 충족시키기 위한 노력에서 유래된 개인의 습관과 사회의 관습"을 말한다. 이는 사회 구성원이 습관적으로 취하는 행동 양식을 말하는데, 섬너에 따르면 인간은 먼 조상으로부터 물려받은 본능을 충족시키기 위해 다양한 활동을 했고, 이러한 활동을 통해 자신을 환경에 적응시키게 된다. 그런데 그 특성상 인간은 불가피하게 집단생활을 하며, 이러한 생활을 하면서 집단 성원 전체가 잘 살아남기 위해 집단행동 양식을, 그리고 공동체 모두에게 도움이 될 수 있는 습관적인 방법을 개발한다. 바로 이것이 습속인데, 이는 인간이 시행착오를 거치면서 갖추게 된 것이다.

이러한 습속이 실질적으로 집단의 안녕에 필요하고 도움이 되는 것으로 간주되면 '모레스'(mores)로 자리 잡게 된다. 이러한 모레스는 집단 구성원의 생각과 행동 등을 통제하는 기능을 하며, 성원들은 이를 받아들이길 강요받고, 이를 어길 경우에는 제재가 이루어질 것을 감수해야 한다. 이러한 모레스는 단지 옳고 그름의 잣대로서의 도덕규범으로서만이 아니라 언어 습관을 포함해 의식주와 관련한 사람들의 수많은 행동 기준으로 작동하게 되는데, 섬너의 『습속』은 바로 이와 같은 습속과 모레스에 대한 생각을 바탕으로 인간사의 다양한 현상들을 설명하고 있다.

*　　　*　　　*

책을 관통하는 섬너의 근본적인 입장의 적절함은 차치하고라도 미국 사회학의 효시가 된 이 책의 내용은 섬너가 수집한 방대한 민속지와 역사적인 자료를 읽어보는 것만으로도 충분히 흥미롭고 유익한 읽을거리가 될 수 있을 것이다. 또한 오늘날 '습속'이라는 말이 비교적 흔히 쓰이고 있는데, 이와 같은 단어가 최초로 사용되면서 그 정의가 제시되고 있는 저작이라는 점도 이 책의 흥미를 더하는 부분이다. 이와는 다소 다른 차원이지만 역자는 섬너가 '사회진화론자'로 분류되면서 사회진화론에 대한 온갖 비판에 노출되는 것이 적절한지 가늠해 본다는 차원에서도 책을 읽어볼 가치가 있다고 생각한다. 많은 경우 섬너는 사회진화론자로 분류되면서 이러한 이론에 제기되는 비판을 고스란히 받고 있다. 하지만 이 책을 읽어보면 이와 같은 비판이 섬너의 저술이 상세히 분석된 상황에서 이루어진 것이 아님이 확연하게 드러난다. 다시 말해 2차 문헌을 통해 흔히 알려져 있는 바를 근거로 비판을 할 뿐, 정작 사회진화론의 본령으로 분류되는 저작에 대한 천착이 이루어지고 난 후 가해지는 비판이 아님이 확인된다는 것이다. 사회진화론을 어떻게 정의 내릴지, 그 내용이 무엇인지에 대한 논란의 여지가 적지 않은 상황에서 사회진화론에 대한 일반적인 비판을 그대로 답습하여 섬너를 평가하는 것은 정당하지 않다. 번역자는 사회진화론에 대한 좀 더 정확한 이해와 정리의 차원에서도 이 책을 읽어볼 필요가 있다고 생각한다.

*　　　　　*　　　　　*

19세기 영어 특유의 난해함, 그리고 동서양과 고금을 오가면서 논의를 전개하는 저자의 박식함을 충분히 따라가지 못하는 역자들의 한계 때문에 이 책이 나오기까지 적지 않은 시간이 걸렸다. 일부 내용은 미국인 몇 명에게 자문을 구해도 그 의미를 정확하게 파악하기가 어려울 정도였다. 그럼에도 주변 분들의 많은 도움 덕에 이렇게 책의 출간으로 번역을 마무리하게 되어 기쁘다. 하지만 다른 한편으로는 책 내용의 난해함이 일부 번역 문장에도 그대로 반영되는 경우가 있는 듯해 독자들께 죄송함이 느껴지기도 한다. 너그러운 마음으로 널리 이해해 주시기 바란다. 책의 처음부터 7장까지는 김성한이, 8장부터 끝까지는 정창호가 번역했다.

*   *   *

이 책이 나오기까지 도움을 주신 분들이 적지 않지만 무엇보다도 가족들에게 진심으로 감사를 표한다. 가족의 사랑과 희생이 아니었으면 실로 적지 않은 시간을 투자해야 하는 번역 일에 전념할 수가 없었을 것이다. 가족으로서의 이런저런 아쉬운 점을 숨긴 채 늘 격려만 해 주는 가족들에게 한없는 사랑을 보낸다. 한국문화사 이지은 과장님의 헌신은 결코 잊을 수 없을 것이다. 지금까지 출판을 하면서 과장님처럼 꼼꼼하게 교열을 봐준 경우를 본 적이 없다. 과장님은 건강이 좋지 않아 휴직을 하는 상황임에도 마지막까지 헌신적으로 책의 출간을 책임지셨다. 얼른 건강해져서 다시 함께 일을 할 수 있는 날을 기약해 본다. 마지막으로 인내심을 가지고 기다려주신 한국문화사 관계자분들, 그리고 직간접적으로 도움을 주신 많은 분들께 감사드린다. 이 책의 번역이 관련 분야의 연구와 독자들의 지적 관심을 충족시키는 데에 작게나마 도움이 되길 바란다.

2019년 9월
역자 일동

서문

　1899년, 나는 지난 10년 혹은 15년 동안 강의에서 사용해온 자료를 바탕으로 사회학 교과서를 쓰기 시작했다. 이 작업을 하다가 문득 '모레스(mores)'에 대한 나 자신의 견해를 소개하려는 생각을 하게 되었다. 하지만 교과서 어디에서도 이를 언급할 수 없었고, 또 다른 책에서 언급한다 해도 한 장(章) 정도로는 이를 충분히 다룰 수도 없었다. 결국 나는 교과서 작업을 잠시 던져두고 지금부터 이야기할 '습속(folkways)'에 관한 글을 쓰기로 했다. '습속'과 '모레스'에 대한 정의를 살펴보려면 본서 1절, 2절, 34절, 39절, 43절 그리고 66절을 참조하면 된다. 나는 사회학에서 이미 사용하고 있는 단어들에서 유추하여 '습속'이라는 단어를 만들었다. 또한 내가 이야기하고자 하는 내용을 가장 잘 담을 수 있는 단어로 라틴어 'mores'를 선택했다. 책에서 나는 이 라틴어 모레스(mores)를 사회 복리에 도움이 된다는 생각이 포함된 '대중의 용례(usage)'와 '전통'이라는 뜻으로 사용하고 있다(본서 42절 참조). 이는 어떤 권위에 의해서도 조정되지 않으면서 각 개인에게는 이를 따르도록 강제력을 행사한다. 한편 나는 'Ethos(에토스)'라는 단어도 친숙하게 만들고자 했다(본서 76, 79절을 볼 것). 이 책 제목을 'Ethica', 'Ethology' 혹은 'The Mores'라고 하는 것도 좋을 것 같았지만(본서 42, 43절을 볼 것), Ethics는 이미 다른 의미로 사용되고 있고, 다른 용어는 매우 생소했다. '습속'도 생소하긴 마찬가지일지 모르겠지만, 그럼에도 그 의미는 훨씬 분명하다. 여기서 나는 어떤 습속에 쉽게 충격을 받는 사람이라면 습속에 관한 글을 아예 읽지 않는 편이 좋다는 말을 덧붙이지 않을 수 없다. "관습(custom)은 자연의 가르침이다. 이에 뜻이 있다고 말한다면, 우리는 이를 부끄러워해야 할 것이다."(햄릿 4막 7장 마지막) 나는 모든 습속을 진실되게 다루려고 노력했다. 여기에는 우리의 습속과 극단적으로 다른 것도 포함된다. 그러면서 우리의 관례(convention)에 대해서는 그 권위를 인정했고, 응당 받아야 할 존경의 끈을 놓지 않았다.

1장에서 나는 습속과 모레스를 열심히 정의하고, 이들을 상세하게 설명하려고 노력했으며, 이들이 인간 사회에서 어떻게 작동하는지를 분석했다. 2장은 습속이 인간의 이해 관심(interests)과 어떻게 관련되는지, 그리고 이러한 습속이 어떻게 작용하고 또한 영향을 받는지를 보여 주고 있다. 이 두 장에서 상세하게 설명하는 주제는 다음과 같다. 첫째, 습속은 인간의 필요를 충족하고자 노력하는 과정에서 탄생한 개인의 습관(habit), 그리고 사회 관습의 총계다. 이들은 초자연적인 존재에 대한 믿음(goblinism)과 사신(邪神)에 대한 믿음(demonism), 그리고 운에 대한 원시 관념들과 뒤얽혀 있으며, 이로 인해 전통적인 권위(traditional authority)[1]를 확보한다. 이어서 이들은 후속 세대에게는 규제 원리로 자리 잡게 되고, 사회적 힘(social force)[2]이라는 성격을 갖추게 된다. 습속이 어디에서 유래했고, 어떻게 발생하는지에 대해서는 아무도 모른다. 습속은 마치 내적인 생명 에너지가 작동하여 성장하듯 성장한다. 이들이 인간의 의

---

[1] (옮긴이 주) 권위의 한 유형으로, 과거로부터 전해 내려오는 전통이나 관습 등을 통해 권위의 타당성을 확보한다.
[2] (옮긴이 주) 사람들의 생활에 영향을 미치며 사회사상 등을 탄생시키는 원인으로 작용하는 사회의 힘.

도적인 노력을 통해 바뀔 수도 있다. 하지만 여기에는 일정한 한계가 있다. 시간이 흐름에 따라 습속은 힘을 잃고, 쇠퇴, 사멸하며, 결국 변형된다. 이들이 전성기를 구가할 때는 개인과 사회가 맡은 일에 대한 이들의 통제력이 크게 강화된다. 이 와중에 습속은 세계관과 살아가는 방침에 관한 관념을 만들어내고 성장시킨다. 그럼에도 습속은 유기적인 것도, 물질적인 것도 아니다. 습속은 관계와 관례, 그리고 제도적 장치로 이루어진 초유기적 시스템이다. 습속은 **사회적** 특징을 갖추고 있는데, 이와 같은 이유로 이들은 우리의 탐구 대상이어야 한다. 이와 같은 사회적 특징으로 인해 이들은 사회과학에서 탐구해야 할 주요 대상으로 자리매김한다.

일단 습속에 대한 분석이 이루어지고 나면, 그 결론은 반드시 일련의 사례를 통해 정당화되거나, 혹은 분석을 통해 확증된 바에 부합되는 모레스의 작동 사례들을 제시함으로써 정당화될 필요가 있다. 이러한 정당화가 성공하려면 해당 모레스에 대한 설명이 상세하게 이루어질 필요가 있다. 이렇게 하면서 우리는 해당 사례들의 뚜렷한 영향력과 논쟁적인 가치를 빈틈없이 찾아내야 한다. 제약이 있을 수밖에 없는 지면을 넘어서지 않으면서 세부적인 문제들을 적절히 다루기란 쉬운 일이 아니었다. 내가 제시하는 민속지학[3]적인 사실들은 다른 방법으로 이끌어낸 일반화된 명제를 사후적으로 뒷받침하는 사례가 아니다. 이들은 그러한 일반화된 명제를 이끌어낸 방대한 사실들 중에서 정선(精選)한 것이다. 이외에도 내가 증명하고 보여주려는 계획에 포함한 다른 수많은 매우 중요한 사례가 있는데, 이들은 지면 부족으로 제외할 수밖

---

[3] (옮긴이 주) 민속지학은 질적 연구 방법으로, 이러한 연구 방법에서 연구자는 오랜 기간에 걸쳐 다른 문화 속에서 살아가면서 해당 문화의 자연스런 모습을 관찰하게 된다.

에 없었다. 사신(邪神)에 대한 믿음, 원시 종교, 그리고 요술(witchcraft)[4]은 이에 해당하는 것들이다. 그 밖에 여성의 지위, 전쟁, 진화와 모레스, 고리대금, 도박, 사회 조직과 계급, 매장 관행, 서약, 금기, 윤리, 미학 그리고 민주주의도 내가 제외할 수밖에 없었던 주제다. 이 중에서 앞의 네 주제에 대해서는 글을 썼고, 조만간 별도로 출간하게 될지도 모르겠다. 내게 주어진 다음 과제는 사회학 교재를 마무리하는 일이다.

예일대학교에서
W. G. 섬너

---

[4] (옮긴이 주) 인간을 통해 강제적인 힘으로 작동되는 사악한 모든 힘.

차례

옮긴이의 글 ··· v
서문 ·· ix

제15장 모레스는 무엇이든 올바른 것으로 만들고 또 무엇에 대한 비난이든
       방지할 수 있다 ··· 1
제16장 신성한 매음, 아동 희생 ·· 21
제17장 대중적 오락, 공연, 그리고 연극 ·· 63
제18장 금욕주의 ·· 137
제19장 교육, 역사 ·· 173
제20장 생활방식, 덕성 대 성공 ··· 191

참고문헌 ··· 217
찾아보기 ··· 241
절번호 찾아보기 ·· 249
옮긴이 해제 ··· 256

1권

제1장 습속과 모레스의 기본적인 의미
제2장 모레스의 특징
제3장 생존을 위한 투쟁: 도구, 기술, 언어, 화폐
제4장 노동과 부

2권

제5장 사회선택
제6장 노예제
제7장 낙태, 유아살해, 노인살해
제8장 식인(食人)

3권

제9장 성 모레스
제10장 결혼제도
제11장 사회적 규약
제12장 근친상간
제13장 친족 관계, 혈족을 위한 복수, 원시적 정의, 평화 조약들
제14장 부정과 흉안

제15장 모레스는 무엇이든 올바른 것으로 만들고 또 무엇에 대한 비난이든 방지할 수 있다

모레스는 옳고 그름을 결정하는 한계를 정한다 – 공적인 형벌 – 18세기 영국의 감옥 – 당파들의 분쟁, 패배의 처벌 – 번들링(bundling) – 번들링의 두 형태 – 중세의 번들링 – 가난과 구애 – 북아메리카 식민지에서의 한밤중 구애 – 그에 대한 이유 – 공창 – 공창의 종말 – 판단을 명료하게 하기 위해 필요한 교육

572. 모레스는 무엇이 올바른지의 한계를 정한다

모든 영역에서 우리는 모레스가 어떤 것을 올바른 것으로 만들 수 있다는 새로운 증거를 찾을 수 있다. 모레스가 하는 일은 의복, 언어, 행동, 예절 등에서의 용례를 당대의 관습이라는 외투로 감싸고, 그것이 문제가 되지 않도록 하는 규칙과 한계를 제시한다. 이 한계는 대체로 어디까지 관용할 수 있는가 하는 한계이다. 문학, 그림, 연극, 잔치, 축제는 어떤 규정되지 않는 또 아마도 규정될 수 없을 품위와 예의범절의 기준에 의해 통제된다. 이 기준은 재미, 관능 그리고 다양한 편견에 의지할 때 어디까지 관용할 수 있는지 한계를 제시한다. 모든 사회적 관습에 대해서 모레스는 그것을 규정하고 또 거기에 형식을 부여함으로써 승인해준다. 이러한 규제된 관습들이 에티켓이다. 모레스에 의한 규제는 언제나 질서와 형식을 부여하며, 그리하여 우리가 자신의 관심사(예를 들면 재산과 결혼)를 추구할 때 지켜야 하는 한계들로 우리의 삶을 에워싼다. 결혼식에서의 난폭한 놀이와 익살(jokes)은 여러 시대와 장소에서 허용되었다. 이 놀이와 익살에는 온후한 관용이 필요하다. 그러나 종종 그것은 과도함에 빠지고 결국 더는 용인할 수 없게 될 수 있다. 이때 모레스는 한계를 정하고 인정되지 않는 것을 정한다. 신혼여행은 "익살"을 피하고자 발명되었다. 쌀과 낡은 신발은 금지된다. 모레스의 지시사항은 유동한다. 한계가 너무 좁으면 악과 방종이 넘쳐나게 된다는 것을 17세기 영국의 청교도주의가 여실히 보여주었다. 한계가 너무 넉넉하면 규율이 사라지고 규제는 목적을 상실한다. 그러면 예절의 타락이 일어난다. 이제 제시할 사례에서 우리는 다양한 관습에 타당성을 부여하는 모레스의 힘을 보게 될 것이다. 이 사례들에서 모레스는 우리가 보기에 옳음에 대한 단순하고 자명한 규칙에 어긋나는 듯이 보이는 것들을 승인하고 현실적으로 통용시킨다. 즉 그 사례들은 현재 우리 자신의 모레스로는 자명하고 증명될 필요가 없다고 인정한 견해들에 대립한다.[1]

573. 범죄에 대한 형벌

범죄에 대한 중세의 형벌은 이단자와 마녀들은 차치하더라도 그 시대 모레스의 조야함, 음란성, 비인간성 그리고 잔혹성을 증언한다. 그 형벌들은 전혀 잘못이라거나 의심스럽다고 생각되지 않았다. 누구도 형벌에 반발하지 않았다. 형벌은 올바르고 현명하며 필요한 것이라고 누구나 인정했다. 형벌은 모레스의 한계를 벗어나지 않았고 오히려 모레스의 핵심에 놓여 있었다. 슐츠[2]는 중세의 작가들은 결코 중세 지하 감옥의 공포를 과장한 것이 아니라고 말한다. 중세 지하 감옥의 다수는 아직도 남아 있어서 공포를 즐기는 여행객들에게 전시된다. 지하 감옥을 누군가가 청소하게 하는 제도는 없었고 따라서 시간이 지나면서 감옥은 건강에 극히 위험하게 되었음이 분명하다. 감방은 작고, 어둡고, 습기 차고 벌레와 쥐, 뱀이 들끓었다.[3] 바스티유 감옥은 죄수가 편안히 앉을 수도 설 수도 누울 수도 없는 구조로 되어 있었다.[4] 천재적인 극악함이 교묘한 고통을 만들어내는 데 발휘되었다. 처형은 대중적으로 공연되었는데, 이를 통해서 당시 모레스에서의 가장 나쁜 악덕들이 촉진

---

[1] 본서의 184~188절 '유행' 부분 참조.
[2] *Das Höfische Leben zur Zeit der Minnesinger*, I, 37.
[3] Scherr, *Deutsche Kultur- und Sittengeschichte*, 377.
[4] Lacroix, *Le Moyen Age et la Renaissance*, I, 430.

되고 강화되었다. 많은 형벌은 잔인할 뿐 아니라 음란했다. 잔인성과 음란성은 도덕적 또는 시민적인 동기를 결여하며 오직 사악한 열정을 충족하는 데 기여한다. 어떤 법률에 따르면 만약 어떤 범죄자가 재산이 없으면 그 벌로 관리가 그의 아내를 강간하도록 했다는 사례가 보고된다.[5] 중세 후기에, 민사재판에도 고문이 도입된 이후에 천재성과 "예술적 능란함"이 고문 도구를 발명하는 데 바쳐졌다.[6] 어떤 귀족이 자신을 불쾌하게 만든 요리사에게 가한 과도한 잔혹성과 횡포에 대한 보고가 있다.[7] 많은 경우에 보면, 형벌에 많은 세부 사항이 덧붙었는데, 이는 죄인의 감정, 정신 상태, 믿음 등에 영향을 미치려는 것이었고 또 육체적 고통에 정신적 고통을 추가하기 위한 것이었다. '익숙해짐'이 당국의 이러한 행위를 보고 들은 사람들에게 영향력을 발휘했고 마침내 잔혹과 공포가 일상적인 것이 되었다. 잔혹에 대한 갈망이 이 시대의 특징이었다.

574. 앤 여왕 시대 영국의 감옥

앤 여왕 시대 영국의 감옥은 고통, 질병, 잔혹, 강탈의 소굴이었다. 거기서는 가난 때문에 돈을 갚을 수 없었던 채무자들이 가장 고통을 겪었다. 여자들은 극도로 혐오감을 불러일으켰고, 그로부터 고통을 겪었다. 마셜시(Marshalsea) 감옥은 "1년 내내 페스트에 오염된 집"이었다. 간수와 성직자가 불쌍한 재소자에게 억지로 사례비를 뜯어내는 관습도

---

[5] Schultz, *D. L.*, 160.
[6] Lecky, *History of Rationalism in Europe*, I, 332.
[7] Schultz, *Das Höfische Leben zur Zeit der Minnesinger*, II, 448.

있었다. 지방의 감옥은 런던보다 더 열악했다. 여러 그림에는 채무자 죄수가 엄지손가락을 조이는 고문을 받으며, 발에는 차꼬를 차고, 돼지들과 함께 살고, 지하 토굴 감옥에 갇혀, 간수에게 폭행을 당하며, 부스럼과 물집 잡힌 몸에 배고픔과 말라리아로 죽어가면서 먹고 살겠다고 쥐를 쫓는 장면 등이 그려져 있었다고 한다. "아무도 이런 일을 고민하지 않은 것 같다. 그것은 남의 일이었다." 1702년 평민의회는 고등법원과 플리트 감옥(fleet prison)[8]을 규제할 법안의 상정을 명령했다. "하지만 아무도 큰 관심을 보이지 않았기에 법률로 제정되지 못했다."[9] 이 사례가 요구하고 있는 수준 및 종류의 인간성이 당시의 모레스에 존재하지 않았다면, 당연히 아무런 반응이 없었을 것이다. 하워드(Howard)가 개혁을 달성한 것은 17세기 후반의 인간주의적 물결에 힘입어서였다. 식민지 아메리카의 감옥은 영국의 감옥과 대동소이했다. 혁명에서 토리당은 자신이 저지른 악행에서 가장 고통을 당했다. 그들이 개인적인 학대를 받았다는 사실은 잘 알려져 있지 않다.

575. 당파들의 분쟁, 패배의 처벌

정치적 파벌과 종교적 분파는 언제나 상대방에 대한 처벌에서 형법보다 훨씬 더 잔인함을 보였다. 반칙도 처벌도 미리 정해지지 않는다. 리(Lea)가 말하듯이,[10] 에첼리노 다 로마노(Ezzelino da Romano)의 형이었던

---

[8] (옮긴이 주) 플리트 강가에 있던 채무자를 수용하는 악명 높은 감옥. 1197년 건설되었고 여러 번 파괴와 재건의 과정을 거쳤다. 1844년 런던시 협회(City of London Corporation)에 매각되었고, 1846년 철거되었다.

[9] Ashton, *Social Life in the Reign of Queen Anne.*

알베리코(Alberico)와 그 가족에 대한 취급(1259년)은 당시의 잔혹성을 보여준다. 에첼리노 역시 여러 경우에 똑같은 것을 보여주었다. 따라서 그에게 쌓인 증오는 쉽게 이해할 수 있다. 그러나 그 되갚음은 비인간적이고 악마적이었다.[11] 위대한 인물들은 권좌를 차지한 후 과거의 경쟁자나 반대자를 분쇄하려고 모든 힘을 동원했고(클레멘스 5세, 요한 22세), 자신들이 가할 수 있는 고통에 대해 의기양양했다.[12] 독일 북부의 도시인 뤼베크의 불렌베버(Wullenweber)의 경우[13]를 보면 시민들이 그와 같은 당파 투쟁의 잔혹함을 명백히 보여주었다. 모든 도시의 역사는 그와 유사한 에피소드를 포함하고 있다. 1530년 겐트(Ghent)에서는 수공업자들이 한동안 지배권을 얻었고 그것을 야만적으로 사용했다.[14] 모든 당파는 '승리자에게는 전리품, 패배자에게는 공포!'라는 원리에 입각해 인정사정없이 적대적으로 싸웠다. 만약 두 당파가 과연 그리스도와 사도들이 구걸하여 살았는가와 같은 문제에 대해 논쟁을 벌인다면, 그것은 논쟁에서 승리한 쪽이 패배한 쪽을 화형에 처하는 상황으로 이해되었다. 그것이 게임의 규칙이었고 그들은 이 규칙을 잘 알고서 싸움에 뛰어들었다.

이 모든 문제에서 당대의 모레스는 올바른 것에 대한 개념 혹은 행동이 언제나 준수해야 하는 한계를 정했다. 아무도 잘못과 지나침의 일반적 근거 또는 광범위한 사회적 편익이라는 일반적 근거에 기초해서 어떤 행동을 비난하지 않았다. 그 시대의 모레스는 어떤 문제(예를 들면,

---

[10] *A History of the Inquisition of the Middle Ages*, II, 228.
[11] *Rerum Italicarum Scriptores Mediolani, 1723~1738*, IX, 134.
[12] Lea, *A History of the Inquisition of the Middle Ages*, II, 452.
[13] Barthold, *Hansa*, III, 291.
[14] Räumer, *Historisches Taschenbuch*, 2 ser., III, 413.

교회 의례의 의무)에 대해서는 절대적 명령이었다. 그러나 여기에 언급된 문제들에 대해서는 아무 지침도 주지 않았다. 사실 모레스는 이 문제들에 대한 어떤 비우호적인 비판이나 어떤 독자적인 판단도 미리 제거했다.

576. 번들링

종종 모레스는 이성적으로 판단할 때 성적 금기의 가장 기초적인 요구 사항과 불일치하는 듯이 보이는 관습을 정당화할 때가 있다. 그 대표적인 사례가 번들링(bundling)[15]이다. 라틴계 유럽에서는 일반적으로 그리고 특히 상류층에서는 젊은 남녀가 낮에라도 단둘이 있는 것이 허용되지 않는다. 그러나 영국에서는 그보다 더 자유로운 용례라야 - 그리고 미국에서는 훨씬 더 자유로운 관계라야 - 부적절한 좋지 못한 행실이라고 간주된다. 영국과 미국에서 젊은이들은 단둘이 있다고 해도 사회가 관습에 의해 정한 예의범절의 규칙을 범했다고 생각지 않는다. 밤에 상대를 방문하는 것도 그러했다. 번들링의 관습이 자유로웠다 해도 그리고 더 나은 취향과 판단이 그것을 폐지한다 해도 그것은 '규정되었고', 규제되었으며 방탕한 예절을 승인한 적이 없었다. 번들링은 문명화되지 않은 민족 사이에 발견되지만 그렇다고 고도한 문명에는 단지 흔적만 남은 것으로 간주하기도 어렵다. 3~4세기의 기독교인들은 중세

---

[15] (옮긴이 주) 원래는 다발로 묶는 것을 뜻한다. 민속학에서는 약혼 중인 남녀가 옷을 입은 채 한 잠자리에서 자는 웨일스나 뉴잉글랜드의 옛 풍속을 의미하기도 하는데, 여기서 섬너는 결혼 이외의 방식으로 이루어지는 남녀 간의 은밀한 데이트를 총칭하는 뜻으로 사용하고 있다.

에 설정된 제한 조건들 없이 그 관습을 실천했다[16] 섹스를 악한 것으로 규정한 후에 그들은 극단적인 유혹을 통해서 스스로를 검증하려 했다. 그것은 자연적 충동에 대한 도덕적 지배력의 증거 또는 검증이었다.[17] "처녀와 생활하는 것은 동로마와 서로마 제국에서 널리 퍼진 관습이었다. 특출한 인물들이 이 관습에 동참했다. 그중에는 제국의 가장 위대한 주교 중 한 사람도 있었는데, 그는 가장 위대한 신학자 중 한 사람이기도 했다. 교회의 여론은 그것을 대수롭지 않게 여겼지만 비우호적으로 대했다."[18] "감독 제도를 도입한 후 교회는 'subintroductae'[19]를 처벌하고 축출했다. 그들은 불신임된 낡은 교회에서 온 유습으로 간주되었다. 처녀들이 남자들과 한집에서 사는 관습은 기독교 교회의 가장 오래된 시절에 생겨났다."[20] "그들은 어떤 악도 우려할 만한 것으로 생각지 않았다." "사실 우리는 그렇게 동거하는 것이 그 근저에 놓인 전제들에 결과적으로 위배된다는 명백한 증거가 없다."[21] 그 관습은 6세기에 폐지되었다.[22] "영적인 결혼"은 수도사 직업과 연결되었다. 이 양자는 당시의 금욕적 경향으로 인한 것이었다. "수도사 연합체(association) 즉 수도

---

[16] Achelis, *Virgines Subintroductae*, 4.
[17] Harnack, *Die Pseudoclementinischen Briefe de Virginitate und die Entstehung des Mönchthums*; Cyprian, *Epistolae* IV ad Pompon (기원후 250년); Achelis, *Virgines Subintroductae*; Julicher in *Archiv für Religionswissenschaft*, VII, 372.
[18] Achelis, 12.
[19] (옮긴이 주) 초기 교회에서 영적인 결혼(spiritual marriage)을 통해 남자들과 연을 맺고 있는 여자들을 의미한다. 이 관행은 4세기 초 공의회가 금지했다고 알려져 있다. 그러나 본서에서 섬너에 따르면 그것은 6세기에 폐지되었다고 한다. 섬너의 주장은 공의회의 결정이 실제로 대중의 삶 속에서 관철된 시기를 의미할 수 있다.
[20] 위의 책, 74.
[21] Achelis, 67.
[22] 위의 책, 58.

회가 분명하게 존재하게 되었을 때부터, 우리는 수녀들과 동지적인 관계에서 살고 있는 수도자들을 볼 수 있다."[23] 우리는 유대인 연합체로 거슬러 올라간다. 그 관습은 기독교보다 오래되었다. 코린트에서 이 관습[24]은 단지 유대의 "신 숭배자" 또는 "기도하는 여인"[25]의 모방이었다. 테라포이트(Therapeuts)[26]는 이러한 여성 동반자가 있었다. 그들의 신전은 남자와 여자를 분리하도록 지었다. 그들의 춤은 때때로 밤새도록 계속되었다.[27] 중세 때 결혼을 거부한 여러 분파는 지독한 유혹으로 검증받는 과정을 도입했다.[28] 개인들도 역시 '육체'와 '정신' 간의 싸움을 수행한다고 믿으며 그런 검증에 스스로 몸을 맡겼다.[29] 이것은 본래 모레스 안에 있는 사례들은 아니다. 그러나 그것은 분파적인 교의나 견해가 이해관계를 충족하려는 노력을 방해하고 또 그리하여 모레스를 교란하고자 개입하는 것을 보여준다.

577. 번들링의 두 형태

두 개의 사례를 구별할 수 있다. (1) 구혼의 방식으로서의 야밤 방문[30]

---

[23] 위의 책, 47.
[24] 코린토 신자들에게 보낸 첫째 서간 7장 36~40절.
[25] Achelis, 32.
[26] (옮긴이 주) 고대의 이집트 유대인 수도 종파의 성원. 오늘날 이 단어는 '치료사'라는 뜻을 가지고 있다.
[27] 위의 책, 31.
[28] Lea, *A History of the Inquisition of the Middle Ages*, II, 357; III, 109; *Sacerdotal Celibacy*, 167.
[29] Todd, *Life of St. Patrick*, 91.
[30] 이 관습은 문명화되지 않은 사람들 사이에 존재했다. Fritsch, *Die Eingeborenen*

(2) 성 금기 하에 놓인 (둘 중 하나 이상이 기혼이거나 둘 중 하나 이상이 순결의무 아래 있는 경우) 그리고 동시에 그 금기를 준수하는 두 사람 사이의 극단적인 친밀함.

578. 중세의 번들링

두 번째 형태의 관습은 12세기의 여성 숭배에서 일상화되었고, 유럽 전역으로 전파되었다.[31] 가신이 영주의 침전에 배석하듯이, 기사는 그의 귀부인의 침실에 배석했다. 여성 숭배는 사랑의 희극을 연출하는 태도와 핑계의 집합이었지, 성적인 열정을 충족하기 위한 것이 아니었다. 나중에 번들링의 관습은 농민 계층에 퍼졌고 네덜란드, 스칸디나비아, 스위스, 영국, 스코틀랜드 그리고 웨일스로 확장되었다. 그러나 그것은 하층 계급에서 그리고 시간이 지남에 따라 두 번째보다는 첫 번째 형태를 띠게 되었다. 네덜란드에서는 집을 지을 때 이 관습에 유용한 창문이 일부러 설치되었다. "1666~1667년에 텍셀(Texel)섬에 있는 모든 가옥은 창문 밑에 구멍이 있었다. 구애자는 이곳을 통해 집 안으로 들어갔고 집주인 딸의 침대 맡에 앉아서 사랑을 속삭이며 밤을 새울 수 있었다." 이 관습은 '퀴스텐(queesten)'[32]이라고 불렸다. 부모는 그 일을

Süd-Afrikas, 140; Gomme, *Ethnology in Folklore*, 220; Ling Roth, *Natives of Sarawak and British North Borneo*, I, 109; JAI, XXI, 120; *Globus*, LXXVIII, 228; Lahontan, *Nouveaux Voyages dans l'Amérique Septentrionale*, II, 133; Masson, *Balochistan*, III, 287.

[31] Weinhold, *Die Deutschen Frauen in dem Mittelalter*, I, 260 이하.
[32] (옮긴이 주) 구애 즉 어떤 여인을 연인으로 만들기 위한 말과 행동을 뜻한다. 영어의 'quest'와 같은 어원을 갖는 듯이 보인다.

장려했다. '퀴스터(queester)'가 없는 소녀는 존경받지 못했다. 불미스러운 일은 거의 일어나지 않았다. 만약 그런 일이 생기면, 남자는 몰매를 맞았고 상처를 입거나 살해되었다. 이 관습은 18세기 북부 네덜란드까지 소급될 수 있다.[33] 그것은 저지대 나라(low countries)[34]들과 스칸디나비아에서 관습적인 구애 방식이었다. 민간 권력과 교회 권력의 반대에도 이 관습은 지속되었다. 그것은 오늘날 부모의 반대에도 윤무(輪舞)가 지속되는 것과 같은 이유에서였다. 즉 이 용례에 따르기를 거부하는 소녀는 사회적 운동(social movement)에서 배제될 터이기 때문이었다. 구애자는 언제나 남편감으로 용인할 수 있을 만한 사람이었다. 만약 그가 관습으로 설정된 한계를 넘어서면 마을 사람들은 그를 매우 가혹하게 다루었다.[35] 이 관습은 1789년까지도 스위스에 있었다고 보고되고 있다. 거기서 그것은 하루 종일 일해야 하는 계층을 위한 정규적인 구애 방법이었다. 심지어는 지금도 독일에는 이 관습이 농부들 사이에 남아 있다고 전해진다. 하지만 한 달이나 1년 중 단 하룻밤만 허용된다.[36] 크라신스키(Krasinski)[37]는 우크라이나의 유니태리언 교도 사이에서는 키스 게임이 관습적이라고 말한다. 그는 이 게임이 그리스의 관습이라고 말하면서 그것을 번들링과 연관 짓는다.

---

[33] Wilken in *Bijdragen tot de Taal-Land-en Volkenkunde van Nederlandsch Indië*, XXXV, 205.

[34] (옮긴이 주) 유럽의 북서부의 해안 지대를 가리킨다. 종종 베네룩스 3국으로도 불린다. 그것은 벨기에, 네덜란드, 룩셈부르크로 이루어진다. 베네룩스는 이 3개국의 이름을 결합해 만든 단어이다.

[35] Scheltema, *Frijen en Trouwen*, 59; Schotel, *Het Oud-Hollandsch Huisgezin der Zeventiende Eeuw*, 228; *Globus*, LXXXII, 324.

[36] Rudeck, *Geschichte der oeffentlichen Sittlichkeit in Deutschland*, 146, 404.

[37] *Cossacks of the Ukrain*, 281.

579. 가난과 구애

농민들 사이에는 젊은이들이 서로 친해질 기회가 별로 없었다. 동절기가 되면 야외에서 구애하는 일은 불가능했다. 젊은 여인들은 구애를 방지할 세심한 규칙들로는 보호받을 수 없었다. 그들은 위험을 감수하고 자신을 스스로 보호해야 했다. 모든 문명화된 나라에 이런 관습이 있는 이유는 가난 때문이라고 설명할 수 있다. 비록 그 관습에는 언제나 장난기와 즐거움이 섞여 있었지만 말이다.

580. 북아메리카 식민지에서의 한밤중의 구애

북아메리카에 이민한 사람은 모두 이 관습을 잘 알고 있었다. 17세기 식민지에서 가옥은 작고 추웠으며 불편했고 사적 영역을 보호하기 어려웠다. 이것이 분명 구애의 관습이 식민지에서 새로운 모습을 띠게 된 이유이다. 버나비(Burnaby)[38]는 결혼을 생각하는 한 쌍이 약간의 옷을 입은 채 침대에서 함께 밤을 보내는 것은 매사추세츠주 하층 계급 사이에서 관습적이었다고 말한다. 만약 그들이 서로 좋아하지 않는다면, 결혼하지 않아도 좋다. 단 여자가 임신하지만 않는다면 말이다. 이 관습은 '태링(tarrying)[39]이라고 불렸다. 이것도 사실 가난 때문이었다. 현대의 하층 공동주택 거주자들도 같은 제한으로 관습에 얽매여 있다. 그 결과

---

[38] *Travels through the Middle Settlements of North America (1759~1760)*, 144.
[39] (옮긴이 주) tarry는 '머무르다, 체류하다'라는 뜻을 갖는 동사이다. 그러므로 굳이 번역하자면 '애인의 집에 머무르기' 정도의 뜻이다.

는 그들의 습속에서 볼 수 있다. 번들링의 관습은 광범위한 다양성을 갖는다. 나란히 앉은 두 사람은 하나의 담요로 자신을 덮거나 온기를 나누려고 침대에 나란히 누울 수도 있다. 피터스(Peters)[40]는 이 관습을 옹호했다. 그것은 "모든 계층 사이에서 지배적이었는데, 이는 국가, 종교 그리고 부인들에게 큰 영예였다." 나이든 여인들은 이 관습을 비난한 목사들을 증오했다. 소파가 하나의 대안으로 도입되었다. 시골 사람들은 소파가 덜 적절하다고 생각했다. 18세기 중엽 전쟁으로 사회예절이 쇠퇴하면서 이 관습은 좋지 못한 결과를 더 많이 불러왔다.[41] 또한 더 부유해지고, 집이 더 커지고 사회 환경이 더 나아지면서 조건이 변화했고 그리하여 번들링 관습의 필요성은 적어졌다. 그것은 사회적 인정을 상실했고 습속에서 사라졌다. 스타일스(Stiles)[42]는 "그것은" 혁명 이후에야 "간신히 사라졌다"고 말한다. 1788년 어떤 연감에 수록된 민요는 이 관습을 대놓고 조롱한다. 스타일스는 세거 대 슬링어랜드(Seger vs. Slingerland)의 재판을 인용하고 있다. 거기서 판사는 유괴의 경우 부모가 번들링을 허락했다면 설사 이것이 관습이라 해도 그에 대한 보상을 받을 수 없다고 주장했다.[43]

581. 번들링의 이유

왕립 혼인법 위원회에 출석한 한 증인은 1868년 이렇게 증언했다.[44]

---

[40] *A History of Connecticut*, 325.
[41] Stiles, *Bundling*, 80.
[42] Stiles, *Bundling*, 75.
[43] Stiles, *Bundling*, 112.

한밤중의 방문은 스코틀랜드 여러 지역 노동자 계급 사이에서는 여전히 일상적이라고 말이다. "그들은 성교를 할 다른 수단이 없다." 구애자가 애인을 낮에 방문하는 것은 관습에 어긋났다. 부모의 입장에서는 "그들의 딸들은 남편을 찾아야 하고, 남자를 만날 수 있는 다른 길은 없다." 이 말이 번들링의 이유를 한마디로 보여준다. 번들링은 공적인 관습이 아니었기에 그것을 사용한 개인들의 성격에 따라 매우 편차가 심했다. 공적인 의견 즉 여론의 제재로 그것을 통제하려는 시도가 언제나 존재했다.

582. 공창(public lupanars)

나쁜 짓을 용인하거나 제재하는 모레스의 힘을 보여주는 가장 믿기 어려운 사례를 이제 언급해야 할 것 같다. 그것은 중세 도시들이 뒤를 봐준 공창(루파나스(lupanars))의 사례이다. 아테네우스(Athenæus)[45]에 따르면 솔론은 도시가 여자 노예들을 사서 제공함으로써 다른 도덕적인 여성들이 공격을 당하지 않도록 했다. 나중에 매춘은 불가피한 것으로 용인되었다. 하지만 도시가 나서서 주도적으로 조직하지는 않았다. 살비아누스(기원후 5세기)는 로마법은 간통을 예방하려고 매음굴을 용인했다고 말한다.[46] 루파나스는 로마 시대부터 중세까지 이어졌다. 남부 유럽의 루파나스는 로마나 팔레스티나를 향해 떠났다가 노자가 떨어진 여성 순례자들로 충원되었다.[47] 그것은 가난 때문에 일어난 그리고 여

---

[44] Page 172.
[45] *Deipnosophists*, XIII, 25.
[46] *De Gubernatione Dei*, VII, 99.

염집 여인들을 보호한다는 그럴듯한 주장에 근거했던 또 하나의 사회적 현상이다. 이 주장은 루파나스 제도와 더불어 면면히 이어졌다. 뉘른베르크 시 평의회는 루파나스를 설치하는 이유로서 교회가 더 큰 악을 예방하려고 매음굴을 허용한 것이라고 주장했다.[48] 이 주장은 분명 아우구스티누스의 『통치론(De Ordine)』에 나오는 구절에 근거한다.[49] "매음굴과 그 밖에 다른 유사한 곳들보다 더 비천하고 무가치하며 혐오스러운 것이 도대체 무엇이냐고? 인간 사회에서 매음굴을 없애보라. 그러면 당신은 모든 것을 욕망으로 오염시키게 될 것이다. 그들을 부인과만 지내게 하라. 그러면 타락과 수치가 생겨날 것이다. 그러므로 그들의 몸가짐 때문에 가장 몰염치한 삶을 사는 이 계층의 사람들은 질서의 법률 아래서는 가장 고역스러운 기능을 수행한다." 이 글 바로 앞에서 아우구스티누스는 인간 사회에서의 악행은 그가 해명하고자 했던 사물의 위대한 질서라는 구도 아래서는 결국 선을 만들어내는 것이라는 명제를 내세웠다. 그리고 나서 그는 이것을 입증할 사례들을 찾았는데, 위 구절이 바로 그 사례 중 하나이다. 그러나 다른 곳에서 그가 매음굴을 언급할 때는 언제나 극도의 혐오감을 표시했다. 그의 일반 명제는 오류이거나 과장된 것이다. 그리고 그는 그가 예증이라고 말한 사례들을 억지로 끌어대야 했다. 그러나 그는 교부였고 500년 뒤에는 아무도 감히 그가 말한 것을 비판하지도 반대하지도 못했다. 도시들이 성적 악행을 예방하고자 특히 도덕적인 여성들의 이익을 위해 루파나스를 설치하는 것이 현명하리라고 주장하기 위해[50] 아우구스티누스의 권위

---

[47] Weinhold, *Die Deutschen Frauen in dem Mittelalter*, II, 22.
[48] Schultz, *D. L.*, 73.
[49] Migne, *Patrologia Latina*, XXXII, 1000.
[50] Scherr, *Deutsche Frauenwelt*, I, 275.

에 기대어 위의 구절을 인용하는 것은 단지 우발적인 일이 아니었다. 루파나스는 은밀함이나 수치심 없이 운영되었다. 나폴리의 조안나 여왕(Queen Joanna)[51]은 1347년 교황이 머물던 도시 아비뇽에 루파나스를 설치하는 법령을 선포했다. 일반적으로 그 집은 음식, 의복, 거주인의 처우에 대한 규정 및 질서, 도박 등에 대한 규제를 받으며 어떤 '호스트(host)'[52]에게 임대되었다.[53] 거주인은 공무원처럼 특별한 의복을 입어야 했다. 단골들은 자신을 숨기려 할 필요가 없었다. 그곳은 상류층에게 개방되어 있었고 고위층이 찾게 되면 도시가 나서서 특별히 준비를 했다. 도시의 토박이인 여인들은 입장할 수 없었다. 이것이 그나마 유일하게 덜 냉소적이고 덜 뻔뻔한 특징이다.[54] 1501년 프랑크푸르트의 한 부유한 시민은 시에 돈을 유증(遺贈)하여 엄청나게 늘어난 매춘부를 모두 수용할 큰 건물을 짓도록 했다.[55] 그들은 남자가 많이 모이는 모든 곳에 등장했고, 한자 동맹 거점들로 파견되었다.[56] 사실 이 당시 사람들은 어떤 사회적 현상들을 "자연스럽고" 불가피한 것으로 받아들였다. 따라서 그들은 "도덕심"에 방해받지 않고 제도를 만들었다. 위클리프(Wickliffe) 시대에 윈체스터의 주교는 사우스워크(Southwark) 매음굴에서 상당한 금액의 연금을 받았다.[57] 아마도 그와 동시대인들은 이에 아무

---

[51] (옮긴이 주) 나폴리의 조안나 1세라고도 불린다. 1328년에 태어나 1343년 왕위에 올랐고 1382년 죽을 때까지 약 40년간 통치했다. 긴 치세 동안 그녀는 내적, 외적인 갈등에 연루되었다. 4번 결혼했다.
[52] (옮긴이 주) 루파나스는 어떤 개인에게 임대되었는데, 이 사람을 호스트라고 불렀던 듯하다.
[53] Jaeger, *Ulms Leben im Mittelalter*, 544.
[54] Rudeck, *Geschichte der oeffentlichen Sittlichkeit in Deutschland*, 26~35.
[55] Westerhout, *Geslachtsleven onzer Voorouders*, 198.
[56] Scherr, *Deutsche Kultur- und Sittengeschichte*, 223.
[57] Trevelyan, *England in the Age of Wickliffe*, 280.

런 문제도 느끼지 않았을 것이다. 적어도 19세기까지는, 한 인간의 운명을 희생해 다른 사람의 행복을 추구하는 일은 공적인 사회제도가 도저히 허용할 수 없다고 느끼는 것은 어떤 사회의 모레스 안에도 존재하지 않았다. 창녀, 농노 그리고 다른 하층 계급이 인격적 권리를 가지며 당시의 관습과 제도가 그것을 유린하고 있다는 생각은 15세기 사람들의 마음에 등장할 수 없었다.

583. 루파나스의 종말

연구자들은 도시 루파나스를 종식시킨 것은 임질이었다고 이구동성으로 말한다.[58] 그것은 어떤 도덕적이거나 종교적인 반발 때문이 아니었다. 물론 공창 제도를 비난한 사람도 있었고, 몇몇 경건한 사람은 13세기와 14세기에 회개하는 매춘부를 위한 수도회를 만들었다. 프로테스탄트와 가톨릭은 루파나스의 책임을 상대편 탓으로 돌리려고 무진 노력했다. 1520년 루터는 루파나스를 폐지하라고 요구했다. 루파나스는 15세기에 최고도로 발전했다.[59] 거들(girdle)[60]과 같이 남편과 부인 모두에게 매우 불명예스러운 품목[61]이 존재한다는 사실은 그 당시의 모레

---

[58] 이 질병의 기원은 알려져 있지 않지만, 아마도 중세 시대의 악행과 무절제에 기인한다고 추정된다.(*Umschau*, VII, 71).

[59] *Cambridge History of Modern Europe*, I, 특히 Lea's chapter를 보라. Janssen, *Geschichte des Deutschen Volkes*, VIII; Schultz, *Das Höfische Leben zur Zeit der Minnesinger*, I, 452; Schultz, *Deutsches Leben in XIVten und XVten Jahrhundert*, 254, 257, 277, 283; Du Laure, *Paris*, 268; Scherr, *Deutsche Kultur- und Sittengeschichte*, 222, 특히 15세기 부분 참조.

[60] Schultz, *D. L.*, 283.

[61] (옮긴이 주) 서양 의복의 역사에서 거들은 매우 다양한 형태와 의미가 있었다.

스에 대해서 의미심장하며 동시에 모레스가 어떤 것을 '옳은 것', 적절하고 관습적인 것으로 만드는 데서 얼마나 강력한 힘을 발휘하는가를 보여준다.

584. 판단은 모레스에 의해 형성된 분위기에 지배된다, 교육

마녀재판은 관습적인 익숙함이 경험 및 관찰 현상에 대한 합리적 판단을 얼마나 가로막는지 보여주는 또 하나의 사례이다. 어째서 사람들은 그 행위의 비열함과 어리석음을 보지 못했을까? 대답은 사신에 대한 믿음이 당시 사람들 마음에 들어있었기 때문이다. 마녀재판의 법들은 사신에 대한 믿음을 전제로 연역추리를 하고 그 결론을 범죄 행위에 적용한 선대에게서 전승된 것이다. 법적인 절차는 잘 알려져 있듯이 범죄와 범죄자에 대한 사람들의 공포에 상응했다. 특히 마법과 마녀는 가장 공포스러운 존재였다. 모레스는 모든 사물을 바라보는 데서 전제가 되는 도덕적, 시민적인 분위기를 형성했고 따라서 이성적 판단은 불가능하게 되었다. 어느 때든 모든 윤리적 판단은 당시의 모레스의 분위기를 통해 만들어진다는 사실은 의심할 여지가 없다. 우리에게 무엇이 옳은지 말하는 것은 모레스이다. 우리가 그런 분위기를 넘어서고 현재의 사례에 대해 이성적 판단을 할 수 있게 되려면 고도한 정신적

그리스와 로마의 남자들은 샤타구니에 거들을 착용했다. 그것은 치렁치렁한 옷을 여미는 데 도움이 되었다. 여자들은 종종 가슴 아래에 거들을 했다. 여자들에게 거들은 종종 정숙과 보호를 의미했다. 20세기에 와서 비로소 거들은 탄력 있는 직물로 만든 여성의 속옷을 의미하게 되었다. 그러므로 20세기 이전에 거들은 여성에게 정절을 물리적으로 강요하는 비인간적인 수단으로서의 의미를 가졌던 것으로 보인다.

규율이 필요하다. 이 정신적 독립성과 윤리적 힘은 교육의 최고의 산물이다. 이 산물은 또한 위험하다. 우리 중 가장 괴팍한 인간[62]은 그러한 독립성과 힘이 있지만 혼자 설 수 없고 또 그 시대와 장소의 모레스를 떠나서는 정확한 판단을 할 수 없는 사람들이다. 때로 모레스는 판단을 흐리게 한다는 사실을 기억해야 한다. 그러나 모레스가 우리의 판단을 지도하는 경우가 더 많다.

---

[62] (옮긴이 주) 섬너는 여기서 자립적 사고능력과 가치관을 가지고 있으면서도, 여전히 모레스와 습속의 명령에 휩쓸려 살아가는 사람들을 가장 괴짜, 괴팍한 사람(cranks)이라고 부르고 있다. 칸트의 용어로 말하면 이미 성년성에 도달했음에도 불구하고 아직 게으름이나 용기 없음으로 인해 타인의 판단에 의존해서 사는 사람들을 말한다고 할 수 있다.

제16장 신성한 매음(Sacral Harlorty), 아동 희생

남자들의 클럽하우스 – 봉헌된 여자들 – 신성한 매음과 아동 희생 – 생식과 식량 공급 – 길가메시 서사시 – 아도니스 신화 – 종교적 제의, 종교적 연극 그리고 매음 – 바빌로니아의 관습, 그것의 종교에 대한 관계 – 종교와 모레스 – 신성한 매음의 사례들 – 구약성서에 나오는 같은 관습들 – 풍요와 무절제에 대한 적대 – 신성한 매음의 존속, 힌두스탄에서 보이는 유사한 관습 – 링감과 요니(Lingam and yoni) – 관례화 – 힌두스탄의 모레스에 대한 비판 – 멕시코의 모레스, 만취 – 일본의 모레스 – 중국의 종교와 모레스 – 생식에 대한 이해관계의 철학, 근친상간 – 낡고 오래된 것은 신성하다 – 아동 희생 – 죽음을 통해 더 큰 힘을 얻는다는 멕시코의 교의 – 아동 희생의 동기 – 맹세에 의한 봉헌 – 여자를 봉헌하는 관습의 타락 – 우리의 전통들은 이스라엘에서 온다 – 어떻게 관능에 대한 유대적 관점이 지배적으로 되었는가

이 장에서 다루는 주제들은 어떤 것을 정당화하고 또 비난에서 보호하는 모레스의 힘을 한층 더 예증하는 사례들이다. 본서 제17장도 참조할 것.

585. 남자들의 클럽하우스(clubhouses)

남자들이 함께 많은 시간을 보내고 미혼 남자들이 잠을 자기도 하는 클럽하우스를 두는 것은 원시사회에서 매우 공통된 관습이다. 이 장소는 음모, 사업, 오락 그리고 악덕의 온상이다. 남자들은 거기서 일하고, 주술적인 전례를 거행하며 댄스파티를 열고, 손님을 초대하며 연장자들의 이야기를 듣는다. 여성들은 전적으로 또는 때에 따라서 배제된다. 캐롤라인 제도에서 이 클럽하우스는 사회적, 종교적으로 중요한 기구이다. 그 마을 여인은 거기에 들어갈 수 없지만, 이웃 마을 여인은 허락을 받고 한동안 거기서 살 수 있으며, 돌아갈 때 보수를 받는다. 보수는 부분적으로는 종교적 목적으로 부분적으로는 그들 자신을 위해서 사용된다.[1]

586. 봉헌된 여자들

가부장제가 완전히 발전하기 전에는 다음과 같은 생각이 비문명화된

---

[1] Snouck-Hurgronje, *De Atjehers*, I, 64~66; *Bureau of Ethnology*, XVIII, 285; *American Anthropologist*, XI, 56; Codrington, *Melanesians*, 102, 299; Serpa Pinto, *Como eu atravassei Africa*, I, 82; Kubary, *Der Karolinen Archipel*, 47, 226, 244; Powers, *The Tribes of California*, 24.

민족들 사이에서 지배적인 견해라고 할 수 있다. 즉 여자는 결혼할 때까지는 자기 자신에 대한 자유로운 통제권을 가지며, 결혼할 때야 비로소 지켜야 할 금기가 생긴다. 그래서 결혼 전에 그들은 지참금을 모을 수 있다. 또한 남자-여자와 여자-남자[2] 즉 다른 성의 삶의 방식과 기능을 떠맡는 남자나 여자의 사례가 등장한다. 원시사회에서는 신에게 봉헌된 여자의 사례도 나타난다. 서아프리카[3]의 유우어를 말하는 민족들(Ewe-speaking peoples)은 열 살 열두 살 소녀들을 사제의 시종으로 받아들여 그들에게 숭배의 찬가와 춤을 교육한다. 때가 되면 이 소녀들은 창녀가 되는데, 이들은 신과 결혼했고 신의 지시에 따라 행동한다고 생각했기 때문에 전혀 비난받지 않는다. 원래 그들은 사원의 참배자들에게만 허용되어야 하지만, 실제로는 그러지 않는다. 아마도 그것은 지금은 완화되고 사라진 원래의 금기였을 것이다. 그 여인들이 낳은 아이들은 신에게 속한다. 이 제도는 "그 근원에서 본래 종교적이며 남근 숭배와 밀접하게 연관이 있다."

587. 신성한 매음[4]과 아동 희생

이상의 고찰은 우리에게는 매우 이해하기 힘든 현상 즉 신성한 매음과 아동 희생에 대한 연구로 이끈다. 이 연구는 모레스가 옳고 그름을

---

[2] (옮긴이 주) 남자가 여자의 역할을 하거나 여자가 남자의 역할을 하는 경우를 말한다.
[3] Ellis, *Ewe-speaking Peoples*, 141.
[4] (옮긴이 주) harlotry는 매음으로 prostitution는 매춘으로 번역했다. 그러나 둘 사이에 의미의 차이는 거의 없다고 생각된다. 신성한 매음은 종교적 숭배의 맥락에서 이루어진, 남녀 간의 성교를 포함하는 성적인 예식을 가리킨다.

규정한다는 것을 보여주기 위해 진행된다. 위의 사례들을 단순히 성적 취향의 일탈로 간주하는 것은 큰 실수이다. 그 용례는 이해관계에 기원을 둔다. 신성한 매음은 어린 여아 희생에 대한 대체물이었다. 다른 우연적인 이해관계로 인해 그것이 더 이득을 주는 것이었다. 그것은 삶의 문제들을 해결하려는 시도였다. 그것은 우리를 복리(welfare)로 인도한다고 간주되었고 종교와 연결되었다. 그것은 보수주의에 의해서 그리고 종교적 용례의 끈질김 때문에 오랫동안 유지되었다. 그것은 나중에 다른 조건으로 인해 악한 것이 됨으로써 비로소 중단되었다.

588. 생식과 식량 공급

식물과 동물을 재생산하는 자연의 작업은 사람들에게 큰 관심거리이자 중요한 것이다. 왜냐하면 식량을 풍부하게 공급받을 수 있는지가 거기에 달려 있기 때문이다. 이러한 관심이 언제 "시작"했는지는 알 수 없다. 하지만 인구가 식량 공급에 비해 너무 많아졌을 때 그러한 관심은 강해졌을 것이다. 그래서 강우, 계절의 변화, 바람의 세기, 천문학적 현상과 파종기나 수확기 간의 연관, 동식물의 습관과 식생은 비로소 원시인의 주의를 끌게 되었고, 그들에게 자연의 사실들을 가르쳤다. 왜냐하면 원시인이 다가올 풍작의 신호나 자신의 계획과 노력에 대한 시사점을 얻고자 애썼기 때문이다. 오아시스 경작이 널리 퍼진 서아시아 곳곳에서는 대추야자의 수정(受精)에 대한 매우 흥미로운 사실이 주목받았다.[5] 즉 수정은 인위적이어야 한다. 사람들은 암술에 꽃가루를

---

[5] Barton, *Semitic Origins*, 78.

직접 옮기며, 그것을 바람이나 인공적 접촉으로 분배할 장치를 채택한다. 현재는 한 다발의 수술을 바람 부는 쪽 가지에 부착함으로써 인위적인 수정을 수행한다.[6] 타일러(Tylor)는 어떤 고대의 그림은 인위적인 수정 작업을 신화적인 인물들 – 바람을 대표하는 케루빔(cherubim) – 이 수행하는 것으로 묘사하고 있다는 것을 처음으로 주장했다.[7] 꽃가루를 분배하는 바람의 기능은 신적인 작업이다. 나무는 매우 고귀한 가치[8]가 있어서 인간의 복리는 이러한 기능에 의존하고 있다. 그러므로 성적인 결합은 자연에서 가장 중요하고 은혜로운 과정이었다. 거기에 대한 정확한 지식은 식량을 풍부하게 얻기 위한 주요한 조건이었다. 사람들은 식량 공급에 대한 관심과 종교적인 경외심을 가지고 이 과정을 추적했다. 그에 대한 인간의 관심은 "순진한" 것이었음이 분명하다. 인간은 복리, 위험 그리고 거기에 포함된 기술이라는 중요한 요인 때문에 이 과정을 신화화하기 시작했다. 이와 유사한 사례는 자바인이 쌀을 다루는 방식에서 찾을 수 있다. 쌀은 그들이 공급받는 식량의 주요 품목이다. 그들은 쌀에 영혼을 부여하고 또 성적인 열정을 부가했다. 그들은 예식을 통해 쌀 속에 있는 이 열정을 일깨워 식량 공급을 증가시키려 했다. 이 예식은 밤에 남자와 여자가 행하는 동기감응적(sympathetic) 주술로 되어 있었다.[9]

---

[6] Wellsted, *Arabia*, II, 12.
[7] *Proceedings of the Society of Biblical Archeology*, 1890, XII, 383.
[8] Herodotus, I, 193.
[9] Wilken, *Volkenkunde*, 550.

589. 길가메시 서사시

길가메시 서사시는 기원전 2000년경 유프라테스 계곡에서 생겨났다.[10] 그것은 다른 위대한 서사시와 마찬가지로 여러 에피소드를 모아 하나의 작품으로 엮어낸 것이었다. 재스트로(Jastrow)[11]는 이 서사시를 아담과 이브 이야기의 한 변종으로 해석한다.[12] 길가메시는 모든 여인이 흠모하는 영웅이다. 우루크(Uruk)의 노인들은 그의 어머니 즉 모신(母神)인 아루루(Aruru)(이슈타르의 한 형태)에게 그를 자제시켜달라고 간청한다. 이 요구에 부응하여 아루루는 진흙으로 에아바니(Eabani)를 만든다. 에아바니는 사튀로스처럼 털이 난 거친 남자로서 꼬리와 뿔이 있었고 동물들과 함께 살았다. 재스트로는 이에 대해 에아바니는 암컷 동물들과 교제했다는 것으로 해석한다. 아직 에아바니와 같은 종족의 여자는 존재하지 않았던 것이다. 아무도 그를 사로잡을 수 없었다. 그래서 샤마시(Shamash) 신은 이슈타르(Ishtar)[13]의 신녀(神女, priestess)를 보냄으로써 욕망으로 그를 공격했다. 이 신녀는 그를 자신의 사람으로 만들어서 동물들과 멀어지게 했다. 신녀는 그에게 이렇게 말했다. "당신은 신과 같아질 것입니다. 왜 당신은 동물과 함께 자리에 눕습니까?" "그녀는 에아바니에게 그 자신의 영혼을 드러냈다." 그래서 그녀는 문화적 영웅이었다. 이 신화가 의미하는 것은 성에 대한 지식과 더불어 의식, 지성, 문명이 깨어났음을 의미한다. 에아바니는 신녀를 따라서 우루크에 갔

---

[10] Maspero, *Peuples de l'Orient*, I, 576, 589.
[11] *American Journal of Semite Languages and Literature*, XV, 201.
[12] (옮긴이 주) Morris Jastraw(1861~1921). 폴란드 태생의 미국 동양학자이자 서지학자로서 펜실베이니아 대학에서 근무했다. 미국 동양학회 회장을 역임했고, 고고학, 종교, 고대언어 분야에서 다양한 저작을 남겼다.
[13] (옮긴이 주) 바빌로니아의 여신으로서 전쟁과 성적인 사랑을 대표한다.

고 거기서 에아바니와 길가메시는 동지-전쟁 영웅이자 괴물 사냥꾼-가 되었다. 이슈타르는 길가메시와 사랑에 빠진다. 그러나 그는 이슈타르를 거부한다. 왜냐하면 이슈타르는 자신이 사랑한 모든 사람과 동물을 불행에 빠뜨렸기 때문이다. 그의 거부에 대한 그녀의 복수는 두 친구에게 재난과 죽음을 가져온다. 멕시코에도 이와 유사한 신화가 있다. 태양신과 곡물의 여신은 성행위를 통해 식물에게 생명을 만들어 주었다. 태양신은 성병에 걸렸다. 그들은 아마도 매독을 성적인 과도함과 연관 지은 듯하다.[14] 우루크의 이슈타르 숭배에서는 3등급의 매음 신녀들이 있었다. 그리고 여성을 신전에 바치는 일은 이슈타르를 모시는 일과 문명 간의 연관을 인정하는 의미로 행해졌다. 처음에는 생명의 여신과 사랑의 여신은 동일했다. 재생의 비너스와 육체적 욕망의 비너스는 나중에야 구분되었다. 어떤 시대에는 양자의 구분이 엄격히 이루어졌다. 다른 시대에는 전자는 후자로 인도하는 매개자에 불과했다. 멕시코인은 두 여신을 섬겼다. 하나는 정숙(chaste)의 여신이고 다른 하나는 외설적인 사랑의 여신이다. 정숙의 여신의 축제에서는 음란한 전례를 거행했다. 사랑의 여신의 축제는 매음 신녀들의 자기희생(self-immloation)[15]과 무절제한 언어와 행위로 떠들썩했다. 이 여신은 매음부들의 죽음으로 재생한다고 생각되었다. 음란한 전례는 당시 사람들의 모레스와 충돌했다. 방탕한 사신(邪神)은 선한 도덕의 수호자가 되었다. 그들은 남근을 숨겼다. 방탕의 죄는 방탕의 신들에게 고백되었다.[16] 곡물의 어머니인 테테오이난(Teteoinnan)도 역시 성장을 촉진하는 일을 통

---

[14] *Archiv für Anthropologie*, XXIX, 156.
[15] (옮긴이 주) immloation은 어떤 것을 죽여서 신에게 바치는 행동을 가리킨다. 그러므로 self-immloation은 자기 자신을 죽여 신에게 바침을 뜻한다.
[16] *Archiv für Anthropologie*, XXIX, 150.

해서 매음 신녀가 된다. 하지만 의식을 봉헌하는 속에서 그녀는 성 금기 위반을 처벌한다.[17] 마치 금기가 필요함을 방종과 무절제의 결과로 알 수 있다는 듯이 방종의 여신은 금기의 수호자가 되는 것이다. 셈족 종교들에서 생명의 시작과 끝은 인간에게는 위험스러운 초자연적인 힘들에 맡겨진다.[18] 이하에 언급한 용례들은 이것이 추상적인 교의가 아니라 경험의 직접적인 가르침으로서 수용되었음을 보여준다.

590. 아도니스(Adonis) 신화

이슈타르 숭배에는 탐무즈(Tammuz)(아도니스)를 위해 울부짖는 행위가 포함되어 있었다. 탐무즈는 이슈타르의 아들이거나 남편이었다. 이슈타르는 그를 구하러 하데스(황천)로 갔다. 그의 죽음은 생장의 종말에 대한 신화였다. 그의 부활은 생장의 재생을 위한 신화였다. 전자는 탄식과 비탄으로 표현되었다. 후자는 무절제한 향락과 성적인 방종으로 표현되었다.[19] 이 전설은 지역마다 변형된 채 그리고 많은 절충을 겪으며 기독교가 그리스-로마 세계에 도입될 때까지 존속했다. 이 전설은 매음 신녀에 관해 함무라비 법전과 일치한다.

---

[17] 위의 책, 183.
[18] W. R. Smith, *Religion of the Semites*, 447.
[19] Lucian, *De Syria Dea*, 6.

591. 신성한 매음

나중에 따로 강력하게 발전할 세 가지 즉 종교적 의례, 종교적 드라마(나중에 외설적이라고 간주될 상징, 무언극, 신비극) 그리고 매음은 여기서 하나로 통일되어 있다. 신성한 매음이 유일한 매음이었다. 그것은 정상적인 것이고 윤리적 우려의 대상이 아니었다. 그것은 종교적, 사회적 체제의 일부였다. 나중에 매음이 독립적인 사회적 사실이 되고 나쁜 짓으로 판정되었을 때 이미 신성한 매음은 관습화와 종교적 용례의 지속(본서 74절 참조) 아래서 오랫동안 존속되고 있었다. 그러나 그때 모레스에서 매음이 거부되면서 윤리적 싸움이 일어나 매음은 폐지되기에 이르렀다. 신성한 매음은 존속되는 동안 두 가지 목표 중 하나를 위해서 실행되었다. 즉, 결혼 지참금을 모으기 위해서 또는 사원을 위한 돈을 모으거나 하기 위해서.

592. 바빌로니아의 관습과 종교적 연관성

헤로도토스[20]는 다음과 같은 것을 우리에게 말해준다. 리디아의 여인들과 키프로스 섬 어떤 민족의 여자들은 결혼 전의 자유를 이용해서 결혼 지참금을 모았다. 전체 국민 중에서 신에게 간택된 한 여인은 바빌론에 있는 8층탑의 맨 꼭대기 방에 머물렀는데, 사제들은 그녀가 신의 시중을 든다고 말했다. 또 이집트 테베 사람들도 그들의 신에 대해 비슷한 이야기를 했으며, 리키아(Lycia)의 파타라(Patara)[21]에서는 신탁을

---

[20] Herodotus, I, 93, 181, 199.

전하는 신녀들이 신과 교제했다. 바빌론에서 모든 여자는 밀리타(Mylitta) 사원에 처음 참례하는 사람들을 위해 한 번씩 몸을 주어야 했다. 이 마지막 진술은 오랫동안 기괴하게 여겨져서 거짓이라고 간주되었다. 이러한 불신은 근대의 모레스에서 오는 것이다. 근대의 모레스에서 종교와 성적인 분방함은 엄격한 적대 관계에 있어서 우리에게 종교는 "신적인 기원"이 있는 독립적인 힘으로 여겨진다. 이 힘은 본래적으로 성에 반하는 특징이 있으며 성적 행위의 유해성과 사악함을 드러내는 것으로서 세상에 나타났다고 생각되었다. 그러나 이러한 관념은 유대적인 전승의 일부이다. 헤로도토스가 말한 사실은 이제 의심되지 않는다. 그것은 일련의 유사한 사례 중 하나일 뿐이다. 그 모든 사례는 분명 비슷한 생각에서 유래했으며 마찬가지 방식으로 인간의 복리에 기여하는 것으로 간주되었다. 프로이스(Preuss)[22]는 그것을 이렇게 설명하려 했다. "그것을 이해할 유일한 길은 과거 남자들이 풍작을 이루려고 일종의 성적 용례를 실천했고 그것이 나중에 일상적 삶의 모레스에 의해 매춘이라고 간주되었다고 가정하는 것이다. 이로부터 독일인들은 곡물의 여신을 '위대한 매음녀(Great Harlot)'라고 부르게 되었던 것이다." 우리는 남자들이 자신의 자식과 다른 인간들을, 거기서 가장 용감하거나 가장 아름다운 사람들을 희생제물로 바쳤음을 안다. 그리고 그들이 경미한 정도에서 심각한 정도까지 어느 정도로든 자기 신체의 일부를 훼손했음을 안다. 또 그들이 가장 엄청난 방종한 축제를 거행했으며 그들 자신의 가장 중요한 이익에 반해서 행동했음을 안다. 이 모든 것이 종

---

[21] (옮긴이 주) 리키아는 터키의 아나톨리아 지방에 속한 지역이다. 그 이름은 고대 이집트의 기록에 이미 등장한다. 파타라는 리키아의 남서 해안에 위치한 해양도시이자 상업 도시이다.
[22] *Globus*, LXXXVI, 360.

교의 이름으로 행해졌다. 원래 종교에는 관능, 잔혹 그리고 그 밖의 인간 본성의 비열한 요소에 반대하는 것이 없었다. 종교는 어떤 전제된 이익 속에 독자적 기원이 있으며 인간에게 어떤 것을 요구한다. 그 요구는 희생제물을 바치는 것과 의례를 지키는 것이다. 전체 종교 체제는 그 사회가 그 당시에 가진 일단의 이해관계, 관념 그리고 모레스 내에서 발전했다. 또한 종교는 그 당시 집단의 다른 모든 이해관계나 취향에 적응하며 그것과 자신을 일치시킨다. 딸이 많은 아버지는 입 하나를 줄이려고 딸을 사원에 봉헌하곤 했다.[23] 또한 종교는 극단적으로 완고하다. 그래서 종교는 한때 유익했지만 나중에는 해롭게 된 권위적 관습을 후대까지 끌고 가며 유지한다. 만약 부모가 아이를 몰레크(Molech)[24]에게 바친다면, 딸을 이슈타르에게 봉헌하지 못할 것도 없다. 만약 한때 쌀이 자라게 하려고 동기감응적인 마법을 실천했다면 종교는 이 관습을 후대로 전한다. 그것이 충격적이고 혐오스럽게 여겨지는 후대에까지 말이다. 이 관습이 후대로 이어지면서, 관능적이 되고 또 삶을 타락시키는 것이 되어도 원래 그것이 관능에 봉사하려는 것이 아니었음은 분명하다. 그것은 방종을 조장하고 승인하는 장치가 아니었다. 우리는 그런 목적이 있는 원초적인 관습의 사례를 전혀 알지 못한다. 함무라비 법전의 조항은 가능한 한 단순하며 사실적이다. 그것은 현실적 이해관계를 위해 마련해야 할 것으로 보이는 조항들이었다. 그 관습의 순박함(innocence)에 대한 다른 증거는 다른 독자적 사례에서도 같은 관

---

[23] Maurer, *Völkerkunde, Bibel, und Christenthum*, 95.
[24] (옮긴이 주) 일반적인 가설에 따르면 이 이름은 본래 히브리어로 '왕', '지배'를 뜻한다고 한다. 몰레크는 구약성서에 몇 번(레위기 18장 21절, 예레미아 32장 35절) 등장하는데 항상 "몰레크에게 아이를 희생으로 바친다"는 관용적 표현과 더불어 나온다.

습들이 확립되어 있다는 사실에서 찾을 수 있다. 그 관습은 (그들이 지각한다고 생각했던바) 자연 속에 사물들을 만든 위대한 주체들에 대한 인간의 반응 이외의 다른 것이 아니었다. 이 주체들이 사용한 방법과 수단은 숭배되었다. 그것들은 인간이 멸시하거나 거부할 수 있는 것이 아니었다. 그러므로 생식은 종교적이었고 성은 신성했다. 그 영역 전체는 하나의 신비였고 경이였다. 그에 대한 지식을 통해 사람은 신처럼 되었다. 그 지식에서 사람들은 사물들을 자라게 하여 식량을 얻고 또 결핍에서 벗어나는 힘을 획득했다. 성에 대한 관심 및 그와 연관된 관습은 농경과 연관해서 강화되었다. 대추야자에 결실을 맺게 하는 방식은 자연과학에서 하나의 위대한 발견이었다. 원시인은 그것을 종교적 사실과 규칙으로 전환하려 했을 것이다. 여성을 생명의 여신으로 성화시켜 재생산이 여성의 신성한 의무가 되게 해야 한다는 추론이 원시인의 논리 속에 있었다. 이슈타르는 배우자가 여럿이었는데, 그녀는 주신(主神) 바알(Baal)의 부인 아스타르테(Astarte)로 변신했고, 그렇지 않으면 중성이 되었다가 남성으로도 되었다. 처녀인 어머니가 있고 제신들의 어머니가 있다. 이런 생각은 끈질기게 지속되었다. 신들의 어머니는 미혼일 것이며 자신의 상대를 마음대로 선택할 것이고 또는 "여왕, 수장, 모든 신 중 가장 먼저 태어난 존재"[25]일 것이다. 이러한 변화에서 우리는 종교적 관념들과 서로 적응하는 모레스들을 볼 수 있다. 그 근저에 놓인 관념들이 참되고 진지한 만큼 그 논리는 정직했고 그 용례는 아무 해도 없었다. 원초적 관념들이 사라졌을 때 또는 그 논리가 실제의 윤리적 비일관성을 덮기 위한 인위적 포장이 되었을 때 그리고 그래도 그 관습이 아마도 사제들에게 이익을 가져다준다는 이유로 유지되

---

[25] W. R. Smith, *Religion of the Semites*, 56~59.

었을 때 그 용례는 방종에 기여했다.

593. 종교와 모레스

종교는 인간의 모레스나 사상을 형성하고자 외부에서 창조적으로 활동한 독립적 힘이었던 적이 결코 없다. 종교가 모레스를 형성한다는 생각은 다른 (영적인) 세계가 '위로부터' 이 세계에 침범하여 법과 지도를 주리라고 생각하는 세계관(world philosophy)[26]의 극단적 형식이다. 모레스는 전체로서의 삶에서 성장한다. 모레스는 생활 조건, 인구밀도 그리고 생활경험과 더불어 변화한다. 그리고 모레스는 전통적 종교에 적대적이거나 이질적인 것이 된다. 우리 경험에서 보면 우리의 모레스는 의례, 일처다부제, 노예제, 순결의무 등에 대해 성서에 나와 있는 내용과 다르거나 심지어 적대적인 견해를 가지고 있다. 16세기 이래 우리는 종교를 재구성하여 현대의 사상과 모레스에 맞게 변화시켰다. 역사상 모든 종교적 개혁은 이런 방식으로 일어났다. 모든 종교적 교의와 의례 행위는 종교적 의무의 관념과 강력한 이해관계에 의해서 확고하게 고수되었다. 그러므로 그것은, 삶에 대한 모든 관찰 또는 경험에서 촉발되어 지속적으로 변화하는 모레스와 어긋나게 된다. 신성한 매음은 종교적 관념과 관습이 도덕(즉 모레스) 및 사회적 규범이 급격히 변화한 시대까지 전승되어 보존된 사례이다. 오늘날 우리는 신성한 매음에 대

---

[26] (옮긴이 주) 여기서 섬너가 world philosophy라는 단어로 무엇을 의미하고자 하는지는 불확실하다. 문맥상 세계관으로서의 철학 또는 형이상학적인 철학을 의미하는 것으로 보인다. 어쨌든 여기서 그는 삶의 맥락을 넘어선 초월적 기원을 인정하는 철학을 비판적인 시각에서 바라보고 있다.

해 커다란 윤리적 혐오감을 갖고 있다.

594. 신성한 매음의 사례들

신성한 매음은 역사시대 이집트에서 볼 수 있다. 케사르 시대에조차 테베 귀족 가문의 가장 아름다운 소녀는 간택되어 아몬(Ammon)[27] 신전에 봉헌되었다. 그녀는 고급스러운 삶으로 영예와 이익을 얻었고 나이가 들어 은퇴하면 명문가 자제와 혼인할 수 있다. 모든 사원에는 신을 모시는 일을 하는 여자들이 있었다. 그들은 다양한 위계가 있었고 마치 하렘 여인이 왕을 즐겁게 하듯이 신을 즐겁게 한다고 생각되었다. 여신을 모신 사원은 여자들이 관리했으며 이 여자들은 큰 명예와 권력을 지녔다.[28] 콘스탄티누스는 페니키아와 이집트에 있던 불순한 숭배의 사원들을 파괴했고 병사들을 보내서 사제들을 해산했다. 파넬(Farnell)[29]은 바빌로니아의 그 관습[30]은 (남자가 이방인이어야 했기 때문에 특히) 초야의 피(nuptial blood)가 초래할 해악에 대한 두려움 때문이었다고 생각한다. 사원에서 일하는 사람들은 "히에로둘레(hierodules)"[31]로 알려져 있다. 오토(Otto)[32]에 따르면 히에로둘레는 사원의 노예나 신녀가 아니었다고

---

[27] (옮긴이 주) 아몬은 리비아 지역에서 신봉하는 신이다. 그의 신전은 이집트 서쪽 사막에 있는데, 알렉산더 대왕이 신탁을 위해 이 사원을 방문하면서 유명하게 되었다. 그림이나 조각에서 보면 아몬신은 보통 양 뿔을 가진 모습으로 등장한다. 아몬에 대한 숭배가 어디에서 유래했는지는 불분명하다.
[28] Maspero, *Peuples de l'Orient*, I, 50, 126.
[29] *Archiv für Anthropologie*, VII, 88.
[30] (옮긴이 주) 592절에 나온 관습을 말한다. 특히 바빌의 여자들이 신전에 처음 참례하는 사람에게 한 번씩 몸을 주어야 한다는 관습을 말하고 있다.
[31] (옮긴이 주) 고대의 신전에서 특정한 신을 위하여 봉사하는 노예를 말한다.

한다. 하지만 그는 사원이 사원의 신녀들을 통해 수입을 얻었다는 증거를 발견했다. 카르타고에 정주한 페니키아 사람들은 서아시아의 종교도 가지고 들어왔다. 아마도 북아프리카의 기존 종교 속에는 관능의 요소가 있었고, 이것은 수입된 종교의 관능과 통합되었다. 이것은 누미디아(Numidia)의 시카(Sicca)에서 시행된 숭배(컬트)를 설명해줄 수 있을 것이다. 거기에는 아스타르테 또는 타니트(Tanith)의 사원이 있었다. 이 사원 여자들은 매음으로 결혼 지참금을 모을 때만 모습을 드러냈다.[33] 페니키아의 비블로스(Byblos, 또는 Gebal)에도 같은 여신을 모시는 큰 사원이 있었는데, 거기서는 아도니스 신화를 기념하는 정교한 예식이 있었다. 즉 오직 이방인만을 위한 신성한 매음이 있었고 돈은 여신에게 바쳤다. 모든 여인은 아도니스를 애도하는 의미에서 삭발을 해야 했고 또는 이런 관습 아래서 자신을 희생해야 했다.[34] 타니트는 아르테미스와 동일시되었다. 그 후 카르타고령 아프리카(Punic Africa)[35]에서의 숭배는 "거룩한 처녀(celestial virgin)" 또는 "신성한 처녀(verginal 'numen')"에게 우선권을 주었다. "신들의 어머니와 천상의 처녀 즉 결혼하지 않은 여신을 동일시하는 것은 아우구스티누스에 의해서 – 비록 절대적으로 요구되지는 않았지만 – 확증되었다.[36] 카르타고에서 그녀는 또한 디도(Dido)와 동일했던 듯하다."[37] "아라비아의 랏(Lat)은 나바테아인(Nabataeans)에게 신들의 어머니로 숭배되었고, 또한 에피파니우스(Epiphanius)의 주장에

---

[32] *Priester und Tempel im Hellenischen Aegypten*, I, 316.
[33] Valerius Maximus, II, 6, 15.
[34] Lucian, *De Syria Dea*, 6; Pietschmann, *Die Phönizier*, 229.
[35] (옮긴이 주) 고대 카르타고 지역을 말하며, 오늘날로 말하면 북아프리카의 튀니지에 해당한다.
[36] *De Civitas Dei*, II, 4.
[37] W. R. Smith, *Religion of the Semites*, 56.

따르면 페트라(Petra)에서 숭배한 '처녀인 어머니'와 동일시되었음이 틀림없다."[38] 아르메니아의 아나이티스(Anaitis) 숭배에서는 남자와 여자 노예들을 여신에게 바쳤다. 하지만 상류층 사람들도 딸을 봉헌했다. 오랜 복무를 마친 뒤, 그들은 결혼했다. 아무도 그들을 타락했다고 생각하지 않았다. 그들은 돈을 밝히지 않았는데, 가족들이 뒤를 넉넉하게 보살펴 주었기 때문이다. 그래서 그들은 사회적으로 같은 수준의 사람만을 손님으로 받았다.[39] 바알 페오(Baal Peor)[40] 역시 신성한 매음의 사례인 것 같다.[41] 그렇게 생각할 가장 강한 근거는 호세아 9장 10절[42]이다. 로젠바움(Rosenbaum)[43]은 페스트를 성병이라고 해석한다. "케데심(kedeshim)" (남창들)이 아사(Asa)[44]에 의해서 유다(Judah)로부터 추방되었다.[45] 그들은 르호보암(Rehoboam)[46] 이래로 거기에 있었다.[47] 이들의 이야기는 나중에 다시 등장한다.[48] 그들은 맹세를 하고 자신의 수입을 야훼에게 가져간

---

[38] 위의 책
[39] Strabo, XI, 14, 16.
[40] (옮긴이 주) 사해(死海) 근처에 거주하던 모하비인(Mohabiter)들이 숭배하던 신. Belphegor라고도 부른다. 이 신은 사신(邪神) 중 하나로서 기독교 신화 전통 속으로 흡수되었다. 그 후 르네상스 시대의 문학과 근대의 문학으로 전승되었다.
[41] 민수기 23장 28절; 25장 1절; 여호수아 22장 17절.
[42] (옮긴이 주) 기원전 8세기경 이스라엘의 예언자였던 호세아가 남긴 예언서이다. 호세아는 구약성서 12예언자 중 한 사람이다.
[43] *Die Lustseuche im Alterthum*, 77
[44] (옮긴이 주) 히브리의 성서에 의하면 유다 왕국의 3대 왕이었고 다윗 가문의 5번째 왕이었다. 그는 41년간 통치했다고 기록되어 있다. 그것은 대체로 기원전 913(~910년)부터 873(~869년) 사이라고 추정된다.
[45] 열왕기 상 15장 12절.
[46] (옮긴이 주) 유다 왕국의 최초의 왕의 이름이다. 때에 따라 Rehabeam이라고도 쓴다.
[47] 열왕기 상 14장 24절.
[48] 열왕기 상 22장 46절; 열왕기 하 23장 7절.

다.⁴⁹ 파넬⁵⁰은 핀다로스의 한 단편을 코린트의 신성한 매음의 증거라고 해석한다. 그것은 로크리에피제피리(Epizephyrian Locri)⁵¹의 한 사원에서, 어떤 오래된 모욕을 받던 사람들이 만일 여신이 도와준다면 자신의 딸을 봉헌하겠다는 맹세를 실행함으로써 실천되었다.⁵² 또한 파넬⁵³은 시칠리아의 어떤 사례에 관심을 기울였다. 시칠리아는 카르타고의 에릭스(Eryx)⁵⁴와 연결되어 있었다. 플라우투스의 『시스텔라리아(Cistellaria)』⁵⁵에서 그 용례는 토스카나식(Tuscan)이라고 지칭되었다.⁵⁶ 아우구스투스는 카르타고를 재건했는데, 그것은 마치 낡은 용례가 150년의 공백을 넘어 살아남은 것처럼 보인다. 타니트의 사원은 재건되었고 '거룩한 처녀'의 사원이라고 불렸다. 로마인들은 신성한 매음을 금지했다. 신성한 매음은 그들의 성적 모레스와 매우 적대적이었다. 한(Hahn)은 기독교가 유입되기 전인 10세기에 스칸디나비아에서 신성한 매음이 실존했음을 증명하는 한 이야기에 주목했다.⁵⁷ 그 이야기의 영웅은 프레이(Frey)라는 신의 시종이면서 이 신의 목상(木像)을 가지고 방랑하던 여인과 겨우내 함께 머무른다. 사람들은 이 영웅을 신으로 받들고 신녀가 그에 의해

---

⁴⁹ 신명기 23장 18절.
⁵⁰ *Cults of the Greek States*, 635.
⁵¹ (옮긴이 주) 기원전 680년경 이오니아 해의 이탈리아 해안가에 건설된 도시. 그리스 본토의 로크리와 구별하기 위해 로크리에피제피리라 불렸다.
⁵² Athenæus; XII, 11.
⁵³ *Cults of the Greek States*, 641.
⁵⁴ (옮긴이 주) 시칠리아 서부에 있는 고대의 도시. 현재는 Erice라는 이름의 도시로 되었다.
⁵⁵ (옮긴이 주) 로마 초기의 작가인 Titus Maccius Plautus가 쓴 라틴 희곡. Henry Thomas Riley가 영어로 번역했는데, 이 번역본은 터프트 대학의 디지털 도서관 프로젝트인 페르세우스(Perseus)에서 볼 수 있다.
⁵⁶ II, 3, 20.
⁵⁷ *Globus*, LXXV, 286.

어머니가 될 때 즐거워한다.[58] 같은 관심에서 그리고 비슷한 조건 아래서 멕시코인은 동일한 관습과 유사한 생각을 발전시켰다. 가장 낮은 계층의 마야족은 딸을 내보내서 그 자신의 결혼 지참금을 벌게 했다.[59]

595. 구약성서에 나오는 같은 관습들

사무엘 상 1장에서 하나(Hanah)는 하나님이 아들을 점지해 주시면 그 아이를 주님께 바치겠다고 맹세했다. 그리고 그 표시로 아이에게는 어떤 칼도 대지 못하게 했다. 그녀는 아이를 바쳐, '애디투스(ædituus) 즉 신의 지시와 명령을 기다리며 사원에서 사는 사람이 되게 했다. 여호수아 9장 23절, 27절에서 우리는 사원에서 비천한 일을 하도록 강요된 전쟁 포로들 사례를 볼 수 있다. 에제키엘 44장 8~9절에서는 사람들이 사원의 일을 스스로 하지 않고 이교도에게 맡겼다고 비난받는다.[60] '케데심' 즉 사원의 창녀와 남창들은 구약성서에서 자주, 특히 종교적 개혁 국면에서 자주 언급된다. 그들은 그런 역사적 시기에 비난의 대상이 되는 것 같다.

596. 풍요와 무절제에 대한 적대

게르만족은 곡물의 어머니, 즉 농작물의 성장과 풍요를 담당하는 여

---

[58] *Scripta Historica Islandorum*, II, 67.
[59] Bancroft, *Native Races of the Pacific Coast*, I, 123; II, 676.
[60] (옮긴이 주) "내가 있는 이 거룩한 곳에서 너희가 몸소 섬기지 아니하고 이국 사람들을 시켜서 이 성소에서 섬기게 하였느냐."

신이 있었다. 멕시코인도 신들의 어머니 즉 테테오이난(Teteoinnan)이 있었다. 전자는 매음부가 되었다. 후자는 성행위를 통해, 성장하도록, 생식이 풍부해지도록 했고 음란함의 여신이 되었다.[61] 그래서 농경적 이익이 이러한 생각들을 낳고 또 통제하는 곳에서는 언제나, 자유로운 성적 탐닉이 풍요를 불러온다는 생각과 그와 반대로 무절제, 음란 그리고 해악을 초래한다는 생각이 서로 싸웠다. 우리는 여전히 '어머니', '아버지' 그리고 '아들'의 은유적 용법을 추적할 수 있고 또 이 용어들이 고상한 특성의 소유 또는 어떤 운명의 끈, 우리 자신의 종교의 가장 중요한 개념 중 일부를 표현하는 데 사용되는 것을 여전히 볼 수 있다.

597. 신성한 매음의 존속, 힌두스탄에서 보이는 유사한 관습

일찍이 동방을 여행한 포르투갈 사람들은 코친차이나(Cochin China)[62]에서 신성한 매음을 발견했다. 고귀한 가문의 처녀들은 아주 어린 시절부터 맹세에 속박당한다. 그렇지 않으면 어떤 귀족도 그녀와 결혼하려 하지 않을 것이다.[63] 현대 이집트의 무희(dancing girls)인 고와지 또는 바메키(Ghowazy or Barmeky)는 명문가 출신이었다. 그들은 고립되어 지냈고 특별한 관습을 따랐다. 각자는 이방인에게 몸을 맡겨야 했고 그리고 나서 자기 집단의 남자와 결혼해야 했다.[64] "아마도 하늘과 땅은 베다의 신

---

[61] *Archiv für Anthropologie*, XXIX, 138, 150.
[62] (옮긴이 주) 베트남 남부와 캄보디아의 동쪽 부분에 대한 옛 명칭으로서 1863~1954에 프랑스의 식민지였던 지역이다.
[63] Oliveira Martins, *As Racas Humanas*, II, 181.
[64] Burckhardt, *Arabic Proverbs*, 145.

중에서 가장 오래된 신이고, 이들의 환상적인 결합 즉 남편과 아내의 결합에서 다른 신들과 전 우주가 최초로 나타났다고 생각되었다." "전 세계는 여성 속에 구현되어 있다. … 여성은 신이다. 여성은 생명력이다."라고 베다 경전들은 말하고 있다. 마누(Manu)[65]에서 "스스로 존립하는 신은 자신의 실체를 나누어 반은 남자, 반은 여자로 된다고 묘사된다."[66] 19세기 초에 글을 쓴 한 유능한 저자의 보고에 따르면 힌두스탄의 사원에 속한 여성들은 하루에 두 번 노래하고 춤추었는데, 노래는 신화적 주제에 관한 것이었고 당시의 일상적 모레스에 따라서 보면 외설적이었다. 종교적 서원(誓願)은 힌두교식의 신성한 매음에서 매우 중요한 역할을 했다. 해산을 앞둔 여자는 이제 태어날 아이를 – 만약 여자라면 – 사원에 바치겠다고 남편의 동의 아래 맹세했다. 그것은 해산을 쉽게 하려는 시도였다. 이런 삶을 사는 딸이 있다는 것이 가문에 불명예가 되지 않았다. 불임 여성은 아이를 잉태하려고 자기희생을 맹세하며 먼 곳의 사원을 방문했다. 그들은 사제들의 희생물이 되었다. 비슈누 신 축제에서 사제들은 무수한 참석자 중에서 여자들을 징발하려 했다. 신성한 용례와 방종 사이의 경계는 멀리 떨어져 있는 지역에서 무너졌다. 하지만 규모가 큰 사원에서 여성은 비록 쾌락을 주도록 훈련받았지만 결코 뻔뻔스럽게 행동하지는 않았다. 그들은 완벽하게 예절을 지켰다. 아무도 감히 그들과 부적절한 일을 벌일 수 없었다. 참관자들이 허락하지 않을 것이었고, 전체 과정은 엄격한 규칙들로 통제되었다. 브라만들은 봉헌된 여성들과의 성교가 죄를 씻어준다는 교의를 만들어 냈다.[67] 그것은 이러한 관계를 유지한 동기를 보여주며 이 진술들은 전

---

[65] *Laws*, I, 5.
[66] Monier-Williams, *Brahmanism and Hinduism*, 181~183.
[67] Dubois, *Mœurs de l'Inde*, I, 434~439; 478~480; II, 353, 366, 370, 377.

체를 싸고 있던 관습화를 명백하게 보여준다. 사원에서의 관행이 얼마간 변하기는 했지만, 그것은 여전히 존재한다. 거기에는 은밀한 미스터리와 신화적 사건들에 대한 극적인 표현이 있는데, 그것은 위에서 말한 고대적 관계의 잔존물인 것처럼 보인다.[68] 순례객이 모이는 곳에 있는 사원에는 매음부들이 있다. 이들은 자기 수입의 일부를 사원에 낸다.[69] 푸리(Puri)의 신성한 주가나타(Jugganatha) 축제는 원래 베단타 철학에서 유래한 봄 축제인데 일종의 야단법석 농신제(農神祭)이다. 여기서 사회 질서의 속박은 느슨해지고 품위나 체면 같은 기준은 무시된다. 거기서는 "다른 경우라면 사람들이 수치스러워할 말들이 거리낌 없이 언급된다."[70] 북부 인도의 팔군(Phalgun) 축제는 크리슈나의 관능적인 쾌락을 기념한다. 그 전례들은 외설적이다.[71] 신들에 대한 신화적 이야기는 해석이나 특별한 핑계로 근대의 모레스가 용인할 수 있는 것으로 전화되어야 한다.[72] 노래, 춤, 무언극, 신화극은 신의 이미지 앞에서 인간에 의해서 – 그리고 남자와 여자의 일반적인 집단 앞에서 – 재현된다.[73] 삭타(Sakta) 숭배자들은 삭타, 즉 자연 속에서 볼 수 있는 강하고 신비하며 여성적인 힘을 숭배하는 종파이다.[74] 이들은 이 힘을 고대의 어머니 여신처럼 우주의 어머니로 인격화한다. 이 여신은 힌두교도에게는 자연

---

[68] Wilkins, *Modern Hinduism*, 94, 216, 290; Monier-Williams, *Brahmanism and Hinduism*, 451.
[69] Wilkins, 242.
[70] *Journal of the Royal Asiatic Society*, 1841, 239; Wilkins, 286
[71] Wilkins, 235.
[72] 위의 책, 317.
[73] 위의 책, 216.
[74] (옮긴이 주) 힌두교의 주요한 전통 중 하나이다. 이 전통에서는 형이상학적 실재가 여성이라고 생각되며 여신 삭타가 최고의 지위를 차지한다. 최고의 존재인 삭타는 다양한 여신의 모습으로 현현할 수 있다.

적인 욕구로 그리고 남보다 탁월하고 적을 물리칠 수 있는 능력으로 드러난다. 이 종파의 전례는 괴기스럽고 외설적이며 모레스에 정한 제한을 침범하고 모독하려는 목적을 갖는다. 이 전례에 의해 남자와 여자들은 절대자와 통일을 이룬다. 이 종파의 구성원들은 자신을 "완벽한 존재"라고 부르고 다른 모든 사람은 "짐승"이라고 불렀다. 그들은 신비적 문헌과 비밀스러운 난교파티를 이용한다. 거기서 그들은 독한 술을 마시고 고기와 생선을 먹고 방종한 성교를 실행했다. 그들은 아무런 신분계층도 인정하지 않는다.[75] 다른 종파들도 있다. 이들은 품격, 적절, 편의에 관한 모든 생각을 뒤집는다. 이들은 자기에 대한 고문, 범죄, 더러움을 행했고 역겨운 음식을 취했다. 이 모든 것에서 그들은 큰 창의성을 보여준다. 이들은 사라질 수밖에 없었다.[76] 또한 인육을 먹고, 근친상간을 하며 비밀한 방종과 외설을 실천한 종파도 있다.[77] 마드라스(Madras) 관구(presidency)[78] 일부 지역에서는 소녀들은 부모의 서약에 따라 '바시비(basibis)'가 되어 남성의 특권을 취득했다. 이 관습은 "지명된 딸"이라는 제도 즉 (아들이 없는) 부친을 위한 전례를 지명된 딸의 아들에게 대신하게 하고 그리하여 친정의 가계를 잇도록 딸 하나를 선택하는 제도에서 나왔을 것이다. 현대의 '바시비'는 "아버지의 집에서 산다. 그들은 결혼하지 않지만 아이는 낳는다. 그들은 아이의 아버지를 마음대로 고를 수 있다. 그 아이는 외할아버지의 성을 승계한다." 그것은 부계의 존속을 보장할 수단이며, 그렇게 종교적인 신성화와 규칙에

---

[75] Monier-Williams, 185, 190.
[76] JASB, I, 477; III, 200; JAI, XXVI, 341; Monier-Williams, 87; Hopkins, *The Religions of India*, 491.
[77] Hopkins, *The Religions of India*, 456; JASB, I, 477, 492; III, 201.
[78] (옮긴이 주) 옛 영국 3대 행정단위 중 하나. 나머지 두 개의 관구는 봄베이 관구와 벵갈 관구이다.

의해 규제됨으로써 모레스에 의해 인정된다. 만약 어떤 '바시비'가 그 규칙을 어기면 그녀는 전혀 다른 지위로 떨어진다. 남자들도 불완전하거나 기형으로 태어나면 봉헌되고 여자 옷을 입는다.[79]

598. 링감(lingam)과 요니(yoni)

링감의 상징은 홀로 또는 요니와 더불어 인도 전역에서 발견된다. 인도의 어떤 지역에서 사람들은 링감을 부적처럼 몸에 지니고 다닌다.[80] "링감"이라는 단어는 "상징"을 뜻한다고 한다.[81] 유럽인이 보기에 그 물건은 천박하고 외설적으로 보인다. 만약 그것이 남근에서 유래한 것이라면 "힌두교도들은 그 사실을 전혀 의식하지 못한다. 마치 우리가 5월의 기둥이 유사한 기원이 있다는 것을 의식하지 못하듯이 말이다."[82] 그것은 달걀이나 보리알과 마찬가지로 전혀 에로틱하지 않다. 그것은 자연의 영원한 재생력인 – 사멸 이후에 다시 재생시키는 – 시바의 상징이다. 시바의 한 형태는 양성인간이다. 남성 즉 정기와 여성 즉 질료의 이원론은 모든 창조에 본질적이다. "이러한 이원론적 관념에 물든 사람에게 링감과 요니는 결코 부적절한 생각을 일으키지 않는다."[83]

---

[79] JASB, II, 322, 349; JASB, I, 502도 참조.
[80] Monier-Williams, 254.
[81] Nivedita, *Web of Indian Life*, 212.
[82] Nivedita, 212.
[83] Monier-Williams, 78, 183, 224.

599. 관례화

이 모든 사례에서 명백하게 드러나듯이 모레스는 고대적이고 신성한 것들에 보호막을 치며 그것을 강요하기보다는 보존한다. 그것을 보존하는 주된 방법은 관례화이다. 그들은 관례적인 양해 아래 놓이며 자의적인 기준에 의해 판단된다. 이 기준은 일상적 윤리적 용례에서 벗어나는 것이다. 성서의 영어 번역에서는 고대적이며 오늘날 일상적 삶에서는 금기시되는 단어와 구절이 사용된다. 우리 아이들은 "그것은 성서에 나온다"고 배워야 한다. 즉 그들은 고대적 형식을 덮고 있는 관례화를 배워야 한다. 성서에 나오는 단어들은 비판의 대상이 아니다. 그러나 그들은 일상적 삶에서 그와 유사한 용례를 정당화하는 데 전거로 인용될 수는 없다.

600. 힌두스탄의 모레스

힌두스탄에서 볼 수 있는 현상들은 – 우리의 관점에서 연구할 때 – 일상적인 관습에 근거하는 사물의 평가가 얼마나 완전히 달라질 수 있는지 보여준다. 그 현상들은 성격상 매우 다양하다. 그중 어떤 것은 관습의 타락과 탈선의 사례다. 그 관습들은 모레스에 의해 파기되었고 사악한 것이 되었으며 모레스 내에서 어떤 지위도 갖지 못하는 버려진 인간들의 손에 떨어졌다. 그리고 또 다른 관습에서 볼 수 있는 것은 낡은 용례들은 어느 순간 의심받게 될 때 곧 그 순진무구함을 상실한다는 것이다. 의식과 반성은 의심을 그리고 수치심을 생산한다. 때로 관례에 따라 사적이거나 은밀한 것들은 악이기 때문에 은밀한 것들과 만난다. 힌두스탄의 모든 현상은 도덕의 효과가 관례화의 온전함 또는 쇠퇴에 얼마나 완벽하게 좌우되는지 보여준다. 그 관례화는 아직도 매우 강력하기에 우리가 기대할 수 있는 공중도덕에 대한 효과는 나타나지 않고 있다. 힌두스탄의 공중예절은 품위와 적절함을 특징으로 하며 사회는 악하지 않다.[84] 관례화 아래 존재하는 것들은 그에 따라 살고 있는 집단에 대한 어떤 윤리적 판단의 근거를 결코 제공하지 못한다.

601. 멕시코의 모레스, 만취(drunkenness)

멕시코에도 성적인 정열의 여신이 있었고 그녀에게 남자와 여자들이 봉헌되었다. 때때로 고급 창부들은 자신을 여신을 모시는 일에 봉헌했다. 정열에 저항한다는 덕의 개념이 존재했다. 그러나 그 여신은 그리스의 비너스와 마찬가지로 자신의 지배를 벗어나려는 모든 노력을 저주했고 그 노력을 저지하려 애를 썼다.[85] 마야인들은 엄격한 성적 금기가 없었다. 그들은 모든 금기가 일시적으로 사라지는 축제들을 거행했다.[86] 페더라스티(Pederasty)[87]도 종교의 승인 하에 존속했다. 비탄과 고행의 집인 훈련소에 있는 청년들은 그 사회의 당시 모레스에 대립하는,

---

[84] Dubois, I, 439.
[85] Bancroft, *Native Races of the Pacific Coast*, II, 336; III, 377.
[86] 위의 책, II, 676.
[87] (옮긴이 주) 성인 남자와 사춘기 소년 간의 동성애적인 관계를 말한다. 원래 그리스어로 "소년에 대한 사랑"을 뜻한다. 프랑스에서 이 단어를 성인 남자들 간의 동성애를 뜻한다. 페더라스티의 지위는 역사적으로 변화되어, 때로는 긍정적으로 때로는 부정적으로 이해되었다. 유럽의 역사에서 그것이 가장 문화적으로 강하게 등장한 것은 아테네에서였다.

그러나 병사들의 낡은 특권이었던 방종을 허락받았다. 그들이 매일 같이 춘 춤은 외설적이었다. 춤추는 사람들은 생장(生長)의 사신들을 대표했다. 그 춤은 풍작을 이루는 데 도움을 주었다.[88] 거기에 놓인 생각은 동기감응적(sympathetic) 마술을 쓰려는 것이 아니라 남자들이 유사한 동작을 함으로써 사신이 식물에게 하고 있는 결실의 작업을 도와준다는 것이었다. 그래서 인간적 협력의 거대한 드라마가 춤 속에서 실행되었다. 뱀과 개구리는 비와 생장의 사신이었기에 잡아먹혔다.[89] 외설적인 춤은 "성적 욕망의 결과가 아니었다. 그것은 아주 오래된 것이었기 때문에 당연한 것으로 받아들여졌다."[90] 스페인의 정복이 진행될 당시에 춤에 대한 공적인 의견은 고정되어 있지 않았다. 그러나 그것은 고대 종교의 전통에 따라 유지되었다. 우리는 멕시코의 사례가 신성한 매음의 고대적 용례에 빛을 던진다고 확신할 수 있다. 비교적 최근에는 러시아의 중요한 기독교 축제들에서 성적인 방종의 사례를 볼 수 있다.[91] 멕시코에서는 만취에도 어떤 평행적 유사점이 있다. 종교는 주취를 통제하고 금지한다. 하지만 특별한 경우에는 허용한다. '풀크(pulque)'[92]를 마시는 것은 어떤 축제에서 특별히 지정된 사람을 제외하고는 사형으로 금지되었다. 그러나 불의 신 축제에서 모든 사람은 관습과 전통에 따라 진탕 마셨다.[93] 중앙아메리카의 왕들은 축제에서 만취하는 것이 분명하게 허용되었다. 그리고 왕이 술에 취해 있을 동안 이들의 임무를 대신 수행할 인물이 지명되었다. 축제에서 만취하는 것은 오늘날 별로

---

[88] *Archiv für Anthropologie*, XXIX, 153, 158, 164.
[89] (옮긴이 주) 물론 이것은 생장의 힘을 얻기 위한 행동이었다.
[90] 위의 책, 173.
[91] Petri, *Anthropology* (russ.), 435.
[92] (옮긴이 주) 멕시코의 토속 술.
[93] *Archiv für Anthropologie*, XXIX, 169.

비난받을 일이 아니라고 생각된다. 그리고 "현재에도 인도에서는 만취를 선물한 신에게 감사하는 것을 볼 수 있다."[94] 그것은 오래된 모레스에서 발생한 관념이 다른 종교와 사회체제가 습속 그 자체를 대체한 뒤에도 오랫동안 지속되는 사례라고 할 수 있다.

602. 일본의 모레스

과거 일본에서는 정부가 14세 소녀들을 부모에게 사서 여성적인 여러 재능을 교육했다. 이들은 10년 동안 고급 창부로 살면서 국가에 돈을 벌어 주었다. 그 후 정부는 약간의 돈을 주고 해고했다. 한때 이들의 숫자는 2만 명에 달했다. 그들은 찻집에서 가족 단위 관객도 볼 수 있는 오후 공연을 했다. 그러나 나중에는 남자들만 남았다.[95] 어떤 민족이 자신의 모레스와 다른 모레스를 알게 됨으로써 그에 대해 철학적으로 사고하게 되면, 또는 그것에 대해 의식하거나 의심하게 되면 그들의 낡은 모레스는 자신의 순진함을 상실한다. 일본인들은 약 50년 전부터 이것을 깊게 경험해 오고 있다.

603. 중국의 종교와 모레스

이와 대조하려면 셜마이어(Schallmeyer)[96]가 수집한 증거를 살펴볼 필요

---

[94] *Globus*, LXXXVII, 130.
[95] Oliphant, *China and Japan*, II, 494.

가 있다. 그는 특히 중국의 종교는 모든 비도덕적 관념이나 용례에서 자유롭다는 증거를 제시했다. 사실 중국의 종교들은 외설적인 것에 적대적이라고 한다. 메도우스(Meadows)는 이렇게 말했다고 한다. 중국 경전의 모든 문장은 아무런 거부감 없이 영국 가정에 읽힐 수 있고 중국의 종교적 전례에는 다른 지역에서 발견되는 비도덕적 전례와 닮은 것이 없다고 말이다. 중국의 서정시는 순수하다고 여겨진다.

604. 생식에 대한 이해관계의 철학, 근친상간

신화 해석에 관하여 언급을 유보하는 것이 적절하고 또 필요하다. 그러나 인간이 식량 생산을 위해 성적 생식에 의존하고 그것을 원용하기 시작한 이후 성적인 생식에 대한 인간의 강한 관심은 신화에 대한 신뢰할 만한 연구의 산물이다. 그 관심은 강우에 대한 관심만큼이나 관능적인 것과 거리가 멀다. 그리고 그에 대한 신화화는 창조나 언어에 대한 신화화만큼이나 타락과는 거리가 멀다. 사람들은 곡물과 동물의 생식에 대해 배운 모든 것을 자신의 생식에도 확실하게 적용하려 했다. 칼데아 문명이 기원전 5천~6천 년 전으로 거슬러 올라간다면, 칼데아인들은 함무라비 이전에 이미 과잉 인구 및 성 문란의 악덕을 경험할 충분한 시간이 있었다. 칼데아 신화에서 이슈타르, 즉 모든 성적인 매력과 역겨움의 여신은 자신이 택한 모든 애인을 멸망시켰다. 그녀는 이중적 성격을 가졌다. 즉 모든 신화와 철학에서 등장하는 성적인 방종과 성에 대한 탄핵을 동시에 지녔다. 그녀는 모계와 일처다부제의 여신

---

[96] *Vererbung und Auslese*, 200.

이었다.[97] 성적 방종과 성에 대한 금지라는 두 정책은 초기 기독교 시대 몇 세기와 중세에 동시에 옹호되었다. 남자들은 생식의 문제는 데이트 횟수를 극한으로 늘리는 것보다 훨씬 더 복잡한 일이라는 점을 발견했다. 이런 인식을 하게 되자 이제 본능적인 또는 지성적인 규제를 육체적인 욕구에 가해야 했다. 원시인에게 생식기능은 먹고 자는 것처럼 단순한 기능이다. 그것은 그 자체로 나쁘거나 천한 것이 아니다. 인식이 등장할 때까지 그것은 순박했다. 그런데 인식이 등장하자 흥미를 규제하기 위해 규칙을 만들어야 한다는 사실이 드러났다. 규칙이 존재하면 그것을 어길 때 '잘못한다'는 마음이 있게 된다. 금기시되는 것은 오히려 흥미를 끌게 되고 어느 정도 두려운 것이 된다. 남녀의 숫자는 결코 똑같을 수 없다. 그리고 그 비율은 일처다부제 또는 일부다처제에 의해 더 어긋난다. 그러므로 악과 불편의 경험이 생명 정책에 대한 어떤 반성과 어떤 판단을 강요한다. 규제들이 마련되는데, 이 규제의 배후에 있는 것은 이해 및 관심의 총족이라는 철학[98]이었다. 다시 말해 모레스는 이 문제를 해결하려고 개발되었다. 또한 신성한 매음과 근친상간 사이에는 어떤 연관이 있는 듯하다. 결혼할 수 없거나 노예를 살 수 없는 빈곤한 자는 언제나 근친상간을 했다(본서 516절 참조). 신성한 매음은 이런 문제 때문에도 종교적인 승인을 얻었다. 함무라비 법전에서 우리는 사원에 구속된 두 계급의 여성을 볼 수 있다. 만약 전문가의 해석을 신뢰할 수 있다면, 이 제도는 한 계급에서는 종신연금의 본성 속에 있는 문제와 관련되어 있었다. 즉 남편이 없는 사람은 신을 남편으로 가졌다. 이런 생각은 약간 변했지만 우리 시대에까지 전해지

---

[97] Tiele, *Geschichte der Religion im Alterthume*, I, 169.
[98] (옮긴이 주) 섬너는 철학이라는 단어를 매우 넓은 의미로 사용한다. 많은 경우 그가 말하는 철학은 '세계관' 정도의 의미를 갖는다.

고 있다. 어떤 사람이 성의 기능을 포기해야 한다는 것은 인류 초기의 정신적 지평 속에 없었다. 이 여자들이 사원에서 살 때, 이 사실은 그들에 대해서 어떤 관례화를 만들어냈고 그들의 삶에 규제를 가했다. 이 규제는 모든 시대에 품위와 질서를 만들어냈다. 이들의 사례는 모레스에서 규정되고 승인되었다. 커플들은 사원 밖으로 물러나왔다.[99] 결혼 제도가 정립되고 이혼이 쉬워지며 결혼은 남편의 소유권을 나타내는 한 형태로서 규정되었을 때, 재산이 없다는 이유로 부인이 되지 못한 첩이 생겼을 때, 그리고 가장의 아이를 낳을 때까지는 가문과 아무런 관계도 없는 노예가 있을 때, 사원의 여성들은 그들에게 모레스 내에서 부인과 첩과 노예와 다른 지위를 줄 다른 특별한 형태의 금기에 둘러싸였을 것이다. 그들은 여신에게 봉헌된 덕분에 "신성"했다.[100] 우리가 아는 한 그들은 삶을 방탕 속에서 소비하지 않았다. 헤로도토스의 설명과 바빌론에서의 후기 용례에 대한 『바루크(Baruch)』 6장 43절[101]의 설명에 따르면 이 제도 안에는 방법과 예법이 있었으며 이 방법과 예법은 관례적인 엄격함 안에서 행해졌다. 고대인이 오늘날의 대중이 하지 않는 것과 마찬가지로 그 용례를 따지는 일을 행하지 않았음은 확실하다. 그들은 그것을 받아들였고, 의심되지 않는 용례 속에서 살았다. 그러므로 우리는 소녀와 부인들이 그들의 특성에 전혀 맞지 않는 기능을 공유한 고전적 사회의 사례를 알고 있다. 이에 대한 설명은 어떤 경우에서 또는 어떤 상황과 조건 아래서 모레스가 허용하는 한도 내에서 이루어지는 관례화에 놓여 있다. 이런 방식으로 외설을 제거하고 그리하여

---

[99] Herodotus, I, 199; 호세아 4장 14절; W. R. Smith, *Religion of the Semites*, 454.
[100] W. R. Smith, *Religion of the Semites*, 141.
[101] (옮긴이 주) 히브리의 남자 이름 중 하나. 여기서는 바루크가 쓴 것으로 알려진 예언서를 가리킨다.

인성을 타락시키는 효과를 방지한다는 것은 분명히 가능한 일이다.

605. 낡고 오래된 것은 신성하다

원시인은 낡고 오래된 모든 것은 신성하고 새로운 것은 모두 의심스럽다고 생각했다. 그러므로 종교는 오래되고 전통적인 것은 무엇이든 보존하고 신성하게 만든다. 인간의 욕구는 그들을 규제하는 어떤 모레스보다도 앞서 존재했다. 그리고 이슈타르, 아스타르테, 아프로디테 또는 비너스 같은 여신은 관능적인 욕망과 생식의 여신이다. 이미 겪어본 해악들을 예방하고자 마련된 습속은 이 여신들 영역에 대한 침범이고 그들의 지배에 대한 반역이다. 그러나 모레스의 규제는 오랫동안 절대적일 수 없었다. 어떤 타협이 있어야 했다. 어떤 여성들은 여신에게 – 최소한 여러 가지 조건 아래서 – 열렬한 추종자로서 봉헌되어야 했다. 또는 여신의 지배를 인간의 규칙이 방해하지 않는 시기와 장소를 정해야 했다. 그 조건들은 어떤 제도 주변에 관례화를 확립한다. 결혼이 지금과 같이 된 것은 이러한 과정에 따른 것이며 그 조건들을 변화시킴에 따른 것이다. 축첩, 여성 노예, 매음 그리고 모든 다른 형태가 미리 규정된 것을 제외하고는 언제나 금기 아래에 놓였다. 어쩌면 미래 세대는 우리가 현재의 사회체제에서 성을 포기하도록 강요된 여성들에 대한 배려와 책임감을 전혀 느끼지 못한 것을 의아하게 생각할지도 모른다. 기원전 2500년 칼데아 사람은 우리가 그들의 외설스러움에 느끼는 충격을 우리 제도의 비인간성에 똑같이 느낄 것이라고 말해도 큰 무리는 없다.

606. 아동 희생

여성을 사원에 봉헌하는 것은 아동 희생(child sacrifice)[102]과 연관 있음이 분명하다. 논리적으로는 아동 희생이 더 앞선다. 양자의 역사적인 관계를 우리는 알지 못한다. 어떤 소녀를 여신에게 바치는 것은 그녀를 희생제물로 바치는 것에 대한 대안일 것이다. 모든 형태의 아동 희생과 신성한 자살은 상실과 재난 아래서 인간이 겪는 고뇌와 공포로 소급된다. 인간에게 위해를 입히는 두려운 초월적 힘에서 동정과 양보를 짜낼 어떤 것을 찾아야 했다. 이 인간적 운명 아래 태어난 모든 사람은 보속을 하지 못하면 죽어야 한다. 그의 최초의 대리 희생물은 첫 아이(firstborn)이다. 그러나 만약 그가 다른 집단에서 전쟁 포로를 취할 수 있다면 첫 아이 대신 전쟁 포로를 대리 희생물로 쓸 것이다. 멕시코의 인간 희생은 이런 종류였다. 사람들은 환호하고 기뻐하며 둘러섰다. 왜냐하면 이 전례는 그들 자신과 자식들의 구원을 의미했기 때문이다. 전쟁에서 포로를 잡은 사람은 포로를 희생제물로서 사제에게 바쳤다. 그는 그 고기를 먹어서는 안 되었다. "왜냐하면 그 희생자는 어떤 의미에서 그의 아들이기 때문이다." 즉 희생자는 대리적인 희생제물로서 그의 아들을 대신한 것이었다. 그들은 또한 자신의 어린 아이들을 희생했다.[103] 아동 희생은 인간 운명에 대한 경험에서 나온 가장 깊은 공포와 고통을 표현한다. 인간은 그 일을 해야만 한다. 그들의 이해관계에는 그것이 필요했다. 그것이 아무리 큰 고통을 준다 해도. 인간 제물은 보편적이었다고 할 수 있다. 그것은 모든 민족에게서 반(半) 문명화된

---

[102] (옮긴이 주) sacrifice는 제사에 올리는 희생 또는 제물 또는 희생을 바치는 행위를 뜻한다. 여기서는 희생으로 번역했다.

[103] Bancroft, *Native Races of the Pacific Coast*, II, 305, 308~309.

단계에 이르기까지 지속되었고 간헐적으로는 그 이후에도 존속했다.[104] 또한 그것은 현재의 반 문명화된 민족들 사이에서 간신히 종식된 상태이다.[105] 인간 희생은 원래 종교적인 것은 아니다. 그것은 삶의 병폐를 경험한 인간의 반응이다. 그 인간들은 세계의 철학을 발명해내고 세계의 배후에 어떤 주동자를 세워 설사 환상일 뿐이라 해도 도피의 희망을 걸 수 있는 것을 갖고자 한다. 인간 희생은 어떤 추론 또는 연역에 기초한다. 그 배후에는 요행을 지배하는 초월적 힘의 성격과 논리에 대한 가정이 놓여 있다. 인간 희생의 용례를 포기하는 것은 이 가정에 대한 회의가 등장할 때까지는 불가능했다.

607. 동물 희생이 인간 희생을 대신하다

아브라함과 이삭의 경우를 보면 아브라함은 신에게 "시험"을 받는다. 이는 명백히 아브라함이 다른 서부 셈족이 그러하듯 자신의 아들을 희생제물로 바치는 일은 하지 말아야 하지 않을까 그리고 동물로 충분하지 않을까 하는 의심을 겪는다는 것을 뜻한다(창세기 22장 7절). 그의 후손들에게 이 전설은 다른 서부 셈족과 달리 동물이 적절한 대체물이라는 용례와 교의를 확정했다(창세기 22장 13절). 칼데아 사람들도 같은 추론에 따랐다.[106] 이집트 신화에 따르면 라(Ra) 신의 치세에 인간에 대한 대규모의 살상이 있었다. 그러나 그가 하늘에 올랐을 때, 그는 인간 희생을 동물 희생으로 대체했다.[107] 『이피게네이아』의 비극에서

---

[104] Schrader, *The Prehistoric Antiquities of the Aryan Peoples*, 422.
[105] Hopkins, *The Religions of India*, 363, 450.
[106] Maspero, *Peuples de l'Orient*, I, 680.

그녀는 살해되지 않는다. 아르테미스가 그를 빼돌리고 대신 암사슴으로 대체한다. 로버트슨 스미스[108]는 인간 희생이 동물 희생보다 선행하며 후자는 대체물이었다는 고대의 관념은 "더는 이해할 수 없었던 전통적 제의 형태들에서 나온 잘못된 추론"이라고 생각한다. 히에라폴리스(Hierapolis)[109]에서는 희생물이 된 아이를 황소라고 불렀다.[110] 바알인(Baals)은 모두 인간 희생을 요구했다.[111] 모레스가 인간 희생을 바치게 한 공포를 극복하자 항상 신화가 설명을 만들어냈다. 유대인들에게는 아이들을 "불을 통해서"[112] 몰레크에게 보내는 것이 금지되었다.[113] 그러나 그들은 종종 그렇게 했다. 이로부터 우리는 유대인의 모레스가 아직 그것을 극복하지 못했으며 종교지도자들이 그것을 금지하려 노력하고 있었음을 보여준다.[114] 그들은 이웃국가와 마찬가지로 갓난아이가 신에게 속한다는 교의를 지녔다.[115] 갓난아이는 희생으로 바쳐지거나 속죄되어야 한다.[116] 유대인들은 위에서 보듯 동물 또는 돈으로 속죄한

---

[107] Maspero, *Peuples de l'Orient*, I, 123.
[108] W. R. Smith, *Religion of the Semites*, 365.
[109] (옮긴이 주) 소아시아(오늘날의 터키에 속함) 프뤼기아 지역에 존재한 고대 그리스의 도시. 이 지역은 고대에 이미 칼크가 많이 포함된 온천으로 유명했다. 이 물은 모직물을 염색하는 데 사용되었다. 직조와 직물 교육을 통해 많은 부를 쌓았다.
[110] 위의 책, 366, 375.
[111] 신명기 18장 10절, 열왕기 하 16장 3절과 21장 6절 참조.
[112] (옮긴이 주) 구약성서에 나오는 구절이다. 섬녀는 이 구절이 아동 희생 관습에 대한 비판이라고 본다. 당시의 관행이었던 아동 희생에 대해 비판하는 종교지도자들의 생각이 거기에 반영되어 있다는 것이다.
[113] 레위기 18장 21절; 신명기 18장 10절. 몰레크(Molech)는 위조된 단어이다. 그것은 '왕'을 가리키는 단어의 자음들과 '부끄러운 짓'을 가리키는 단어의 모음들을 가지고 있다. (W. R. Smith, *Religion of the Semites*, 67)
[114] 열왕기 하 16장 3절; 17장 7절; 21장 6절; 23장 10절.
[115] 출애굽기 22장 29절.

다는 교의가 있었다.[117] 또는 만약 그 이랬다저랬다 하는 원문을 올바로 해석한다면 할례에 의해 속죄한다는 교의가 있었다.[118] 그럼에도 그들은 바빌론 유수 동안, 이웃나라 신앙과 용례에 대항해서 '그것을 지키기' 전까지는 자신의 입장을 완전히 확신할 수 없었다.[119] 기원전 8세기 말에 이미 미카[120] 6장 6~8절의 교의는 광범위한 형태의 모든 희생의 의미와 유용성에 실제적인 문제를 제기했다. 그러나 그 교의는 당시의 모레스보다 너무 멀리 나아간 것이었기에 아무런 효과도 낳지 못했다.

608. 죽음을 통해 더 큰 힘을 얻는다는 멕시코의 교의

프로이스는 이렇게 말한다. "고대 멕시코의 종교적 숭배에서 나는 놀랍게도 희생된 인간에게서 실제로는 영혼이 살해된다는 것을 그리고 그것은 영혼들이 그렇게 해서 다시 태어나 인간에게 더 큰 봉사를 하게 하려는 것임을 알게 되었다."[121] 죽음은 기상학적 현상을 지배하는 영혼들의 힘을 강화할 수 있다고 생각되었다. 거기에 가로놓여 있던 생각은 곤충들이 기상학적 현상을 일으킨다는 것, 그리고 그들은 신이라는 것, 곤충과 짐승들은 이 신적인 영혼들에게 그들(곤충과 짐승)이 한때

---

[116] 출애굽기 34장 20절.
[117] 민수기 18장 15절.
[118] 출애굽기 4장 24절.
[119] 예레미야 32장 35절; 에세기엘 20상 26설, 31설. 역대 하 28상 3설에서 아하즈는 전쟁의 압력 속에서 자신의 아들을 봉헌한다(Hastings, *Dictionary of the Bible*, "Religion of Israel").
[120] (옮긴이 주) 구약성서 예언자이자 그가 남긴 예언서. '미카(Micah)'의 의미는 "누가 신과 닮았는가?"이다.
[121] *Globus*, LXXXVI, 321.

지녔던 강우(降雨) 등에 대한 주술적 힘을 넘겨준다는 것이었다. 동면한 뒤 봄에 다시 깨어나는 새의 노래는 여름의 열기를 일으킨다고 생각되었다. 마구 흐르는 피는 주술적 힘을 발산한다. 따라서 멕시코의 종교적 숭배(cultus)에는 대규모의 유혈이 있었다. "인간 희생은 멕시코에서 동물 희생과 동일한 의미가 있다. 두 경우 모두 주술적인 힘 즉 주술적인 짐승과 영혼이 살해된다." 죽음에 의해 더 큰 마력을 지닌 새로운 탄생이 가능해진다.[122]

609. 아동 희생의 동기

셈족은 인간 희생의 배후에 놓인 세계관(world philosophy)을 채택했고 그것을 자신의 종교와 통합했다. 이리하여 그들의 종교는 우울하고 잔인한 것이 되었다. 인간이 희생하는 것은 그가 가장 사랑하는 것이어야 했다. 그리고 그것은 갓 태어난 자신의 자식이었다. 동물이 같은 효과를 가지고 대체될 수 있다고 주장하는 것은 합리화였다. 그러한 철학을 제시한 사람들도 큰 재난에 직면할 때는 그 효과가 동일하다고 믿지 않았음이 분명하다. 그들은 다시 아동 희생으로 후퇴했다.[123] 7세기 히브리인들은 신의 분노를 느꼈다고 생각했으며, 아동 희생으로 그것을 피하려 했다.[124] 틸레(Tiele)의 생각에 따르면 아동 희생이나 여성의 사원 봉헌에 관한 증거가 역사시대 유프라테스 계곡에는 없지만 시리아와 아라비아에서는 아람인(Aramæans)과 페니키아인(Phoenicians)의 문화에도

---

[122] *Globus*, LXXXVI, 117~119.
[123] 아마도 열왕기 하 3장 27절; 역대 하 28장 3절; Pietschmann, *Die Phönizier*, 167.
[124] W. R. Smith, *Religion of the Semites*, 465.

불구하고 계속 지속되었다. 옛날 아라비아에서 아버지는 자신의 어린 딸을 여신에게 번제(燔祭)로 바쳤다.[125] 인간 희생제물은 어떤 중요한 사업을 하기 전에 복을 빌고자 그리고 승리나 성공에 감사의 선물로 사용되었다. 매년 상층부 가문 어린아이들은 나라의 죄를 씻기 위해 희생으로 바쳤다. "악마적인 음악이 아이들의 비명과 그들의 어머니들의 통곡을 억누르는 속에서."[126] 카르타고인은 이 관습을 유지했다. 지배적인 가문들은 공공복리의 대변자로서 희생을 제공해야 했다. 희생될 아이들은 대상자 중 제비뽑기로 선발했다. 아이들은 바꿔치기를 통해 구출되기도 했다. 부모는 통곡해서는 안 되는데, 왜냐하면 그리하면 희생의 효과가 사라지기 때문이었다.[127] 그 관습은 로마인에게는 혐오의 대상이었다. 하지만 그것은 카르타고의 모레스 안에 매우 확고히 자리 잡고 있었기 때문에 정복자도 중지시킬 수 없었다. 티베리우스 총독이 이 숭배를 행하는 사제들을 그 사원의 나무에 목매달자 비로소 그 희생은 종식되었다.[128] 테르툴리아누스(Tertullian)가 말하듯이 이 명령을 실행한 병사들은 그가 저술할 당시 여전히 살아있었다. 그렇다면 티베리우스의 처형 명령은 2세기 중반이나 그보다 조금 뒤에 내려졌을 것이다.

---

[125] 위의 책, 370.
[126] Tiele, *Geschichte der Religion im Alterthume*, I, 212, 240; Maspero, *Peuples de l'Orient*, I, 680; 카이사레아(Caesarea)의 에우세비우스(Eusebious)가 전하는 Sanchuniathon의 *Praeparatio Evangelica*, I, 10.
[127] Pietschmann, *Die Phönizier*, 229.
[128] Tertullian, *Apologia*, 9.

610. 맹세에 의한 봉헌

아동 희생과 소녀의 사원 봉헌 사이의 연관은 후자가 전자를 대신한다는 데 있다. 죽을 운명의 소녀는 한 방식이 아니면 다른 방식으로[129] 여신에게 속했다. 질병에 걸려 한 맹세에는 종종 그런 대체에 관한 맹세가 들어있었다. 역사시대에 아동 희생이 유프라테스 계곡에서 사라진 이후 많은 변형이 일어났다. 불임 여성들은 맹세를 했다. 아이를 평생 또는 얼마간 여신에게 바치겠노라고. 아이들은 그 사원에서 생활하며 돈을 벌면 풀려났다. 지참금을 모으는 것은 그러한 변형 중 한 가지일 뿐이었다.[130] 나중에 (기원후 2세기) 우리는 여성의 머리카락이 그 자신의 희생을 대신하는 것을 볼 수 있다.[131] 성도착증을 가진 남자들도 봉헌되었다.

611. 여성을 봉헌하는 관습의 타락

분명 대속적인 희생과 속죄적인 희생은 매우 오래된 이교도적인 사상이다. 그것은 신의 본성에 대한 가정과 추리를 포함하는데, 이는 최초의 신학적인 중요성을 갖는다. 지금까지 서술한 관습 사례는 신학적 도그마가 매우 강력하고 완고하며 그리하여 가장 강력한 이해관계와 감정들을 수백 년 동안 통제할 수 있음을 보여준다. 그 관습 내의 변형된 모습들은 종교적 모레스 내에서 그것을 강력하게 지지한 경계선의

---

[129] (옮긴이 주) 즉 희생이 되거나 교회에 봉헌되는 방식으로.
[130] Pietschmann, *Die Phönizier*, 222.
[131] Lucian, *De Syria Dea*, 6.

붕괴를 명백히 보여준다. 헤로도토스가 서술한 바빌로니아의 관습은 이러한 변형된 형태를 보여준다. 이 변형에 의해서 모든 여성은 여신에게 속박된 존재로 간주되었다. 그런데 관능, 사제의 직능, 탐욕, 천박함은 쉽게 그런 변형을 이용하며 마침내 그것은 부패의 근원이 된다. 그리고 그런 일이 실제로 일어났다. 아무런 의미가 없고 단지 방종을 허용한다는 의미일 뿐인 여러 형태의 관습이 지중해 전역으로 퍼졌다. 오래된 여성의 성 모레스는 매우 단순하고 엄격했지만, 기원전 2세기 중반 이후 부패했다. 만약 우리가 살비아누스의 보고를 신뢰할 수 있다면, 로마 치하의 카르타고인들은 로마에 점령되기 전 그러했던 것보다 더 부패하게 되었다. 그들은 덜 잔혹했지만 더 솔직하게 육욕을 추구했다. 남부 골(Gaul)[132]에 대한 살비아누스의 서술에 따르면 그곳은 아프리카만큼 상태가 안 좋았다. 살비아누스는 반달족의 마음이 순수했으며 이들의 모레스는 매우 순수하고 확고해서 로마의 부패에 성공적으로 저항했으며 성적인 관계를 다시 "신의 법"[133]의 근거 위에 놓았다고 말한다.

612. 이스라엘에서 유래하는 우리 전통

한편 이스라엘로 눈을 돌리면 우리 모레스가 지금까지 전해진 흐름

---

[132] (옮긴이 주) 철기 시대 동안 켈트족이 거주한 서유럽의 지역을 말한다. 라틴어로는 갈리아라고 부른다. 오늘날의 프랑스, 룩셈부르크, 벨기에, 스위스와 북이탈리아 그리고 네덜란드 일부, 라인강 서안의 독일을 포함하는 지역이다. 율리우스 케사르의 증언에 따르면, 골은 3부분 즉 갈리아 켈티카, 벨기카, 아키타니아로 나뉘어 있었다.

[133] *De Gubernatione Dei*, VII, 72~77; VII, 15~16, 27, 86, 97~100도 참조.

을 볼 수 있다. 기원전 10세기 이스라엘인 사이에서 서부 셈족에 익숙했던 종교에 대해 반대가 일었다. 그것은 이란의 종교를 마기(magi)[134]가 개혁해 승려 외에는 지키기 어려울 정도로 엄격하고 세밀하게 변한 사건과 유사하다. 이슬람을 내부에서 개혁하려는 시도도 많았다. 그들은 후세에 추가된 것들을 제거하고 다시 원시적 순수성 즉 무함마드 시대 아랍의 생활방식으로 되돌아가는 형태를 취했다. 어떤 경우에 (예를 들면 19세기의 와하비족(Wahabees)) 개혁은 이슬람 대중보다 더 낮은 생활계층 사람들과 더불어 시작되었다. 오늘날 학자들은 이스라엘 예언자들이 서아시아의 지배적 종교를 거부한 이유는 원시적 삶의 방식과 고대적 모레스를 가진 하층 사람들이 산업과 상업으로 부유했던 티레(Tyre)와 시돈(Sidon)의 사치를 적대시했기 때문임을 알아냈다.[135] 오늘날 성서학자들은 야훼는 아직 이러한 적대 관계가 발생하기 전까지는 팔레스타인의 여러 바알신 중 하나였다고 말한다. 그 후 야훼는 유일신이 되었고, 그의 이름으로 고대 이스라엘의 모레스는 사치와 방종의 도입에 대항하여 옹호되었다. 그 적대는 단순하고 천박하고 대체로 촌스러운 생활방식과 부, 문화, 사치를 지닌 도시적 생활방식 간의 적대였다. 그것은 영속적인 사회적 적대이지만, 동시에 단순성이 관능, 유물론, 형식적 예절, 사치에 느끼는 적대를 수반했다. 4~5세기 동안 "예언자들"은 야훼 종교와 이단 간의 적대를 발전시켰다. 그들은 야훼가 히브리의 유일한 신일 뿐 아니라 온 세상의 유일한 신이라고 주장했다. 다른 신들은 무가치했다. 예언자들은 우상숭배, 모든 관능, 방종, 동물성을 비난했다. 그들은 우상숭배를 모든 마법 및 점술과 연관시켰다. 그

---

[134] (옮긴이 주) 옛 페르시아의 승려 집단으로서 마기승족이라고 번역하기도 한다.
[135] Barton, *Semitic Origins*, 300.

들은 광범위하고 확고한 성 금기를 주장했고 신성한 매음과 아동 희생을 모두 탄핵했다. 당시의 민족들은 대개 우리에게는 극히 혐오스러운 성적 용례를 사소하거나 주목할 가치가 없는 것 그리고 개인적인 자유와 선택의 문제라고 생각했었다는 점을 상기할 필요가 있다. 1세기 전 브라만들은 페더라스티의 관점을 지니고 있었다.[136] 예언자들은 또한 자신의 전통적인 의례적 종교를 정의의 교의 즉 종교를 윤리적으로 만드는 교의와 대립시켰다. 그것은 별 볼 일 없던 고원지대 민족의 놀라운 작품이었다. 그러나 『젠드-아베스타(Zend-Avesta)』[137]에도 성적 악덕에 대한 대대적인 반발이 있었음을 기억할 필요가 있다.[138]

613. 어떻게 관능에 대한 유대적 관점이 지배적으로 되었는가

유대 예언자들의 종교적 체계는 어떤 민족의 실제적인 대중 종교도 되지 못했다. 구약성서는 예언자들의 항의와 실패의 이야기를 담고 있다. 그들의 작업은 유대 민족의 모레스에서 나오지 않았고, 바빌론 유수 이전에는 유대의 모레스에 영향을 주지도 않았다. 예언자들은 윤리적 가치라는 덕과 당시의 정치적 역사에 대한 해석에 따라 새로운 세계관을 도입하려고 시도했다. 예레미아 44장에서 우리는 예언자들을 겨냥한 후기의 논증을 본다. 사람들은 자신의 경험을 인용한다. 그들이 하늘의 여왕을 모셨을 때 그들은 잘 살았다. 랍비 시대에 유대인들은

---

[136] Dubois, *Mœurs de l'Inde*, 439.
[137] (옮긴이 주) 조로아스터교의 경전인 아베스타를 번역하거나 주석한 책. 중기 페르시아어인 zend는 '주석(comments)'을 뜻한다.
[138] Darmstetter, *Zend-Avesta*, I, 100, 102.

자신을 이방인과 차별화할 수 있게 해주는 모든 것을 강조했다. 그리고 신약성서에서 우리는 우상숭배와 관능이 기독교인이 피해야 할 가장 큰 두 가지 이교도적 특성으로 제시되어 있음을 볼 수 있다. 서로마 제국에서 대중의 모레스가 얼마만큼 고대 로마의 엄격한 성 모레스에 지배되고 있었는지 우리로서는 알 수 없다. 그러나 고대 로마의 모레스가 기독교로 개종한 계층에서 가장 지배적이었으리라고 믿는 것은 합리적이다. 살비아누스도 게르만 민족들에 대해서 그들이 관능과 성적인 악덕에서 자유로웠다고 분명하게 증언하고 있다. 여러 사회의 경험도 그러한 악덕이 최고의 두뇌와 가장 교양 있는 성품까지도 타락시킬 수 있음을 증명하는 쪽으로 전개되었다. 또한 페더라스티와 매음이 그리스-로마 세계에서 그랬던 것처럼, 관능과 성적 악덕이 어떤 사회에서 유행하게 된다면 그것은 모든 인간적인 덕, 협동적인 헌신, 아동에 대한 사랑, 발명과 생산의 에너지를 모든 사람에게서 빼앗아 버린다는 것을 증명하는 쪽으로 전개되었다. 따라서 민족들의 모레스의 절충적 종합에 의해서 그리고 경험에 의해서 분명히 드러나는 것은 유대의 예언자들이 우리에게 가르친 관능과 성적 악덕에 대한 견해는 참되다는 것 그리고 그 견해는 인류의 복리를 위하는 모레스와 종교의 가장 중요한 부분이라는 확신이다.

제17장 대중적 오락, 공연, 그리고 연극

연구의 범위, 서론 - 민습연구(ethology)에서 문학과 드라마 - 문명화되지 않은 사람들의 공적인 오락, 고대적인 "자연적" 방식으로의 복귀 - 칼데아와 멕시코의 극적으로 재현된 재생 신화들 - 공연에서의 예의범절에 대한 관용의 한계 - 아테네 연극의 기원 - 연극과 숭배, 신비 의식에서 도출된 관습 - "신"이라는 단어 - 친족 관계는 사회적 유대로서의 종교에 굴복한다 - 종교와 연극, 절충주의 - 로마에서 연극의 시작 - 검투사 공연 - 검투사 공연의 확산 - 민속극 - 대중의 취향, 사실주의, 관례성, 풍자 - 대중 공연 - 고대의 대중적 축제들 - '미무스' - 현대의 유비 - 바이올로그와 에톨로그 - 바이올로그로서의 디킨스 - 초기 유대 연극 - 소설 '미무스' - '수난받는 그리스도', '슈도-퀘롤루스' - '미무스'와 기독교 - 대중적 환상들 - 사악한 유희가 일으킨 효과 - 검투사 경기 - 교회와 대중적 관습 간의 타협 - '칸티카' - 경기에 대한 열정 - 게르만의 오락 - 3세기에서 8세기의 '미무스' - 동방에서의 연극 - 인형극 - 인도의 연극 - 서양에서의 펀치(Punch) - 극예술에 대한 교회의 저항 - 흐로츠비타(Hrotsvitha) - 장글러, 가장행렬 - 할레의 아담 - 채찍질 당하는 고행자(flagellants) - 연극 공연을 위한 교회당의 사용 - 교회의 오용에 대한 항의 - 성직자들이 익살에 대해 보인 관용 - 허구적인 문학 - 악당 소설 - 피카레스크 소설 - 거지의 책 - 16세기 초 - 베네치아의 극장 - 춤, 대중적 오락 - 극장과 무대 위의 여성들 - 이탈리아의 '코메디아 델 아르테' - 요약과 검토 - 유희는 교육된 판단력과 의지의 통제가 필요하다 - 유희는 현대의 진보 관념을 충족하지 않는다

연구의 범위, 서론

여기서 언급할 공적인 오락과 연예의 사례는 그 당시의 용례와 인정된 예의범절[1]의 한계 내에 있던 것들이다. 그것은 당시에 악의 사례이거나 논쟁 중이었던 예의범절의 사례가 아니다. 음주, 도박, 불 베이팅(bull baiting),[2] 닭싸움 그리고 내기를 건 싸움은 집단과 하부 집단의 모레스로 들어온 오락이다. 마치 투우가 스페인에서는 아직도 여전히 그러하듯이 말이다. 그러나 그런 오락은 일부 계층이나 집단에 제한되어 있었거나 그것의 과도함 때문에 중요했다. 많은 사람들이나 교회 권력은 그런 오락을 인정하지 않았다. 그러므로 그들은 모레스 외부에 놓이는 경우가 종종 있었다. 여기서는 그런 사례도 포함해서 살펴본다. 찰스 2세 치하의 영국 극장은 저질 취향과 낮은 도덕 수준을 드러냈다. 그러나 그것은 일시적 현상이었고 오래 지속되지 않았다. 또한 서로 다른 집단에서 도덕적 기준은 동일한 시기에도 똑같지 않았고, 모레스는 서로 다른 수준에 놓여 있었다. 현재도 영어권 나라보다는 프랑스에서 로망스와 드라마에 대해 더 많은 것이 허용된다. 이 장에서 우리의 관심을 끄는 사례는 도덕주의자들의 격렬한 반대에도 불구하고 모레스가 당대의 기준에 따라 확고하게 지지했기 때문에 오랫동안 통용된 사례들이다. 주지하듯이, 오늘날의 도덕주의자들은 모든 춤을 격렬하게 매도하고 있다.

---

[1] (옮긴이 주) 이것은 propriety의 번역어이다. 앞에서 예의범절은 주로 사람에 관한 것이었지만 여기서는 연극이나 예술이 시대의 예절이나 도덕심에 맞는다는 뜻에서 예의범절로 이해되어야 한다. 새로운 번역어를 찾기보다는 예의범절을 통상보다 넓은 의미로 사용하기로 한다.

[2] (옮긴이 주) 개를 부추겨 소를 물어 죽이게 하는 옛날 영국의 구경거리.

더 나아가서 여기서 다루려는 사례는 모레스가 어떤 것도 올바르게 만들 수 있고 또 비난에서 보호할 수 있다는 사실을 – 앞의 두 장에서 다룬 것들에 더하여 – 예증하는 사례다.

614. 민습연구에서 문학과 드라마

시, 드라마, 문학적 허구는 두 가지 측면에서 민습연구에 유용하다. 1) 그들은 모레스의 사실들을 드러낸다. 2) 그들은 집단의 갈망과 이상들을 보여준다. 다시 말하면 사람들이 좋아하고 희망하는 것을 보여준다. 이 두 번째 것에는 신화학, 동화, 광상극(狂想劇, extravaganzas)도 포함된다. 이들에 대한 기호(嗜好)는 만약 그것이 존재한다면 모레스의 한 측면이다. 그러나 사실 그러한 기호는 대중적이었던 적이 별로 없다. 그것은 문화의 산물이다. 신화, 전설, 속담, 우화, 수수께끼 등은 대중적인 산물이다.

615. 문명화되지 않은 사람들의 공적인 유희, 고대적인 '자연적' 방식으로의 복귀

우리는 원시적인 삶에서 – 그 집단이 정복이나 재난으로 박살 나지만 않았다면 – 거의 보편적으로 축제, 게임, 춤, 난장 파티를 볼 수 있다. 이것은 종종 가면과 극적인 행위로 경축된다. 그 동기는 조상의 전통에 대한 충성, 연예, 성적 흥분, 전쟁의 광기 그리고 식량 획득에 도움을 주는 신비 의식 등등이다. 성적인 끌림과 동물의 방식을 극적으로 재현하는 것은 종종 매우 사실적이며 관람자에게 큰 즐거움을 준다. 춤이나 놀이를 통해 재연함으로써 전쟁이나 사냥에서 원하는 것이 실현되게 하려는 신비 의식의 효과는 사신에 대한 믿음, 종교의 현존 형태를 포함한다. 그러므로 종교, 연극적 춤, 음악, 노래, 정서적 암시, 성적 자극은 저급한 야만주의 또는 원시 상태에서부터 이미 서로 얽혀 있다. 성적인 과도함과 과잉 성교가 초래하는 위험과 고통에 대한 경험은 제한과 억제의 습속을 발전시킨다. 이 습속은 근원적인 자연적 충동을 관습과 관례에 의해서 조절한다. 그런데 축제가 열리는 매번 반복되는 시점에서 사람들은 종종 나중의 모레스에 의해 만들어진 도덕적 상태에서 고대의 '자연적인' 방식으로 돌아가곤 한다. 왜냐하면 나중의 방식은 '문명화되지 못한' 조상에 대한 반성이기 때문이다. 조상의 망령은 새로운 방식에 대해 불쾌해할 것이고, 집단에 악운을 가져다주려 할 것이다. 축제는 새로움을 강조해야 할 때가 아니라, 오히려 그것을 제쳐두고 낡은 방식으로 되돌아가야 할 때이다. 그런데 이 복귀는 얼마나 과거로 거슬러 올라가야 할까? '자연적인 것'은 무엇인가? 어떤 동물성의 심연에서 – 얼마간의 지성으로 더 명민해진 – 인간이 나왔는지 아무도 알 수 없듯이, 아무도 무엇이 '자연'인지를 알 수 없다. 사실 사람들은 그들이 알 수 있는 한도에서 조상의 어떤 오래된 관습으로 되돌아간다. 이것이 그들에게는 원시적이고 원초적으로 보일 수밖에 없다. 축제는 언제나 정규적인 삶의 일상 외부에 있다. 우리는 휴일의 떠들썩함을 위해 우리 자신과 자녀들을 일상적 삶의 규율에서 풀어준다. 예를 들어 7월 4일이 그렇다.[3] 극장에서 우리는 거리나 응접실에서는 허용하지

---

[3] (옮긴이 주) 미국 독립기념일로서 국경일이며 전국 각지에서 불꽃놀이를 위시해 다양한 기념행사가 펼쳐진다.

않는 것들을 허용한다. 어떤 것이 장난이었다고 말하는 것은 대체로 준수되는 한계를 얼마간 넘어선 데 대한 변명이고 또 지금까지 언제나 그랬다. 앉아 있는 여인의 치맛자락을 그녀의 허리에 묶어서 그녀가 일어서면 옷차림이 헝클어지게 만드는 것은 아랍인들이 즐겨 하는 장난이다.[4] 여성은 이 장난에서 스스로를 보호하는 법을 배워야 한다.

616. 칼데아와 멕시코의 극적으로 재현된 재생 신화들

칼데아 신화시대에 위대한 어머니 이슈타르(성적인 끌림의 후원자, 그러나 그녀가 사랑한 모든 남편에게는 재앙이었던 여신,[5] 아마도 성의 위험과 고통에 대한 신화적 재현)는 후대의 사회적인("도덕적") 규제에서 성적 열정을 풀어주어, 성과 생식의 원초적인 열정적 충동을 촉진했다. 그러므로 축제는 자유분방함의 시기였다. 방탕한 의례와 신성한 매춘의 요람은 우루크(Uruk), 망자(즉 조상들)의 도시였다. 사람들은 거기에 매장되기를 원했다(조상에 합류하려고).[6] 탐무즈(아도니스) 숭배는 이슈타르 숭배와 연관되어 있었다. 둘 사이의 관계는 여러 신화에 다르게 나타난다. 탐무즈 숭배는 신의 죽음과 부활(이것은 식물 세계의 퇴락 및 부활과 연관됨)의 극적인 재연이었다. 신을 숭배하는 자들은 극의 전개에 맞추어 탄식을 하고 환호를 지른다.[7] 멕시코에서 우리는 종교적인 추수 축제에서 하는, 자연의 과정에 상응하는 무언극(pantomime)

---

[4] Wellhausen, *Skizzen und Vorarbeiten*, III, 85.
[5] Maspero, *Peuples de l'Orient*, I, 580.
[6] Tiele, *Geschichte der Religion im Alterthume*, I, 160.
[7] Barton, *Semitic Origins*, 85.

을 발견할 수 있다. 이 무언극은 다음 해 풍년을 기원하는 신비적인 마술로서 실행된다. 외설적인 조각상과 전례가 사용되었다. "신들의 어머니"인 곡식의 여신이 존재한다. 태양신과 대지의 결합은 비옥함을 선사한다. 그래서 식량 공급이 이 전례와 관념에서 핵심이 된다.[8] 이 인류의 가장 중요한 관심사는 인간의 마음을 세계철학의 동일한 노선들을 따라 밀고 갔다. "신들의 어머니"는 성적인 활동을 통해 대지에 성장을 촉발했으며 음란과 매춘의 신이 되었다. 마치 게르만족의 곡식의 여신(Corn-mother)이 매춘부가 되었듯이 말이다. 그래서 대지에 꽃을 피워주는 여신은 9세에서 10세까지의 소년소녀들이 인사불성이 되도록 마시고 부도덕한 행위를 하는 축제에서 찬양되었다. 이것은 '종교적' 축제였다.[9] 그런데 여기서 우리는 원시적인 성적 모레스로의 복귀를, 그리고 더 고등한 문명으로 넘어가는 문턱에서 종교와 결합한 신화의 극적인 재현을 볼 수 있다. 종교와 조상에 대한 의무의 관념을 충족하고자 원시적인 성적 모레스로 복귀하는 것은 우리에게 '원초적인 본능(primary instincts)'에 대한 이해할 수 없는 위반으로 다가온다. 이 원초적 본능이란 것은 우리가 어떤 알려진 기원을 넘어서 소급할 수 있는 관념들에서 추론한 것이며 보편적으로 받아들여진다고 생각하는 것이고 우리가 보기에 사회적 복리를 위해서 자명한 것이다. 이 사례를 이해할 유일한 길은 그 당시 모레스의 관점을 취하는 것이다. 모레스는 "얼마나 멀리 소급할 것인가? 축제에서 방종은 어느 정도여야 하는가?"에 대한 대답을 포함했다. 관습에 따라 정해진 한계점에서 모레스는 자신의 승인을 기능을 넘어서 확장하며 그것을 "옳은 것"으로 만든다. 또

---

[8] *Archiv für Anthropologie*, XXIX, 129.
[9] 위의 책, 138, 150.

야만적인 축제의 다른 원천에도 주목할 필요가 있다. 인간은 서로에게서 승리를 얻기 전에 환경과 동물에게서 승리를 얻었다. 이것은 먼 과거와 원시 사회에서 참이다. 그것은 또한 중세에도 참이었다. 거대한 짐승, 사신(邪神) 그리고 다른 괴물을 살해한 이야기는 극적이고 종교적인 축제로 인도했다. 마그넝(Magnin)[10]은 아서 왕 전설집(cycle)과 샤를마뉴 대제 전설집에 선행하는 짐승 전설집을 만들 수 있을 것으로 생각한다. 이 짐승 전설집의 마지막 고리는 라이네케 푹스(Reineke Fuchs)[11]일 것이다.

617. 공연에서의 적절함에 대한 관용의 한계

그러므로 연극이나 다른 공연에서 의상, 언어, 제스처와 관련해 예의에 맞는지 여부를 결정하는 관용의 한계는 무엇일까 하는 것은 전적으로 모레스의 문제이다. 아리스토파네스의 『뤼시스트라타(Lysistrata)』가 기독교 세계의 어떤 공적인 무대에서 공연될 수 있을지는 의문이다. 그 연극 전체는 현대의 모레스가 허용하는 한계를 넘어서 있다. 우리는 호메로스에서 마술사를,[12] 그리고 야바위꾼과 곡예사를 볼 수 있다.[13] '쿠비스테테레스(kubisteteres)'[14]는 몸을 수직적인 중심축으로 해서 빙빙

---

[10] *Origines du Théâtre Moderne*, 60.
[11] (옮긴이 주) 중세의 민담에 등장하는 주인공으로서 교활한 여우이다. 이 민담은 여러 가지 버전으로 전해지고 있으며, 괴테가 이를 소재로 동명의 서사시를 저술했다.
[12] *Iliad*, XVI, 750; XVIII, 604.
[13] *Iliad*, XVIII, 601.
[14] (옮긴이 주) 고대 춤꾼의 일종으로서, 현대의 아크로바티크와 유사한 춤사위 또

돌며, 도자기 만들 때 쓰는 물레에 비교된다. 그리고 그들은 공중제비를 도는 잠수부나 곡예사처럼 곤두박질친다. 어떤 고고학자들은 이들의 놀이가 프뤼기아의 키벨레(Phrygian Cybele)[15] 숭배에서 매우 두드러지게 나타나는 주사위 놀이와 유사하다고 생각했다. 만약 이 유비가 받아들여진다면, 피라미드 형태의 춤은 원래 신성한 것이고 대지의 여신에게 봉헌된 것으로 간주해야 한다. 그 춤은 처음에는 귀족적이었지만 급속히 대중화되었고 야바위꾼들에게 전수되었다.[16]

618. 아테네 극의 기원

연극은 고대 그리스의 디오니소스 신비 의식(mysteries)에서 유래했다. 이 신비 의식은 '극적' 행위와 합창단의 답창(responsive choruses)을 활용했다. 성적 상징들이 거리낌 없이 사용되었다. 제대로 된 의식 수행은 흥분과 황홀경을 일으켰다. 나중의 신비 의식에서 극적 행위가 신화와 전설 그리고 종교적 교리를 제시하는 데 사용되었는데, 이는 극적 행위가 발휘하는 강력한 암시 효과를 노린 것이었다. 많은 신화에는 나중의 모레스가 용납할 수 없었던 행동이 나온다. 그것을 재현하려면 승인이 필요했다. 마치 현재 우리가 성서의 이야기와 셰익스피어를 승인하듯이 말이다.[17] 우리는 신비주의가 비록 당시의 수준이 일반적으로 낮았

는 동작을 한 것으로 보인다.
[15] (옮긴이 주) 이다(Ida) 산의 위대한 신들의 어머니로서 연인인 아티스와 더불어 원래 프뤼기아(소아시아) 지역에서 나중에는 그리스, 트라키아, 로마에서 널리 숭배를 받았다.
[16] Magnin, *Origines du Théâtre Moderne*, 178.
[17] (옮긴이 주) 섬너가 말하고자 하는 것은 성서를 어떻게 설명하고 또 셰익스피어

음에도 그 조야함과 사실주의 때문에 아주 심하게 뒤틀려 있었음을 알고 있다. 그 용례 속에 있지 않은 사람은 누구나 그 자신의 규약이 아무리 저급한 것이라고 해도 그것을 비웃을 수 있다. 그리스인들은 프뤼기아 신비 의식을 혐오스럽고 비도덕적이라고 간주한 반면 엘레우시스(Eleusinian) 신비 의식은 칭찬하고 찬양했다. "전자는 노예와 이방인이 도입했고 미신적이며 무지한 자들이 거기에 참여했다. 그것은 돈을 바라는 떠돌이 성직자들이 거행했다. 그리고 돈을 내면 누구나 약간의 의례적 행위 말고는 거의 아무런 준비 없이도 가입할 수 있었다. 분위기에는 엄숙함이 없었고 예식에는 위엄이 없었으며 대신 모든 것이 천박하고 야비했다."[18] 기원전 5세기에 아테네의 드라마는 놀랍게 발전했고 고도의 완성 상태에 도달했다. 특히 극장 예술이 세련되게 되었다. 관객의 인성에 드라마가 미치는 영향에 대해 특기할 점은 드라마는 1년에 한 번 봄에 열리는 큰 축제인 디오니소스 축제에서만 초연되었고 그리고 나서 많은 연극이 재연되었다는 점이다. 아테네에서 관람객은 다양한 사람으로 이루어졌고 대중을 포괄했다. "이들은 아름다운 시구를 들을 수 있었음에도 대중으로 남았다." 그들은 "현대의 청중과 마찬가지로"[19] 오직 즐거움을 얻으려 했다.

의 작품을 어떻게 연극으로 표현하는가에 대해서 사회의 검열과 승인이 존재하듯이 신화를 극화하는 데서도 역시 그랬다는 것이다.

[18] Ramsay, *Religion of Greece and Asia Minor*, Hastings's *Dictionary of the Bible*, Addit. vol., 120.

[19] Beloch, *Griechische Geschichte*, I, 579, 592.

619. 숭배에서의 극적 취향과 용례, 신비 의식에서 파생된 관습들

그리스도 시대쯤에 절충주의에 의해, 모든 종교는 그 의례에서 전례식문(literlgies)과 응답송(responses)을 통해 극적인 형태를 취했다. 이러한 형태가 숭배자들의 마음을 끌었기 때문이다. 기독교인의 한 해는 예수의 삶의 드라마로서 구성되었다. 미사 예식은 우리가 알기로는 신비 의식에서 고안하고 사용한 예배 방식을 응용함으로써 만들어졌다. "종교적 본성을 지닌 결혼 예식이 존재했다는 확실한 증거가 있고 또 이 예식이 신비 의식 의례의 일부분과 밀접하게 연관되어 있다는 확실한 증거가 있다. 사실 결혼은 말하자면 신랑과 신부에 의해서 신적인 삶 즉 신비적 드라마에서 나온 한 장면을 재생하는 것이었다. '나는 악에서 벗어났다. 나는 더 좋은 것을 찾았다'는 예식문(formula)은 프뤼기아 신비 의식에 입문한 예식 참가자들이 반복한 문구였다. 그리고 동일한 예식문이 아테네 결혼 예식의 일부로서 재현되었다. 다른 예식문인 '나는 '킴발론(kymbalon)'으로 취했다'는 입회하는 자들이 말한 문구다. 그리고 같은 컵으로 마시는 행위는 신전에서 약혼하는 두 사람이 수행하는 예식의 일부였음이 증명되었다." "인간의 결혼 예식이 신비 의식에서 빌려온 형식들에 의해서 거행되었다는 것은 극히 중요한 사실이다. 거기서 나오는 귀결은 두 사람의 인간이 신과 여신이 최초로 수행했고 또 그래서 신성하게 된 행위를 반복한다는 것이고 그래서 사실 그들은 신성한 드라마에서 신과 여신의 역할을 연기한다는 것이다. 이 유일한 예는 확신하건대 모든 행위의 전 계열에서 전형적이다."[20]

---

[20] Ramsay in Hastings's *Dictionary of the Bible*, Addit. vol., 129~130.

620. '신'이라는 단어

"인간이 죽어서 신이 된다는 것은 기원전 4세기에 이미 신비 의식의 가르침 일부로서 간주되었다."[21] 이것은 인간이 죽어서 망령이 된다는 더 초기의 생각과 별로 다르지 않다. '신'이라는 단어는 우리가 듣기에 매우 생소한 의미로 사용되었다.[22] 그리고 기독교 시대 초기에 '신'이라는 단어를 사용한 저술가의 표현을 인용하고 거기에 우리가 생각하는 '신'의 의미를 부여하는 것은 큰 잘못이다. 그 시대는 모든 종교를 극적 형태로 표현하고 또 그것을 상연한 시대였다. 그 시대는 전례와 전례식 문을 만들어내는 재능이 있는 시대였다.

621. 친족 관계는 사회적 유대로서의 종교에 굴복한다

이것은 그 당시 정점에 달한 거대한 민족학적(ethnological) 변화에 기인한다. 집단의 유대와 응집성의 원시적 양태였던 친족 관계는 기원전 6세기 그리스에서 무너지기 시작했다. 그것은 공통의 종교적 신앙과 의례라는 사회적 유대로 대체되었다. 피타고라스와 오르페우스 종파가 이러한 유대를 발전시켰다. 그들은 다른 세계에 대한 계시, 신비적이고 카타르시스 효과를 지닌 전례의 체계가 있었다. 이 전례는 어떤 인간이 지닌 의례적인 부정(不淨)을 정화하고 또 순화해 그를 '구원'했다. 카타르시스 효과를 가진 전례는 사악한 영을 격퇴하는 수단이었으며 과거

---

[21] 위의 책, 125.
[22] Boissier, *La Religion Romaine d'Auguste aux Antonins*, I, 132.

무당이 하던 일을 대신했다.[23] 입회자의 분파적인 형제 관계, '교회', 신앙, 일상적인 삶과 신비주의의 황홀한 감정의 대조, 이로부터 귀결되는 '육신' 또는 '세계'와 '영혼' 간의 적대 관계 등은 분파들의 가르침과 의례에서 쉽게 연역된다.[24] 그것은 모두 영혼과 신 사이의 합일이라는 신비적 관념과 더불어 인간 영혼의 신다움, 신성함 또는 불멸성에 집중되었다. "교리와 이론으로서의 신비주의는 좀 더 고대적인 숭배 관행이라는 토양에서 성장했다." "디오니소스 숭배는 영혼의 불멸성에 대한 신념의 최초 씨앗을 제공했음이 틀림없다."[25] 오르페우스 신비 의식의 관념에 따르면 인간은 고통당하며 죄악을 저지른다. 따라서 그 더러움을 씻으려면 그리고 죄를 용서받으려면 (신비주의에) 입문해야 한다. 입문은 인간을 신성함과 소통하도록 만든다. 영혼은 황홀경으로 고양되어 자신의 신성을 느낀다. 이것이 모든 신비적 종교의 가장 핵심적인 요소이다. 저 위대한 선행적 철학은 이 모든 전례와 관념의 결합에 있어서 우리의 철학과 같지 않았다. 그것은 사신(邪神)에 대한 믿음(demonism)이었고, 인간의 주위를 떠돌고 인간을 사로잡으려 어둠 속에서 손을 내미는 사신(邪神)의 세계에 대한 미신적인 불안이었다. 사람들이 바란 것은 이런 사신(邪神)의 손길에서 "구원"받는 것이었다. 보상은 저승의(chthonic) 신들에게 행해야 했다. 왜냐하면 이들은 예식적인 부정에 불쾌해하기 때문이다. 저승신 숭배는 저세상을 시야에 두었다.[26] 부정은 의례적인 의미가 있었고, 따라서 그것은 혐오에 의해서든 신성함에 의해서든 통상적인 질서에서 멀리 떨어져 있는 어떤 것에서 왔다.

---

[23] Rohde, *Psyche*, II, 70.
[24] 위의 책, 34.
[25] 위의 책, 3.
[26] Wobbermin, *Beeinflussung des Urchristenthums durch das Mysterienwesen*, 21

랍비들은 성서를 만지면 손을 더럽힌다고 생각했고 그래서 예식에 따라 손을 씻을 것을 요구했다(민수기 19장 8, 10절).[27]

622. 종교와 연극의 조합, 절충

우리의 현재 목적과 관련해서 볼 때 이 모든 것의 관심은 종교적 관념을 그것의 극적 재현과 조합하는 데 있다. 행진(Procession)도 어떤 종류든 쉽게 그러한 재현으로 변한다. 전례와 예식은 연극의 한 형태일 뿐이다. 상징과 휘장도 같은 특성을 갖는다. 오래된 종교들은 비판을 받았는데, 왜냐하면 그들은 자신의 권위를 상실했다고 생각되었기 때문이다. 오래된 종교들은 그들을 사회적 요구를 위해 사용하려는 시도가 있었을 때, 자신을 입증하지 못했다. 세계를 떠도는 노예, 상인, 병사 등은 선택에 따라 모였고 모든 알려진 세계의 전통을 제공했다. 그때 절충이 시작되었고, 종파적인 관념 체계가 형성되었다. 거기에는 새로운 토테미즘, 민족 종교의 붕괴, 선전(宣傳)하려는 마음 그리고 전체를 모든 극적 형태로 만들려는 시도가 있었다.[28] 여러 종파는 여성의 입회를 허락했는데 여기에는 두 가지 중요한 의미가 있다. 그것은 여성의 해방이면서 동시에 종파에는 위험한 일이었다. 이제 신비 의식에 대한 의심의 시선은 그 의식에서 성적인 관계가 불확실해진 데 기인한다. "orgy(난교파티)"라는 단어는 원래 숭배 또는 전례를 의미했고 나중에는 비밀스러운 전례, 즉 신비 의식을 의미했다. 오늘날 우리에게 그 단

---

[27] W. R. Smith, *Religion of the Semites*, 426. 본서의 565절 참조.
[28] W. R. Smith, *Religion of the Semites*, 357~359.

어가 가지게 된 의미는 비밀 회합에 대한 일반화된 관념을 보여준다.

종교적 관심에서 성장해 나온 관습은 연예와 즐거움에 대한 갈망에 까지 도달했다. 그것은 이 갈망을 충족했고 또 자극했다. 그리고 종교적 요소는 잊힐 수도 있었다.

623. 로마에서 연극의 시작

플로랄리아(Floralia)[29]는 기원전 240년 로마에서 만들어졌다. 그것은 매춘부 행진, 외설적인 무언극 등으로 경축되었다. 이것은 그리스에서 왔다고 알려져 있다.[30] 같은 해에 리비우스 안드로니쿠스(Livius Andronicus)는 그리스어에서 번역한 최초의 연극을 로마에서 상연했다. 154년 최초의 영속적인 극장이 거센 반발에도 불구하고 설립되었다. 146년에는 원형경기장 밖에 객석을 갖춘 최초의 극장이 마련되었다.[31] 모든 모방 행위는 초기 로마의 엄격한 모레스에는 낯설었다. 그러나 기원전 2세기에 그 모레스는 부가 성장하고 다른 민족들과 접촉하면서 변했다. 젊은 로마인들은 배우에게 노래와 춤을 배웠고 또 그의 조상들이 자유민에게는 무가치하다고 생각한 행동들을 배웠다. 최초의 연극들은 "사투라에(saturae)"라고 불렸다. 왜냐하면 그것은 대화, 음악 그리고 춤이 뒤섞인 것이었기 때문이다. 이 단어의 의미는 중세의 "소극(farce)" – 즉 어떤 연극에 끼워 넣은 익살스러운 인물의 이야기 또는 막간극 – 의

---

[29] (옮긴이 주) 꽃의 여신을 찬양하기 위한 고대 로마의 종교적 축제로서 시대에 따라서 4월 27일 또는 28일에 개최되었다.
[30] Wissowa, *Religion und Kultus der Römer*, 163.
[31] Magnin, *Origines du Théâtre Moderne*, 324, 463.

의미에 가까웠다.[32] "사투라에"는 에트루리아적인(Etruscan) 요소를 포함했다. 하지만 아텔라 소극(atellans)은 전적으로 에트루리아적이었다. 이것은 익살스럽고 그로테스크했으며 그 이름을 캄파니아의 아텔라(즉 아베르사(Aversa) 또는 산토 아르피노(Santo Arpino))에서 가져왔다. 그래서 부족 내 자신의 지위나 군단에서 복무할 권리를 잃은 사람만이 공연할 수 있었다. 모든 등장인물이 로마의 무대에서 허용된 것은 아니다. 냉소주의와 외설은 오스칸(Oscan) 스타일의 특징이다.[33] 기원전 55년 젊은 카토(Cato)가 플로랄리아에 참석했다. 관객들은 카토가 있는 자리에서 '미마에(mimae)'의 나체를 요청하기를 주저했다. 카토는 축하 예식이 상궤에서 벗어나지 않도록 하고자 급히 극장을 떠났다.[34] 발레리우스 막시무스(Valerius Maximus)[35]에 따르면 무언극(pantomime)은 에트루리아에서 로마로 유입되었는데, 에트루리아 사람들은 그것을 예전의 고향이었던 리디아(Lydia)에서 가져왔다. 마르티알리스(Martial)의 첫 번째 책에 나오는 경구들에서 알 수 있듯이 기원후 1세기 로마의 극장에서는 로마 신화의 사건들이 드라마로 만들어졌고 무언극으로 상연되었다.

624. 검투사의 공연

검투사의 공연은 에트루리아의 장례식에서 있었던 게임들에서 유래한 것으로 생각된다. 망령을 즐겁게 하려는 게임을 하거나, 죄수를 희생

---

[32] Magnin, *Origines*, 304.
[33] 위의 책, 304~317.
[34] Valerius Maximus, II, x, 8.
[35] II, IV, 7.

제물로 바치거나, 죄수들을 서로 싸우게 해 승리한 죄수의 목숨을 살려주는 일은 여러 사례에서 볼 수 있는 발전 단계이다. 로마의 모레스는 이 검투사 공연의 발전 과정을 통해서 볼 때 무자비하고 비인간적이다. "캄파니아 사람들은 제2차 포에니 전쟁 이전에는 검투사를 동원해 초대한 손님들의 저녁식사를 즐겁게 해주곤 했다. 1세기에 가장 현란한 잔인함과 방탕함의 결합이 일상적으로 나타난 것은 캄파니아 도시들에서였다."[36] 반대자들의 불평이 기원후 1~2세기의 철학자 – 플루타르코스, 세네카, 마르쿠스 아우렐리우스[37] – 에게서 약간씩 터져 나왔다. 그러나 당시에 대중의 정서는 꿈쩍도 하지 않았다. 그들은 검투사 공연과 동물 싸움이 과연 "옳은" 일인가에는 아무런 의심도 하지 않고 그것을 열렬히 사랑했다. 테르툴리아누스는 2세기 말에 『아드 나치오네스(Ad Nationes)』라는 논문을 썼다. 거기서 그는 연극을 비판했고 또 다른 논문 『데 스펙타쿨리스(De Spectaculis)』에서는 대중적 연예를 비판했다. 이 나중 논문은 주로 이교도와 이교에 대한 문제 제기지만, 동시에 경기장에서의 게임들이 내포한 비인간성에 대해 직접적이고 품격 있는 반론을 펼치고 있다. 그는 이 게임들이 처음에는 장례식과 연관되어 있었으며, 극장은 비너스의 사원이었고 이 사원의 후견 아래 게임들이 뿌리를 내렸다고 말한다. 그렇다면 게임들은 처음에는 시간, 장소, 특별한 기회 그리고 종교의 용례 아래 있었다. 그러므로 정확히 이해하면, 로마에서 일어난 것은 그런 용례가 깨지고 그리하여 예외적인 의식이 일상적인 관계가 된 것이다. 종교적인 감정은 사라져 버렸고, 감각적인 즐거움만이 중요하게 생각되었다. 이 지점에서 비로소 우리는 그 민족의 지성적

---

[36] Dill, *Roman Society from Nero to Marcus Aurelius*, 236.
[37] Lecky, *History of European Morals from Augustus to Charlemagne*, I, 285도 참조; Dill, *Roman Society from Nero to Marcus Aurelius*, 235.

인 지평 내에서 게임이 지닌 원래 위치, 그리고 그 게임이 나중에 초래한 심각한 탈도덕화를 이해할 수 있다. 게임들은 호전적이었던 초기 로마의 모레스와 공명했다. 키케로는 게임이 고통과 죽음에 대한 경멸을 가르치는 훌륭한 학교라고 생각했다. 그는 육체적 단련, 용기, 절도의 사례로서 검투사들을 언급했다. 그는 그 공연에 약간의 반발이 있음을 알고 있었던 듯하며, 검투사가 사형선고를 받은 범죄자가 아니어도 그것을 용인하는 경향이 있었다.[38] 취향, 모레스 그리고 한 민족의 세계 철학과 공명하는 용례는 그 민족에게 반드시 어떤 타락을 일으키지는 않는다. 왜냐하면 그것은 금기와 관습 아래에 있기 때문이다. 그러나 만약 모든 제한이 없어지면 그것은 바로 그것의 특성 즉 감각적이고, 잔인하고, 살벌하며, 외설적인 등등의 특성을 그대로 가진 채 민족의 삶으로 들어간다. 로마인들이 전사(戰士)였을 때는 잔인하고 살벌했지만 그들이 결코 자신의 피를 흘릴 위험이 없는 상태에 있게 되자 비열하고 소심해졌다. 사형선고를 받은 범죄자는 로마 군중을 즐겁게 해주기 위해 고통당하고 또 공포 속에 죽어가는 역할을 떠맡아야 했다. 그 역할은 프로메테우스, 다이달로스, 오르페우스, 헤라클레스, 아티스(Attys) 등이었다. 파시파에(Pasiphae)와 황소, 레다(Leda)와 백조 역할도 연기했다. 마르티알리스의 『에피그램(Epigrams)』 제1권에는 한 여성이 사자와 싸운 사례가 언급되고 있다. 또한 거기서 도둑인 라우레올루스(Laureolus)는 십자가에 걸린 채로 곰에게 사지가 찢기는 고통을 당한다. 다이달로스는 날개가 떨어져 나갔을 때 곰들 사이로 추락하여 사지가 찢긴다. 오르페우스도 곰에게 찢긴다. 이런 공연은 추잡하다고 간주되었다.[39] 그러나 나중에는 공연에 어떤 제한도 없었다.[40] "아버지에서 아

---

[38] *Tusculan Disputations*, II, 17.

들로 거의 7세기 동안 로마인의 성격은 허용된 잔인성의 영향 아래 무감각해졌다. 황제들은 정치적인 이유로 그 구경거리를 점점 더 화려하고 장대하게 만들었다. 거기서는 위대하고 훌륭한 황제들도 예외가 아니었다."[41] "그것은 안티고네 시대의 영광에 대한 찬양에서 나온 매우 걱정스러운 귀결이었다. 그것의 가장 화려한 유산은 장대한 건물들뿐이다. 이 건물에 갇혀 사람들은 수백 년 동안 야수 중 가장 고귀한 것들과 건장한 인간들의 고통과 피로 향응을 받았다. 아프리카와 먼 동방의 사막과 숲에서는 코끼리와 표범 그리고 사자를 여기 헌납했다."[42]

625. 검투사 공연의 확산

로마인들은 그들이 정복해 나간 모든 곳으로 검투사 공연을 퍼뜨렸다. "북쪽의 튜튼족(Teutonic) 지역과 그리스는 이 유혈 게임이 대중화되지 않은 거의 유일한 지역이다. 유혈 게임에 대한 취향이 완전하게 발달한 유일한 그리스 도시는 로마 식민지였던 혼혈도시(mongrel city) 코린트였다. 아풀레이우스(Apuleius)의 소설에는 한 코린트 지역 장관이 나오는데 그는 당대 가장 유명한 검투사를 징발하려고 테살리아(Thessaly) 지방으로 여행한다. 플루타르코스는 관리들에게 자신들의 도시에서 이 공연을 추방하거나 제한하라고 강요한다. 아테네인들이 코린트의 화려함에 버금가려는 야심에서 검투사 공연을 확립하려고 애썼을 때 점잖

---

[39] Martial, II, Introd.
[40] Scherr, *Deutsche Kultur- und Sittengeschichte*, 181.
[41] Dill, *Roman Society from Nero to Marcus Aurelius*, 235.
[42] 위의 책, 238.

은 데모낙스(Demonax)는 먼저 그들의 '동정심의 신(Pity)'의 제단을 뒤엎으라고 명령했다. 헬레니즘의 사도인 디온, 플루타르코스, 루키아노스는 용감한 사람들을 군중의 잔인한 정열을 위해 희생하는 제도를 이구동성으로 비난했다."[43] 공연에서 품위와 예의의 기준이 결여된 것은 특히 비잔틴에서 극에 달했고 끝없이 지속되었다.[44] 서기 325년 콘스탄티누스 황제는 평화의 시대에 유혈극은 적절치 않다는 이유로 검투사 공연을 완전히 금지했다. 그러나 그의 법률은 효력을 발하지 못했다.[45] 4세기 말 "당대의 가장 존경할 만한 이교도 중 한 사람으로 간주된" 심마쿠스(Symmachus)는 자기 아들의 명예를 걸고 싸울 죄수를 징발했다. 이들은 심마쿠스가 계획한 자신의 운명을 회피하려고 자살을 감행했다. 심마쿠스는 죄수들의 "사악한 짓"에 의해 초래된 자신의 불행을 탄식했고, 자신의 감정을 추스르고자 소크라테스의 인내심과 철학의 지침들을 상기한다. 그는 인간을 더는 사용하지 않고, 인간보다 더 길들이기 쉬운 리비아의 사자를 사용하겠노라고 말한다.[46] 여기서 그는 그 시대의 모레스에 관해 교훈을 주는 데 기여한다.[47]

---

[43] 위의 책, 240.
[44] Gibbon, Chap. XL, i.
[45] Schmidt, *La Société Civile dans le Monde Romain et sa Transformation par le Christianisme*, 469.
[46] *Epistle*, II, 46; Migne, *Patrologia Latina*, XVIII, 190.
[47] (옮긴이 주) 즉, 심마쿠스는 인간 대신 사자를 도입하겠다고 함으로써 당시의 잔혹한 모레스에 대해서 하나의 교훈점을 던져 주고 있다는 말이다.

626. 민속극

문화적 상류 계층은 "평민"의 스포츠를 경멸한다. 그러나 모레스를 연구하는 사람들은 그럴 수 없다. 군중의 취향은 스포츠에서 드러난다. 우리는 세계문학의 일부가 된 위대한 드라마를 읽는다. 그리고 이로부터 그것을 생산한 사회와 시대에 지배적이던 지적인 관심사에 대한 우리의 관념을 형성한다. 이 추론은 교정할 필요가 있다. 그것은 분명히 오류를 저지르기 쉽다. 그리스인이 모두 고전적인 엄밀성과 정확성의 단계에 있었던 것은 아니다. 또한 그들 중 누구도 항상 그런 단계에 있지는 않았다. 전혀 그렇지 않다. 그들은 사실적이고, 이기적이며, 냉정하고, 잔인하며 감각적 쾌락을 좋아했다.[48] 위대한 드라마, 서사시 등은 오직 사회의 최상층에 의해서만 향유되었다. 마치 오늘날 우리에게 셰익스피어가 그러하듯이. 대중이 순수하게 지성적인 것에서 즐거움을 느낀 사회는 지금껏 존재한 적이 없다. 우리만 해도 대중적인 오락은 서커스, 순회악단(negro minstrels), 버라이어티 쇼, 희가극(opera bouffe), 스펙터클 영화, 발레에서 찾을 수 있다. 더 나아가 번안곡, 코미디, '돈내기 격투', 익살떨기 등을 거기에 더할 수 있다. 우둔함은 언제나 재미있다. 사회적인 금기를 깨는 모든 것은 재미있다. 예의범절의 한계를 넘기, 옷차림이 우연히 흐트러짐, 기괴한 포즈, 조롱과 무시의 제스처, 한 방 먹이기, 고통스러운 사건과 불행, – 너무 심각하지만 않다면 – 신체의 뒤틀림(꼽추), '사자왕 리처드' 같은 통칭과 별명, 은어와 그 밖의 언어 오용(외국인의 잘못된 발음처럼), 욕지거리, 그리고 학자, 신사, 청교도, 우직함 또는 부유하고 위대한 자와 같은 존경스러운 인간 유형에 대한

---

[48] Reich, *Der Mimus*, 32.

희화화나 풍자는 언제나 대중의 웃음을 유발했고 대중에게 즐거움을 주었다. 그것들은 익살과 장난의 기본 요소였다. 3천 년 동안 그것은 변함이 없었다. 강력하고 교묘한 마술과 곡예는 사람들이 거기에 익숙해질 때까지는 놀라움을 불러일으킨다. 그것은 개인적 능력에 대한 증명이다. 그것은 방금 말한 것들처럼 그리고 세대에서 세대로 반복되어 온 것들처럼 즐거움을 주지는 않는다.[49] 대중은 일부 선택된 계층이 선호하는 것 그리고 또 그들 자신뿐 아니라 모두에게 강요하고자 하는 것들이 망가지는 것을 볼 때 기뻐한다. 그들은 삶의 규칙이라고 설교되는 제한들이 짓밟히는 것을 보며 즐거워한다. 희가극에서는 고전적인 영웅, 고전적 신화의 신, 왕, 중세적인 유형의 귀족, 봉건주의, 성직자가 조롱거리로 변한다. 대중은 영웅이 유행을 타는 동안에는 그들을 광적으로 숭배한다. 그러나 종종 방향을 선회하여 영웅을 풍자의 진흙탕 속으로 굴린다. 그들에게 누가 그들을 만들었으며 또 그들을 다시 파괴하는 것이 얼마나 쉬운 일인가를 보여주기 위해서 말이다. 아리스토파네스는 아테네의 사회제도에서 진지했던 모든 것을 조롱했다. 돈키호테가 저술되기 훨씬 전에 이미 기사도는 조롱받고 있었다. 풍자(satire)는 존경과 흠모의 역전이다.

627. 대중의 취향, 사실주의, 관례성, 풍자

대중적이며 교육받지 못한 취향에 어필하는 것은 사실적이고 생생한

---

[49] (옮긴이 주) 섬너가 여기서 말하고자 하는 것은 다음과 같다. 즉, 강력하고 교묘한 마술이나 묘기가 주는 즐거움은 고상한 것, 위대한 것을 조롱할 때의 즐거움과 다르다. 후자는 쉽게 식상하고 오래가지 못하지만 후자는 항상 즐거움을 줄 수 있다.

것이지 관례 또는 규칙과 기준에 따라 조절되고 정련된 것이 아니다. 사실적인 것은 삶의 모든 사실을 재생산한다. 만약 자연을 거울에 비춘다면 거울은 어느 정도 역겨운 것들을 재생할 것이다. 사회적 금기들은 미신적 공포에서 시작했다. 그러나 금기들은 일련의 관례적인 습속을 형성했다. 이 습속 아래서 삶의 어떤 행동과 사실들은 보이지도 인식되지도 언급되지도 않고 그럼으로써 공적 영역에서 배제된다. 다른 더 사소한 관례들은 이 습속에 접목되었으며 우리가 살아갈 때 겪는 대부분의 용례를 생산했다. 예술적인 것은 관례적인 세련화의 최고 형태이다. 사실주의는 이 모든 관례와 금기에 대적하고 이를 깨뜨린다. 관례와 금기는 어려서부터 그 속에서 양육되지 않은 사람에게는 언제나 정신적 스트레스를 준다. 그러므로 스트레스에 지쳐 더는 그것을 용납하지 않으려는 사람은 사실주의와 자연성을 요구하게 마련이다. 관례적인 것들은 존경할 만한 것(repectability)이 무엇인지 정의한다. 그리고 존경할 만한 것은 언제나 비웃음을 받았다. 모든 코미디에서 그것은 웃음거리가 된다. 남편은 관례적 권리가 있는데, 이 권리 때문에 그는 사회로부터 보호받았고 안전하고 평온한 지위를 누렸다. 코미디에서 남편의 권리는 짓밟히고 그의 안전은 붕괴했다. 대중은 언제나 이것을 즐겼다. 그들은 부인이나 간부(姦夫)가 남편을 속이는 것을 보며 즐거워했다. 간부는 속물(俗物)주의와 싸우는 자유와 현명함을 대표했다. 다른 한편 대중은 자신을 물들이고 어려서부터 그들에게 친숙한 금기와 관례를 단호하게 옹호했다(예를 들면 여성의 의상과 여성은 남자 옷을 입어서는 안 된다는 금기). 대중 잡지와 "위대한 도덕적 쇼"는 종교적으로 대중의 기준을 존중한다. 천박한 것은 재미있지만, 거기에는 항상 관용의 한계가 있다. 지나치게 얌전빼는(prudish), 청교도적인(puritanical), 깐깐한(fastidious), 가식적인(affected), 허례허식을 좋아하는(pharisaical) 등등의 형용사가 의미하는 것은 무엇인가? 이 형용사들은 자주 사용된다. 그것은 어떤 선 밖에 있는 것들에 적용되는데, 이때 이 선은 정의되지 않거나 정의될 수 없는 것이다. 그 선은 집단의 규약과 기준들에 의존한다. 사실주의는 매일의 경험을 제시하며, 허위가 아니라 있는 그대로의 세계를 제시한다. 그러므로 사실주의는 모든 관습에 냉소적이고 무례해야 한다. 그것은 위대함의 천박함, 덕의 이면, 영웅의 약한 모습을 보여준다. 우리보다 낫고 우리를 내려다본다고 생각되는 모든 사람을 비웃고 조롱하는 것은 분명히 큰 즐거움이다. 그렇게 하는 가장 쉬운 길은 그들의 약한 모습, 어리석은 짓 그리고 죄악을 보여주는 것이다. 여기에 풍자작가들이 수행할 또 하나의 과제가 있다. 코미디에서의 풍자는 질투심을 해소하는 작업일 것이다. 피에로의 역할은 그것을 수행하는 자에게는 위험하다. 사실 아무도 그 역할에 적합하지 않다. 도대체 어디서 누가 나머지 사람 모두를 비난할 수 있는 인물을 얻겠는가? 그는 분명 자만하고, 오만하며, 자기 고집을 내세우는 폭군이 되어버릴 것이다. 각자는 자신의 취향이 아닌 어리석음이나 자신은 아무런 유혹도 느끼지 않는 죄를 풍자한다. 예술적이며 영원히 효과적인 풍자는 빛과 그림자의 대조로 특징지어진다. 풍자는 언제나 사람들의 주의를 끌고자 하는 것을 과장하는데, 이것을 예술적으로 수행하려면 다른 요소들을 억눌러야 한다. 그런데 이때 대중적인 효과를 얻기 위해 어쩔 수 없이 큰 붓과 현란한 색깔을 사용해야 할 때, 이런 작업[50]은 매우 어렵다.

---

[50] (옮긴이 주) 바로 위에서 말한 다른 요소들을 억누르는 작업.

628. 대중 공연

호메로스 시대부터 우리는 위에서 묘사한 연극적인 형태를, 같은 종류이긴 하지만 저급한 부류로서 동반한 대중 공연을 찾아볼 수 있다. 대중 공연은 앞에서(본서 626절에서) 묘사한 특징들을 갖는다. 그 특징에 더하여 유혈과 잔인한 전례(rites)를 추가할 수 있으리라.

629. 고대의 대중적인 축제들

'타르겔리아(thargelia)'는 고대 그리스에서 아폴로와 디아나 여신을 경축하려고 열린 살벌한 축제였다. 한 사람의 남자와 여자가 사람들의 죄를 대속하기 위해 희생제물로 바쳐졌다. "희생자를 둘러싼 그리고 나중에는 제단을 둘러싼 그리스인들의 원무(圓舞)는 죄수들을 둘러싼 이로쿼이족과 브라질인의 노래와 광포한 춤에 비견될 만한 것이었다."[51] 또한 아테네에서 열린 '크로니아(kronia)'는 사투르누스(Saturn)를 위한 축제였다. "태초에" 원초적인 자유와 평등의 시대가 있었다는 생각이 그 당시에 있었다. 이 축제는 그런 생각을 대변하기 위해 열렸다. 크레타에는 메르쿠리우스(Mercury) 축제가 있었다. 테살리아(Thessaly)에는 '펠로리아'(peloria)라는 축제가 있었는데, 이는 지진으로 템페(Tempe) 계곡이 말라버렸다는 소식을 전한 사람인 펠로(Pelor)의 이름을 딴 것이었다. '사케아(sacea)'는 '사투르날리아(saturnalia)'와 유사한 축제인데 바빌론에서 열렸다. 왕의 궁전을 위시해서 모든 집에서 노예 한 명이 5일간

---

[51] Magnin, *Origines, du Théâtre Moderne*, 30.

집주인 행세를 하는 것이었다. 그 근저에 놓인 생각은 일상적 삶에서의 모든 것을 역전시키거나 뒤집는다는 것이었다. '코르닥스(kordax)'는 오래된 희극에 나오는 고대적 춤으로서 외설적인 춤사위를 지녔고 거기서 인간의 몸은 악덕과 관능에 의해 겪게 될 모든 왜곡된 모습에 따라 희화화되었다. 폭식과 바쿠스 신의 폭음의 결과는 디오니소스의 양아버지인 실레누스(Silenus)의 모습으로 희화화되었다. 와인을 좋아하는 그 노인은 와인의 영향으로 단정함을 잃는다.[52] 후대로 가면 아테네에서 합창 리더들은 원시적 야만성과 인간을 죽여 희생제물로 바치는 일을 상기시키는 계기를 제공했고 또 야만적인 나체를 재현했다. 그러나 그들은 우스꽝스럽고 저열한 모습을 전혀 보여주지 않았다. 비극은 서정적 형식에서 벗어나려고 오랫동안 노력했다. 그러나 마침내 이 분리를 달성한 것은 아이스퀼로스였다. 이리하여 고급의 문학적 드라마는 대중적인 '미무스'에서 실제로 분리되었다. 그리스 비극의 영광스러운 천년이 지난 후에 비극은 다시 서정적 형식 아래에서 사라졌다.[53] 그러나 그 대중적인 드라마는 오늘날까지 지속되었으며, 그 특징적인 요소는 전혀 변하지 않았다.

630. '미무스'[54]

---

[52] 위의 책, 51.
[53] Magnin, *Origines*, 33, 38~40.
[54] (옮긴이 주) 본문에서도 설명하듯이 미무스는 고대의 극예술 양식 중 하나이다. 미무스의 언어는 직설적이고 민속적인 어휘로 되어 있으며 종종 외설적이고 천박한 표현을 포함한다. 미무스의 주제들은 현대의 '성과 범죄'라는 개념으로 요약할 수 있다. 애정, 결혼, 범죄, 사고, 재난 등의 자극적인 주제가 주종을 이루었다. 또한 당시 정치적인 상황이나 인물도 종종 다룬다. 내용이 모두 대동소이했

'미무스'의 핵심은 그 이름이 말하듯이[55] 무언극이라는 데 있다. 그것은 삶과 행동의 여러 모습을 모방하며 따라서 본질적으로 사실적이다. 그것은 동물, 전사 그리고 연인들의 특징을 재미있게 그리고 풍자적으로 과장하여 모방하는 원시 부족의 모방적인 춤에서 파생되었을 것이다. 가장 단순한 형태의 민속적인 드라마에서는 아무것도 글로 쓴 것이 없었다. 배우는 어떤 역할을 맡고 그 역할을 연기하려 하는 과정에서 그가 말해야 하는 모든 것을 즉흥적으로 생각해냈다. 그 역할 연기에서 그의 책임은 문화 드라마[56]에서의 연기자의 책임보다 훨씬 더 컸다. 배우는 어떤 역할을 반복함으로써 그의 개성을 드러내고 그가 완전하게 만든 배역을 재현해냈다. 가장 흥미롭고 눈에 띄는 등장인물은 전형화되었다. 이윽고 이 인물 중 다수가 문학에서 확립되고, 전 세계에 알려진다. 이러한 유형의 가장 나중의 사례는 아마도 던드레리 경(Lord Dundreary)일 것이다. '미무스'라는 단어는 기원전 5세기 그리스에서 생

기에 배우들은 그것을 쉽게 반복적으로 그리고 전문적으로 공연할 수 있었고 또 종종 자발적인 변형이나 즉흥적인 대사를 거기에 추가할 수 있었다. 공연 시간은 30분에서 1시간으로 짧은 편이었고 또 배우들 사이 손발을 맞출 필요가 적었으므로 손쉽게 무대에 올릴 수 있었다. 비용을 얼마나 투입할 수 있느냐에 따라 더 많은 배우와 스태프를 동원할 수 있었다. 미무스의 주연배우는 동료들에게 완전한 복종을 요구했고, 그래서 종종 자신의 연기를 두드러지게 하려고 동료에게 연기를 일부러 서투르게 할 것을 요구하기도 했다. 라이히(Hermann Reich)는 『미무스』라는 저서에서 미무스의 역사를 상세하게 추적하는데, 그의 주장에 따르면 미무스는 나중의 극예술 전통이 형성되는 데 결정적인 역할을 했다. 섬너는 미무스가 모레스의 역할과 기능을 드러내는 데 매우 중요한 드라마 형식이라고 보고, 주로 라이히의 저서에 기초해서 미무스와 모레스의 관계를 규명하고 있다.

[55] (옮긴이 주) 여기서 섬너는 mimus가 pantomime에 들어있는 mime과 같은 어원을 갖는다는 점에 주목하고 있다.
[56] (옮긴이 주) 섬너는 문화 드라마와 대중 드라마를 구분한다. 문화 드라마는 그리스 비극처럼 고급 관객을 대상으로 하는 것이고 대중 드라마는 '미무스'처럼 대중을 대상으로 하는 것이다.

겨났다. '미무스'는 삶의 그림이었고 더 정확히 말하면 글로 쓰지 않은 삶의 패러디였다. 그것은 여러 등급으로 나뉘어 있었고 배우들은 여러 신분으로 나뉘어 있었다. 여자들은 처음에 마술사나 협잡꾼으로 등장했다. 그 후 그들은 대중 드라마 배우들 사이에서 등장했다. 이로 인해 그 공연은 그리스의 기준에 따를 때 의심쩍은 것이 되었다. 공연은 방랑하는 무리가 제공했다. 문화 드라마(culture drama)의 배우들은 언제나 마스크를 썼는데, '미무스'의 배우들은 마스크를 쓰지 않은 채 출연한 최초의 배우이다.[57] 나중에 다른 사람들이 이를 모방했다. 오늘날 중유럽 순회 장터 주변에서 볼 수 있는 연극 공연은 고대의 '미무스'를 잘 재현하고 있다. 인형극은 일찍부터 '미무스'에서 파생되어 나왔고 현대의 펀치-앤-주디 쇼(Punch-and-Judy show)는 부분적으로 양자를 계승한다. 모레스 관점에서 볼 때, '미무스'와 인형극은 위대한 비극들보다 훨씬 더 중요하다. 그러나 전자는 역사에 아무런 흔적을 남기지 않았다. 그것은 결코 기록되지 않았다. 배우들은 죽었고 그들의 명성은 잊혔다. 모레스는 미무스의 효과를 사실로서 포함할 뿐, 설명해주지는 않는다. 알렉산더 대왕 시대 이후부터는 공통되고, 대중적이며, 사실적인 것이 정치와 문학에서 지배적이었다. 영웅적인 것과 이상적-시적인 것은 몰락했고 '미무스'에서 풍자의 대상이 되었다. "이집트와 시리아의 마케도니아 왕들의 경박하고, 무미건조하며 방탕한 취향이 마침내 정복된 그리스를 완전히 지배했다." 그리고 다른 형태와 이름들 아래서 살아남은 것은 오직 일상적인 삶을 사실적으로 재현하는 마임(무언극)뿐이었다.[58] 올림포스 신들과 호메로스의 영웅들은 재미를 위해 희화화되었

---

[57] Reich, *Der Mimus*, 527.
[58] Magnin, *Origines*, 161.

다. '미무스'는 궁정과 상류 계층에서 인정받았다. 그것은 소위 '히포테시스(hypothesis)'[59]로 발전했고 무대의 한 자리를 획득했다. 가장 탁월한 히포테시스 창작자는 필리스티온(Philistion)[60]이었다. 그는 기독교 시대의 초창기에 살았다. 그의 히포테시스는 기원후 수백 년 동안 그리스-로마 세계 전역에 알려졌다.[61] 티베리우스 황제는 배우들이 평화를 교란한다고 비판하며 이탈리아에서 추방했다. 그 이유는 과거의 오스칸 소극(笑劇)이 일단 보통사람의 오락거리가 되자마자 외설적으로 되었기 때문이다.[62] 모든 연극 공연의 공통된 기원(본서 616절 참조)들 중에서 '미무스'는 농부의 이해관계를 관장하는 곡식의 정령과 생장의 정령을 간직했다. 이 역할을 맡은 배우들은 추잡하고 육감적인 얼굴 특징을 매우 과장한 가면을 썼다. 인공적인 남근(본서 473절 참조)을 옷 위에 걸쳤고 엉덩이 부분 전체는 매우 확대되어서, 관습적이고 과장되고 정형화된 인물 즉 현대의 어릿광대, 펀치 또는 메피스토 같은 인물을 만들어 냈다. 그것은 사실 어느 정도는 이 인물들의 조상이라고 할 수 있다.[63] 그리스 화병이 이 인물들을 재현한다. 이와 동일한 생각과 사고 과정을 수확에 대한 관심과 성장의 사신(邪神)과 연관해서 멕시코에서도 볼 수

---

[59] (옮긴이 주) hypothesis는 흔히 가설로 번역되는 용어지만 고대의 극예술에서는 고전적 드라마의 줄거리에 대한 요약을 의미하기도 했다. 이 hypothesis들은 종종 중세까지 전해진 아테네 비극의 사본에 서문으로 삽입되기도 한다. 또한 어떤 다른 비극 시인들이 그 이야기를 극화했는지를 밝히고, 무대장치를 설명하며 합창과 배역을 정하고 초연일 등을 기록하고 있다. 그러나 여기서는 미무스의 한 발전 형태로서의 hypothesis를 가리킨다.

[60] Reich, *Der Mimus*, 12.
[61] 위의 책, 27~29.
[62] Tacitus, *Annals*, IV, 14.
[63] Preuss (*Archiv für Anthropologie*, XXIX, 182)는 Falstaff의 운명은 정형화된 어릿광대의 육체적 특징들 하나가 잔존할 것일 수 있다는 해석을 제시한다.

있다.[64] 또한 여러 축제에서의 공적인 전례는 차츰 교의적인 의미나 주술적 의미를 가진 연극적인 재현으로 변했다.

631. 현대의 유비[65]

순회악단(negro minstrel)[66] 맨 끝에 선 사람(the end man)[67]은 그리스의 '플리악스(phlyax)'[68]에 대응하는 현대적 창조물이다. 왜냐하면 그는 대농장에서 일하는 흑인 유형의 광대인데, 그 모든 특징이 극도로 과장되어 비사실적이며 또 희화화되어 있기 때문이다. 그러나 이러한 과장은 관심을 익숙한 사실로 향하게 하고, 즐거움을 주는 특징을 분명히 드러낸다. 순회악단의 발생, 발전 그리고 쇠퇴는 — 우리가 관측할 수 있는 한도 내에서는 — 대중적 코미디의 역사에서 볼 수 있는 여러 특징을 예증한다. 그것은 낯선 집단을 모방해 즐거움을 만들어내는 과정에서 생겨났다. 그들의 특수한 생활방식은 우스꽝스러운 어릿광대(ridiculous antics)처럼 보였다. 그리고 흑인은 백인의 약함, 어리석음 그리고 잘난 체하기

---

[64] *Archiv für Anthropologie*, XXIX, 133.
[65] (옮긴이 주) 여기서 섬너는 미무스의 현대적 유사 형태로서 순회악단(negro minstrel)을 사례로 들고 있다.
[66] (옮긴이 주) 흑인으로 분장한 백인들이 흑인의 춤을 추고 노래하는 극단. 내용과 배경은 다르지만 해방 이후 우리나라에 많이 존재한 순회 악극단도 이와 유사한 것이라고 할 수 있다.
[67] (옮긴이 주) 흑인 분장을 한 재즈 밴드의 양 끝에 있는 어릿광대 역할의 악사.
[68] (옮긴이 주) 그리스어로는 '$\varphi \lambda \alpha \xi$'이며 hilaotragedy('웃기는 비극')이라고도 부른다. 기원전 4세기 마그나 가르시아의 그리스 식민지들에서 발전된 익살스럽고 저속한 극적 형식을 말한다. 원래 '플리악스'는 "가십 연극인"을 뜻하는 단어이다. 여기서는 후자의 의미로 사용되고 있다.

를 희화화하고 풍자하고자 이용되었다. 대농장의 흑인 노동자는 소멸하고 있는 유형이며, 그에 대한 관심은 사라지고 있다. 그는 더 이상 직접적인 연구나 파생된 풍자에 이용될 수 없다.

632. 바이올로그와 에톨로그

그리스의 '플리악스'(the play)[69]는 기원전 4세기에 남부 이탈리아에 전해졌고, 거기서 다시 로마로 전해졌으며 아텔라 소극과 혼동되었다. 그리고 매우 대중적인 것이 되었고 기원후 5세기까지 지속되었다.[70] 라이히(Reich)는 미메스(mimes)[71]를 두 개의 부류로 나눈다. (1) 바이올로그(biologs), 즉 신앙심 없는 부인, 우직한 남편, 얼빠진 귀족, 물리학자처럼 개인적 유형을 대표하는 인물. (2) 에톨로그(ethologs), 즉 시대의 모레스에서 어떤 특징을 의인화하고 그것을 풍자하는 인물. 예를 들면, 기적에 대한 믿음, 술과 도박에 대한 애호, 부유한 사람에 대한 아첨 또는 "세상에서 성공함"을 의인화하고 풍자하는 인물. 이것은 매우 중요한 구분이며 드라마와 모레스 간의 연관성을 밝혀준다. 소크라테스는 물론 배우는 아니었지만 에톨로그였다. 그는 자기 시대 아테네 사람들의 생활방식을 풍자, 아이러니 그리고 유머를 통해 보여주었다.[72] 아리스토파네스도 그랬고, 라블레(Rablais)도 그랬다. 에라스뮈스는 약간 격이 떨어지는 사례이다. 『대화편(Colloquies)』과 『우신예찬(Praise of Folly)』에서

---

[69] (옮긴이 주) 위에서와 달리 여기서는 연극의 한 장르라는 의미로 사용되고 있다.
[70] Reich, *Der Mimus*, 679, 682.
[71] (옮긴이 주) 미무스와 같은 단어이다. 본서 17장 각주 54번 참조.
[72] 위의 책, 360.

그는 설교자에 가깝다. 하지만 그의 목적은 생생한 풍자적 묘사를 통해 영향력을 미치는 것이다. 우리 시대에 시사만화 신문(comic paper)은 에톨로그의 과제를 수행하려 한다. 그것은 매너와 사람들을 풍자하려 한다. 정당이 소유하거나 지원하는 시사만화 신문은 이제까지 세상에 존재하는 가장 유감스러운 피에로를 대표한다. 바이올로그는 세상 언제 어디서나 볼 수 있는 인간 본성의 일탈을 드러내는 개인적 유형을 인격화한다. 에톨로그는 한 시대를 특징짓는 데 도움이 되는 어떤 계층의 표본을 인격화한다. 멋쟁이는 항상 존재하지만 세부적인 것은 변한다. 모든 멋쟁이의 어리석음과 허영은 에톨로그의 특징이다. 한 시대의 어떤 개별적인 멋쟁이의 어리석은 행동은 바이올로그에 속한다. 보 브루멜(Beau Brummel)[73]은 바이올로그의 모델이라고 할 수 있다. 에톨로그는 자신의 최상의 주제를 간과하는 경향이 있다. 그는 자신의 시대를 충분히 인식할 만큼 충분히 시대에서 벗어나 있을 수 없다. 그는 결코 지배적인 특징을 풍자하지 않는다. 미국의 에톨로그는 결코 민주주의나 정치가 또는 신문을 풍자하지 않는다. 에톨로그는 자신의 배후에 거대한 당이나 강력한 감정을 갖기를 원한다. 어떤 지배적인 '방식'에 대한 회의가 대부분의 대중의 마음에 형성되기 전까지는 에톨로그는 그 방식의 대변자 역할을 한다. 우리는 아직 군국주의 또는 제국주의 또는 먼로주의에 대한 어떤 풍자도 볼 수 없다. 보호관세는 풍자에 좋은 소재지만 대중이 그것을 신봉하는 한 그 풍자는 무력하다. 이것은 아직 의심되지 않는 모든 습속에 대해서도 마찬가지이다. 그럴 때의 풍자는

---

[73] (옮긴이 주) Geoge Bryan "Beau" Brummel(1778~1840)을 말한다. 그는 영국의 섭정시대(1811~1820)에서 아이콘이 되었던 인물이다. 그는 유행을 선도하는 사람이었고 나중에 정식으로 왕이 된 George 4세의 친구였다. 그는 지나치게 화려한 패션을 거부한 사람들을 위한 복장을 확립했다. 그는 넥타이와 함께 근대인의 전형적인 복식을 도입하고 확립한 사람으로 인정되고 있다.

신성모독이다. 어떤 방식이 지배적인 동안 거기에는 그 방식에 대한 열정이 있다(본서 178절 참조). 마치 현재 우리 사이에 민주주의에 대한 열정이 있듯이 말이다. 그러나 하나의 사회에서 하나의 사물에 풍자와 열정이 동시에 있을 수는 없다. 사람들은 아마도 파리의 극장에서는 아무것도 신성할 필요가 없다고 믿었을 것이다. 그러나 몇 년 전 프랑스 혁명을 현재 통용되는 것과는 다른 관점에서 쓴 연극이 있었는데, 그 연극은 상연될 수 없었다. 한 인형극 연출가와 그의 부인은 혁명 기간에 대로에서 페레 뒤셴(Pere Duchesne)을 흥밋거리로 삼았다. 부부는 단두대에서 처형되었다.[74] 이러한 사실들은 때때로 풍자에 부여되는 고도한 도덕적 기능을 대폭 제한한다. 풍자는 실제적 손상을 입힐 수 있는 것인 한 활성화되지 않는다. 그것은 결코 어리석음을 시작 단계부터 제압할 수 없다. 그런 기능은 교육받은 이성에 속한다. 그러나 교육받은 이성은 대중 속에 있는 것이 아니다.

633. 바이올로그로서의 디킨스

찰스 디킨스는 바이올로그였다. 그의 소설은 그 시대의 예절과 관습에 대한 증거는 아주 적게 포함하고 있다. 또 포함된 것들은 견강부회된 것이고 진실하지 못하다. 그가 창조한 인물의 이름은 모든 시대 모든 사회에서 볼 수 있는 개별적 인물 유형을 보여주는 보통명사나 형용사가 되었다(펙스니프(Pecksniff),[75] 미코배(Micawber),[76] 터베이드롭(Turveydrop),[77]

---

[74] Magnin, *Marionettes*, 188.
[75] (옮긴이 주) 가식적으로 선량함과 도덕적 원리를 내세우는 사람.
[76] (옮긴이 주) 게으르고 행운을 좇는 사람을 말한다.

유리아 힙(Uriah Heep)[78] 등등). 그러나 이 인물 유형들은 어떤 때에 특별히 많이 나타나고, 순도 높은 표본을 생산할 수도 있다.

634. 초기의 유대 연극

에제키엘(Ezekiel, 알렉산드리아의 유대인. 대략적 활동기 기원전 200년)은 신비극과 동일한 동기 – 즉 신앙인의 교육 – 에서 출애굽에 관한 희곡을 썼다고 전해진다. 헤로데스 아티쿠스(Herod Atticus, 기원후 180년경 사망)는 부인 레길리아를 죽게 했는데 통상적인 장례식으로는 속죄를 다 할 수 없다고 느꼈다. 그는 부인을 기념해 지붕이 있는 극장을 지었다.[79] 출애굽에 대한 에제키엘의 연극은 헤로데의 극장에서 상연되었다. 니콜라스 다마스쿠스(Nicholas Damascus, 기원전 74년 출생)는 수산나의 이야기에 관한 희곡을 썼다고 전해진다.[80]

635. 로마의 '미무스'

'미무스'는 그리스-로마 제국에서 오랫동안 등장인물 유형이 정해져 있었다. 왜냐하면 미무스는 갑작스럽게 그리고 많이 변하지는 않았기 때문이다. 로마의 '미무스'에서 반복해서 나타나는 특징은 전승된 것에

---

[77] (옮긴이 주) 완벽한 품행과 행동거지를 보이는 사람.
[78] (옮긴이 주) 겉으로는 비굴할 정도로 충성하지만 속으로는 상대를 속이는 사람.
[79] Lucian, *Demonax*, 33.
[80] D'Ancona, *Le Origini del Teatro in Italia*, I, 15.

대한 추구, 인간의 무능력, 어릿광대의 우둔함, 때리기 등의 육체적 폭력 등이다. 고정된 등장인물 유형은 주정뱅이인 늙은 여인, 마녀, 중개자, 행상인, 포주 등이다. 그 밖에도 "학자"(학식 있고 또 그것을 과시하는 얼간이), 아달리오(Adalio)(필리스티온이 도입한 인물), 멍청이, 까다로운 늙은이, 기독교인(이 유형은 수백 년 동안 유지되었다) 등이 있었다.[81] 이런 인물들은 특성이 전혀 변하지 않은 채로 다양한 입장이나 국면 속으로 투입되었다. 이 인물들이 나중에 우리에게 펀치, 할리퀸(Harlequin), 판탈레오네(Pantaloon) 등으로 전해졌다.[82] 펀치(=Pulcino, Pulcinella)는 아텔라 소극에 나오는 등장인물인 마쿠스(Maccus)의 나폴리적인 변형일 뿐이다. "마쿠스"는 에트루리아 말로 작은 음경(cock)을 뜻한다.[83] 기독교의 번갈아가며(antiphonal) 노래하기는 그리스의 디오니소스 신비극처럼 드라마 발전에 기여했다.[84] 초기 기독교 시대 몇 세기에는 "외설이 극장을 지배했다." "그것은 더 이상 과거의 영웅들을 회상하거나 당대 사람들의 잘못을 비판하는 애국심(patriotism)의 학교가 아니었다. 그것은 배우나 관람자에게 악덕과 타락을 연기하는 장소였다. 거기서는 기만당하는 남편, 간통, 난봉꾼의 계략, 루파나스 사건들만 재현되었다. 재현된 등장인물은 뻔뻔한 여자와 여자 같은 남자뿐이었다. 가장 수치스러운 것들이 버젓이 노출되었다. 존경받아야 할 모든 것이 거기서는 평가절하되었다. 덕은 조롱받았고 신들도 경멸의 대상이었다. 배우는 악한 것에 대한 취향이 관객의 마음에 생겨나게 만들었다. 그는 비열하고 범죄적인 정열을 자극했다. 비록 그가 악덕에 익숙했다 해도 때때로 그는

---

[81] Reich, *Der Mimus*, 58, 436, 470, 505.
[82] Magnin, *Origines du Théâtre Moderne*, 321.
[83] Magnin, *Origines*, 47.
[84] D'Ancona, I, 45.

대중 앞에서 연기해야만 했던 부끄러운 역할 때문에 얼굴을 붉혔다."[85]

636. "수난받는 그리스도", "슈도-퀘롤루스"

4세기에 기독교인들은 연극을 자신의 목적을 위해 사용하려고 시도했다. 드라마 『수난받는 그리스도』는 나치안츠의 그레고리오(Gregory of Nazianz)가 만든 것으로 알려져 있다. 이 드라마는 니케아 공의회의 신학자들이 이해한 바에 따라 예수의 수난을 재현한다. 그것은 에우리피데스의 비극에서 거의 그대로 가져온 1273개의 시구를 짜깁기해서 만든 것이다. 린틸하크(Lintilhac)[86]의 말에 따르면, 이 드라마는 아무리 올라가도 11세기까지 소급될 뿐이라는 것이 정설이다. 따라서 거기서 가장 주목할 만한 점은 이 드라마가 가장 초기의 동류 서구 연극과 똑같은 시기에 등장한 그리스 전례 연극이라는 사실이다. 거기서 성모 마리아는 헤카베(Hecuba)와 메데이아(Meida)의 시구를 인용하며, 자살을 생각하는 이교도 여인으로 나온다.[87] 드라마의 역사에서 중요하게 언급되는 또 다른 4세기 연극은 『슈도-퀘롤루스』이다. 이것은 플라우투스(Plautus)를 모방한 것이다. 퀘롤루스는 몰리에르의 연극에 나오는 '인간을 혐오하는 사람(Misanthrope)'의 원형이며 따라서 하나의 바이올로그 – 인성의 영속적인 한 유형 – 이다.[88] 순교와 다른 기독교의 사건을 재현하는 드라마는 매우 고도한 사실성을 가지고 상연되었다.[89]

---

[85] Schmidt, *La Société Civile dans le Monde Romain*, 98.
[86] *Théâtre Sérieux du Moyen Age*, 13 note.
[87] D'Ancona, I, 372.
[88] Klein, *Geschichte des Dramas*, III, 599, 638.

637. '미무스'와 기독교

'미무스'는 기독교에 대한 전쟁을 개시했다. 기독교는 인기가 없었고 혐오의 대상이었다. 기독교는 당시 사회의 모레스에 대항하여 등장했다. 그것은 청교도, 퀘이커교도, 모르몬교도 그리고 기독교 과학자[90]가 조롱받은 것과 똑같은 이유로 조롱받았다. 그것은 유대인들의 비대중성을 공유했다. 유대인들은 탁월성의 고독, 배타적인 신의 은총, 전 세계에서 번성할 권리 등을 주장하면서 이교도의 세계로 나아갔다. 이교도에게 기독교인들은 아무것도 아닌 일에 큰 수선을 떠는 것으로 보였다. '미무스'는 대중의 감정을 파악했고 또 그것을 표현했다. 기독교인들은 어릿광대나 숙맥이 되었다. 기독교의 전례는 희화화되고 조롱받았다. 순교가 무대에서 재현되었는데, 순교자들은 어릿광대였다. 이교도 신들은 지난 수백 년 동안 그래왔듯이 희화화되는 대신 오히려 '미무스'의 보호를 받게 되었다. 이러한 조롱은 교회가 대중의 모욕에 맞서 국가의 보호를 얻었을 때인 4세기 말 이전까지는 횡행했다. 그러나 (국가의 보호를 받는 대신) 기독교는 이교적인 모레스의 지배 아래 놓이게 되었다. 5세기의 위대한 성직자들은 연극을 격하게 비난했다. 연극이 교회를 모욕했기 때문이 아니라 연극이 기독교적 모레스에 미치는 영향 때문이었다. 연극은 사실 교회에 대해 아무 소리도 할 수 없었다. 크리소스토무스(Chrysostom)는 '미무스'에 나오는 여배우의 행동거지 때문에, 즉 잘못된 헤어스타일, 분장, 노출된 몸, 노출된 머리, 멜로디, 거친 말, 제스처, 분쟁, 간통이나 다른 성적 악행에 대한 묘사 때문에,

---

[89] D'Ancona, I, 372.
[90] (옮긴이 주) 기독교 과학(Crhistian Science)은 메리 베이커 에디(Mary Baker Eddy, 1821~1910)가 1866년부터 발전시킨 학설의 명칭이다.

그리고 연극이 음모와 유혹의 학교였기 때문에 연극을 탄핵했다. 이것은 연극에 대한 교회의 태도로 되었다.[91]

638. 대중적인 환상

대중은 삶을 사실적으로 재현한 것을 보고 싶어 하고 또 자신의 우위에 있는 듯이 보이는 교양계급을 조롱하는 연극을 보고 싶어 한다. 그럼에도 그들은 또한 환상적인 장면과 현실의 한계를 배제하고 상상적인 행운과 즐거움이 재현된 막(幕)을 사랑한다. 예를 들면 마술적인 변신, 요정이야기 그리고 은총의 영역이 재현되어 있는 막을 좋아한다. 사실주의와 환상이라는 양극단이 민속 드라마에서 만난다. 5세기 이후 사회적 퇴락과 상실의 감각을 대중은 강하게 느꼈다. 세계가 잘못되고 있음이 느껴졌다. 삶에 대한 경멸이 나타났다.[92] 이교적인 사회는 권태로웠다. "그 사회는 웃음을 원했고 몰락을 앞둔 최후의 시간을 즐겁게 만들 게임과 춤을 원했다."[93] 살비아누스는 로마 세계가 웃으면서 죽어갔다고 말한다.[94]

639. 사악한 유희가 일으킨 효과

사악한 오락은 온갖 사악한 정열을 자극했다. 흥분, 관능, 경박 그리

---

[91] Reich, 80, 93, 95, 107, 117.
[92] Schmidt, *La Société Civile dans le Monde Romain*, 113.
[93] 위의 책, 101.
[94] *De Gubernatione Dei*, VII.

고 비열은 함께 간다. 레키(Lecky)[95]는 마리우스(Marius) 시대와 베스파시아누스(Vespasian) 시대 로마인의 행동을 대조한다. 전자는 마리우스가 활짝 열어 놓은 반대파의 집을 약탈하기를 거부했다. 반면 후자는 로마의 거리에서 베스파시아누스가 비텔리우스(Vitellius)와 벌인 전쟁의 재미와 약탈을 즐겼다. "제국의 도덕적 조건은 사실 어떤 점에서는 기록된 것 중에서 가장 섬뜩한 것 중 하나이다."

640. 검투사 경기

기원전 3세기 로마의 모레스(본서 624절)는 검투사 경기를 로마 민족의 천재성에 맞는 어떤 것이라고 간주했다. 그리고 로마인들은 정복과 약탈로 부와 권력 그리고 수많은 전쟁 포로를 얻었기에 그런 격투기 스포츠를 고도로 발전시켰다. 그리고 이 스포츠는 다시 모레스에 영향을 미쳤고 로마인들을 더 잔인하고, 방탕하고, 소심하게 만들었다. 이전에 달성한 정도의 쾌락을 만들어내려면 점점 더 과장된 발명이 이루어져야 했다. 로마인들은 인간에 대한 것이든 동물에 대한 것이든 모든 고문을 좋아했고 이와 연관해 엄청난 창의성을 발휘했다. 아이들은 아이들대로 동물과 곤충을 고문하기를 즐겼다. 때로는 이들에게 짐을 끌게 하고 때로는 닭이나 새들을 서로 싸우게 만들면서 말이다. 그들은 고통과 유혈을 즐겨 보려고 했으며, 거기서 가장 커다란 즐거움을 느꼈다.[96] 네로 시대에는 여자들도 경기장에서 싸웠다. 이것은 세베루스

---

[95] *History of European Morals from Augustus to Charlemagne*, I, 264.
[96] Grupp, *Kulturgeschichte der Römischen Kaiserzeit*, I, 200.

(Severus) 시대에는 금지되었다. 아마도 네로 시대인 것으로 추정되는데, 한 법률은 노예주에게 자신의 노예 중에서 동물과 싸울 자를 바칠 것을 요구한다. 로마 황제 하드리아누스는 노예를 검투사로 파는 행위를 금지했다. 마르쿠스 아우렐리우스는 범죄자를 검투사로 만드는 일을 금지하고 또 검투사 경기를 제한하려고 시도했다. 검투사 경기는 너무나 인기가 있었다.[97] 따라서 오락과 모레스는 서로에게 반작용하면서 사회적인 타락을 일으켰다. '옳음'의 사회적 기준 전체는 도덕적 타락과 더불어 하락하고, 어떤 단계에서도 대중은 당대의 관습이나 전통에 속하는 것과 관련하여 부끄러움이나 죄책감을 갖지 않는다. 사실과 기준 사이의 대조는 없다. 4~5세기 위대한 기독교 성직자들은 대중의 오락을 비난했고 기독교인을 그런 것에서 떼어놓으려고 시도했다. 그들은 배우들을 개종시키려 했고, 거짓으로 그런 것인 척 연기하는 일이 어떻게 교묘하게 인성을 타락시키는지 강조했다. 검투사들은 자신의 직업을 회개하고 포기하지 않는 한 세례를 받을 수 없었다.[98] 325년 콘스탄티누스는 검투사 싸움이 평화 시기에는 적절하지 않다며 금지했다. 그는 사형선고를 받은 범죄자를 경기장에서 싸우게 하는 일을 금지했다. 하지만 이 법률은 지켜지지 못했다.[99]

641. 교회와 관습 간의 타협

'마이우마(maiuma)'(5월에 테베레강에서 재미로 벌이는 가상 해전)가

---

[97] Magnin, *Origines*, 435.
[98] Schmidt, 251~253.
[99] 위의 책, 469.

금지된 것은 아마도 콘스탄티우스(Constance) 치하에서였다. 이 금지령은 테오도시우스도 다시 내렸다. 아르카디우스는 적절성이 지켜진다는 조건으로 그것을 다시 허용하려 했다. 그러나 적절성을 지키는 것은 불가능했다. 그는 모든 부적절한 공연을 금지했다. 테오도시우스는 집정관들에게, 가장 외설적이고 피로 얼룩진 부분이 나올 때인 정오 이후에는 공연을 보지 말라고 명령했다. 단 생일이나 취임일 같은 기념일만은 예외로 허용했다. 그는 또한 여배우가 얇은 옷과 보석을 쓰지 못하게 했고 기독교인이 배우가 되는 것을 금지했다. 레오 1세(461년 사망)는 기독교인 여자는 자유민이든 노예이든 여배우나 메레트릭스(meretrix)[100]가 되라고 강요받아서는 안 된다고 명령했다.[101] 살비아누스는 매우 강렬하고도 일반적인 용어로 5세기 후반 골 지방과 아프리카에서 있었던 대중 공연을 기술하고 있다.[102] 그의 말에 따르면 그 무대에서 상연되지 않은 범죄나 불법행위는 거의 없으며, 관객들은 한 인간이 살해되거나 잔인하게 고문당하는 것을 보기를 즐겼다. 동물을 찾아서 온 지구를 돌아다녔고 온갖 감각이 추잡한 것에 의해서 촉발되었다. 그럼에도 공연이 있는 날 교회는 텅 비었다. 우리가 보듯이 기독교인들은 그 당시 시대의 모레스 안에서 살았고, 이 모든 것은 수백 년의 전통이 있는 것이었다. 살비아누스와 다른 성직자들은 자신의 기준을 기독교 교리에서 도출했고 이 기준들은 당대의 모레스와는 거리가 멀었으므로 그들은 주목받지 못했다. 교회는 타협하지 않을 수 없었다. 교회는 자신의 주변에서 축제, 장터 그리고 게임을 개최하도록 허용했다. 교회는 행진, 횃불 그리고 꽃장식을 갖춘 이교적인 축제를 기독교적 축제와

---

[100] (옮긴이 주) 중세의 창녀를 가리키는 단어.
[101] 위의 책, 451, 466, 477.
[102] *De Gubernatione Dei*, VI, 10, 15, 38, 44~55.

관행으로 전환했다. 교회는 이시스(Isis), 미트라(Mithra) 그리고 키벨레(Cybele) 숭배에 포함된 매력적인 것들을 차용했고, 그들이 전례에 사용한 모든 암시적 도구를 채택했다. 위대한 성직자들은 이 정책에 의견이 갈렸다. 아우구스티누스는 자신의 권한이 허용하는 한, 교회에서 노래하고 춤추고 마시는 축제에 종지부를 찍었다. 비록 그 축제들이 매우 인기가 높았음에도 순교자들을 기리고자 그렇게 한 것이다.[103] 그는 당대의 공연에 포함된 꼴불견에 진지한 반론을 제기했다.[104] "특히 이교의 신들을 찬양하는 축제에서 그리고 민간의 경축 행사에서 고대의 종교적 관행이 새롭게 나타났는데, 종종 그것은 뻔뻔한 비도덕성으로 타락하면서 민간의 관행을 여전히 보호한다. 애국자, 철학자, 회의주의자 그리고 신앙심 있는 사람은 그러한 고대의 종교적 관행과 타협해야 한다. 왜냐하면 그들은 사실상 이 관행에서 진정으로 벗어나지는 못하고 있으며 또 이 관행들이 사회를 위해 행하는 것을 대체할 더 나은 어떤 것을 전혀 모르기 때문이다."[105] 따라서 철학자, 애국자, 회의주의자 그리고 신앙심 있는 사람은 언제나 고대와 현재의 모레스와 타협을 해야 한다. 살비아누스[106]는 빈곤이 거대한 공연들을 끝냈다고 말한다. 모든 종류의 오래된 오락에 종지부를 찍은 것은 점증하는 가난과 불행이었다. 교회나 기독교가 아니었다. 기독교 전례와 축제만이 살아남았다. 현대 스페인의 투우는 아마도 오래된 경기장 스포츠가 살아남아 전해진 것이다. 투우는 14세기에 이탈리아에 도입되었다. 15세기에 그것은 일반적이었다. 아라고네스(Aragonese)는 투우를 나폴리에 소개했고, 보르

---

[103] McCabe, *St. Augustine and his Age*, 238.
[104] *De Civitas Dei*, II, 27.
[105] Harnack, *Dogmengeschichte*, I, 116.
[106] *De Gubernatione Dei*, VI, 42.

자(Borgias)는 로마에 소개했다.[107] 19세기 초 인도의 어떤 축제에서 일종의 검투사 공연이 있었다는 얘기도 들린다.[108] 검투사는 일본에도 있었고,[109] 멕시코에도 있었다.[110]

642. '칸티카(cantica)'

로마의 드라마는 설명적인 음송(吟誦) 즉 '칸티카'를 지닌 무언극으로 전승되었다. 7세기에서 10세기까지 대화체가 있는 드라마는 별로 없었다. 몇몇 성서의 내용을 다룬 서사, 성자의 전설 그리고 세속적인 저술이 이 시기에서 전해온다. 이것들이 아마도 '칸티카'이고, 장터나 교회 입구에서 행한 무언극과 결합되었을 것이다.

643. 게임[111]에 대한 열정

게임이 쇠락한 것은 분명 유희에 대한 취향이 쇠퇴한 때문은 아니었다. 5세기에 반달족이 카르타고를 함락하고 있었을 때, "카르타고 교회는 게임에 미쳐 있었"으며 전쟁에서 죽어가는 사람들의 비명은 게임에

---

[107] Gregorovius, *Lucrezia Borgia*, 220.
[108] Dubois, *Mœurs de l'Inde*, II, 331.
[109] JAI, XII, 222.
[110] Bancroft, *Native Races of the Pacific Coast*, II, 305.
[111] (옮긴이 주) 원문에 'games'로 나와 있다. 복수로 쓰였을 때, 게임은 특히 고대 그리스와 로마의 경기, 경연, 격투기 대회 등을 의미한다. 여기서도 이런 의미로 사용되었다.

서 환호하는 관람자들의 외침 소리와 혼동되었다. 트레베스(Treves)의 지도적 인사들은 야만족이 도시에 침입했을 때도 축제에 대한 사랑을 충족하는 데 여념이 없었다.[112] 안티오크 사람들은 기원후 265년 페르시아가 급습했을 때 극장에 있었다.[113]

644. 게르만의 스포츠

게르만 민족 사이에서 초창기부터 대중적 인기를 끈 오락은 몸짓과 손짓으로 하는 무언극, 동물 가면을 쓰고 하는 무언극, 어릿광대들이 벌이는 난장판 등이었다. 1월의 첫 12일 동안에 벌이는 홀다(Holda) 또는 페르흐타(Berchta)[114] 축제는 이런 스포츠를 위한 특별한 시기였다. 6세기부터 겨울과 봄의 싸움(strife of winter and spring)이라는 무언극도 생겼다.[115]

645. 3세기부터 8세기까지의 '미무스'

문화 드라마가 외면당하게 되었을 때 '미무스'가 이 영역을 독점했다. 문화 드라마는 우리가 이미 보았듯이 '미무스' 위에 세워졌으며,

---

[112] Salvianus, *De Gubernatione Dei*, VI, 69, 71, 77.
[113] Ammianus Marcellinus, XXIII, v, 3.
[114] (옮긴이 주) Perchta라고도 불리는 전설 속의 등장인물로서 여성이다. 페르흐타는 게으름을 피우거나 축제음식 예절을 어긴 사람을 벌한다. 벌은 단순한 악몽으로부터 배를 가르는 데까지 다양하다. 배를 갈라 죄인의 배에 돌을 채운 다음 우물에 빠뜨린다. Holle라고도 불린다.
[115] Grimm, *Teutonic Mythology*, 166, 440.

평화롭고 번영하는 사회에서만 유지될 수 있는 고급 생산물의 특성이 있었다. 그런 사회에서는 다른 문학적 예술적 산물들도 고급이었다. 사회의 활력이 사라지면서 가장 고급한 생산물들은 가장 먼저 사라진다. 그러나 번영기에는 천시되고 단지 대중을 즐겁게 할 뿐이었던 저급하고 천박한 '미무스'는 존속했다. 3세기에서 5세기에 '미무스'는 로마 세계 전역에 존재했고 매우 인기가 높았다. 5세기에 그것은 라벤나(Ravenna)[116]에서 꽃을 피웠고 아마도 동로마 제국의 '미무스'와 똑같은 형태로 나중까지 계속되었다. 이탈리아에서 '미무스'는 6세기까지 거슬러 올라갈 수 있다. 그 이전의 '미무스'의 존재는 불분명하다. 7세기에 연극은 과거의 것이었다. 하지만 '미무스'는 여전히 존재했다. 샤를마뉴 대제 시대 금욕주의자들은 '미무스'를 거부했고 더 나아가 그것을 금지하는 법안을 만들었다. 그러나 법률은 효과가 없었다. 성직자들은 '미무스'를 좋아했다. 그것은 비천한 신분에 속한 순회악단의 손에 놓여 있었다. 그리고 전반적인 쇠퇴와 더불어 조악해졌다. 모든 궁정 축제는 축제 분위기를 띄우는 데 '미무스'가 필요했다.[117]

646. 동방(Orient)에서의 연극

무함마드의 문헌에는 연극이 없다. 동방에는 아마도 독창적인 연극이 없는 듯하다.[118] '미무스'는 5세기의 재난을 거쳐서 서방에서는 쇠퇴

---

[116] (옮긴이 주) 북부 이탈리아의 도시. 402년부터 서로마가 멸망한 476년까지 서로마제국의 수도였다. 오늘날 라벤나는 후기 로마와 비잔틴 건축을 잘 간직하고 있는 도시로 유명하며 유네스코 세계 유적 8개를 보유하고 있다.

[117] Reich, *Der Mimus*, 785~810.

했다. 그러나 비잔틴 제국에서는 터키 침공 때까지 존속했다. 따라서 현대의 연극과 고대의 연극 사이에 어떤 역사적 연관이 존재한다면, 그것은 비잔틴을 통해서 이루어졌음이 틀림없다.[119] 비잔틴 배우들은 황제의 면전과 궁정에서 어떤 전통적인 행동의 자유가 있었다. 이러한 자유는 적지 않은 사회적, 정치적 가치를 지녔다.[120]

647. 인형극

인형극(marionettes)은 크세노폰의 『향연』에서 이미 언급된다. 인형극은 더 고대적인 원천에서 나왔다. 꼭두각시 연극은 합법적인 연극과 드라마를 희화화하는 수단으로 사용되었다. 그것은 터키에 전해지면서 인형 그림자 연극으로 변형되었다. 그러나 이 연극의 주인공인 카라괴즈(Karagöz)는 모양, 성격 그리고 행동에 있어서 펀치와 동일하다. 이 인형극은 동방 세계 전체로 퍼져 나갔다. 레인(Lane)[121]은 19세기 전반 이집트의 경우 이 인형극은 매우 천박했다고 말한다. 라이히[122]는 한 상스러운 그림자 연극을 기술한다. 그림자 연극 중 특별한 형태로는 자바에서 발전한 '와장-포에르바(wajang-poerva)'[123]가 있는데, '팡탱(pantin)'[124] 유

---

[118] 위의 책, 622.
[119] 위의 책, 48, 133.
[120] 위의 책, 191.
[121] Lane, *Modern Egyptians*, II, 125.
[122] *Der Mimus*, 656.
[123] (옮긴이 주) wajang은 원래 말레이어로 인형이나 댄서가 나오는 극적인 형태의 공연을 뜻한다. 중국, 말레이시아 등 남아시아지역에 퍼져있었다. 인도의 그림자 연극의 요소들이 포함되어 있다.

형의 인형들이 나오고 줄과 손잡이로 작동한다. 이 유희는 자바에서 매우 대중적이며 그들의 모레스를 잘 대변한다. 이러한 동방적 형태의 '미무스'가 그리스-로마 세계에서 유래했는지는 불확실하다. '미무스'는 매우 독창적이고 자생적으로 성장하기 때문에 차용할 필요가 없다.

648. 인도에서의 연극

기독교 시대 초창기 무렵 인도에서는 고급한 연극의 발전이 이루어졌다. 『진흙 마차(아이의 장난감)』라고 불리는 연극은 삶을 예술적으로 재현하는 데서 사실적이며, 생생하고, 셰익스피어를 연상시키는 위대한 문학적 성취를 보여준다고 기술된다.[125] 그런 특성이 있는 모든 연극은 반드시 모레스 안에 있고 또 모레스에서 유래하기 마련이다. 『진흙 마차』이야기는 가장 고귀한 신분에 속하는 한 브라만에 관한 것이다. 그는 그를 열렬히 사모하는 한 궁녀와 결혼했다. 궁녀는 브라만의 아들에게 그가 직접 만든 진흙 마차 대신에 금으로 된 마차를 준다. 이 연극의 이름은 이 사소한 사건에서 유래한다. 한 사악하고 허영에 빠진 어리석은 왕자가 개입한다. 그는 바이올로그로서 또는 영속적인 인성 유형으로서 간주된다. 현대의 힌두 연극은 상연하려면 온밤을 지새워야 한다. 그 드라마들은 신들과 다른 신화적 이야기의 사랑과 다툼을 재현한다. "배우들은 그들이 대표하는 신격을 모방하여 의상을 입고 분장을

---

[124] (옮긴이 주) 여러 조각의 종이나 판자를 실로 연결하여 만들어 팔다리를 활발하게 움직이며 점프하는 동작을 보여주는 인형을 가리키는 프랑스어. 영어로는 Jumping-Jack이라고 한다.
[125] Klein, *Geschichte des Dramas*, III, 84.

한다. 종종 대화는 감각적이며 외설적인 암시를 통해 흥미롭게 된다. 막간에는 여자 옷을 입은 소년들이 가장 상스러운 춤사위로 춤을 춘다. 내가 본 가장 최악의 춤은 어떤 이미지 앞에서 종교적 축제를 축하하는 일의 일부로 나온 춤이었다. 남자, 여자, 아이들로 된 군중은 밤새도록 그것을 지켜보며 앉아 있었다."[126] 라마(Ram)의 이야기도 북인도에서 무언극으로 상연되었다.『라마야나』[127]의 텍스트는 수많은 사람들에 의해 낭독되고 또 여러 날에 걸쳐 상연된다. 그 사람들은 이곳저곳으로 장소를 옮겨 다니며, 아주 느슨한 계획에 따라, 도시에서는 도시의 사건을, 숲에서는 숲의 사건을, 연못에서는 보트에 얽힌 이야기를 그리고 넓은 평원에서는 전쟁이나 전투에 얽힌 이야기를 연기한다.[128]

649. 서양에서의 펀치[129]

펀치(Punch)는 15세기에 이탈리아에 들어왔다.[130] 프랑스에서 발전한 폴리치네유(Polichinelle)는 분명히 프랑스적 특색을 지닌다. 그 모델은 헨리 4세이다. 구부정한 자세는 프랑스 '장난광대극(badin-es-farces)'의 매우 오래된 흔적이다. "폴리치네유는 내가 보기에 순수하게 민족적(프랑스

---

[126] Wilkins, *Modern Hinduism*, 225.
[127] (옮긴이 주)『라마야나』는 인도의 가장 유명한 서사시인 마하바라타 다음으로 잘 알려진 인도 민족서사시이다.『라마야나』는 마하바라타와 달리 작가가 있는 작품이다. 최초의 저자는 Valkimi라는 사람으로 알려져 있다. 정확한 저술 시기는 알려져 있지 않지만 대체로 기원전 4세기에서 2세기경으로 추정된다.
[128] *Globus*, LXXXVII, 60.
[129] (옮긴이 주) 유럽 인형극의 뚱뚱하고 우스꽝스럽고 장난스러운 등장인물. 피에로의 역할을 한다.
[130] Reich, *Der Mimus*, 669, 673, 676.

적)인 유형인 것 같다. 그리고 프랑스적 상상력에서 나온 가장 자생적이고 명랑한 창작물 중 하나인 것 같다."[131] 펀치와 주디라는 인형극은 서유럽에서 엄청난 인기를 누렸다. 파우스트 전설도 인형극에 의해 발전했다.[132] 예술의 발전과 더불어 사람들은 점점 섬세해졌다. 인형극은 어린이나 우직한 농촌사람들 앞에서 상연하게 되었다. 그것은 모레스가 개선되었기 때문이 아니라, 사람들에게 좀 더 정교한 오락거리가 제공되었고 인형은 시시해졌기 때문이다. 펀치는 이제 단지 그의 오랜 연륜 덕분에 관례적으로 관용되는 불량배이고 범죄자이다. 그는 현대의 모레스 안에 존재하지 않으며 미국에서는 거의 알려져 있지 않다. 일반적으로는 남유럽에서 인기가 있다. 시칠리아 사람들에게 "인형극은 책이면서 동시에 그림이며 시이자 연극이다. 그것은 가르치는 동시에 즐겁게 한다."[133] 그렇다면 인형극은 여전히 지난 3천 년 동안 그랬던 바 바로 그것이다.

650. 연극에 대한 교회의 저항

692년 콘스탄티노플에 있는 트룰로(Trullo) 궁전에서 열린 공의회[134]는 성직자가 경마나 연극 공연에 참석하거나 연극이 시작된 후까지 결혼식장에 머무는 것을 금지하고 또 무언극, 동물 싸움, 연극적 무도회, 이교적 축제, 판(Pan)에 대한 숭배, 바쿠스적인 전례, 여성들의 대중적인

---

[131] Magnin, *Marionettes*, 121~122.
[132] 위의 책, 343.
[133] Alec-Tweedie, *Sunny Sicily*, 173과 Chap. XI.
[134] Hefele, *Conciliengeschichte*, III, 304.

무도회, 여장한 남자 또는 남장한 여자의 출연, 희극적, 비극적 또는 풍자적인 가면의 사용 등을 금하는 교회법을 제정했다. 모든 디오니소스적 전례는 훨씬 전에 금지되었다. 위의 법규는 그런 전례가 여전히 지켜지고 있었음을 증명한다. 이러한 교회의 규칙과 법은 모레스를 대변하지 않으며, 또한 콘스탄티노플의 모레스를 결코 지배한 적이 없다. 그것은 7세기 말에 모레스가 무엇이었는지 증언할 뿐이다. 그리고 그것은 이교와의 타협에 의해 수용된 용례들을 정화하려는 시도였다. 6세기 서양에서 교회에서의 춤은 종종 금지되었다. 8~9세기에 중시된 사상 내용은 단지 자연에 대한 환상적인 관념, 천국과 지옥, 역사, 초자연적인 동인 등이었고, 성직자들은 이러한 관념을 가르치는 데만 관심이 있었다. 외면적인 행동은 정신적인 개념이나 이야기와 밀접하게 대응했다. 샤를마뉴 대제 시대부터 무언극, 타블로(tableaux)[135] 등은 성서의 이야기와 예수의 부활과 승천 등을 주제로 삼았다. 그 시대의 모레스는 이러한 재현 양식을 장악했고, 거기에 방법과 색채를 부여했다. 그 시대의 모든 천박함, 미신 그리고 조악한 취향이 거기에 포함되었다. 사탄과 그의 사신(邪神)들은 사실적으로 재현되었고, 대중은 추측하건대 성직자들에게 매우 공격적인 방식으로 조롱당했다.[136] 그것은 한정된 시간과 장소에서 통용되는 관례성의 또 다른 사례이다. 신부 중 일부는 분명 오락을 즐겼다. 다른 신부들은 오래된 전통적인 것을 관용해야 했다. 민속 연극은 해학극, 패러디, 풍자로서 부활했다. 성서 이야기 속 나쁜 인물(파라오, 유다, 카이아파스,[137] 유대인들)은 모두 이러한 흥미

---

[135] (옮긴이 주) 무대 위의 등장인물이 모두 꼼짝하지 않고 서 있는 형태의 공연예술을 말한다. 공연이 시작되면 여러 방향에서 등장인물들이 나와 포즈를 취하면서 무대가 완성되어 가는 방식으로 진행된다.
[136] Scherr, *Deutsche Frauenwelt*, I, 245.

를 충족했다. 위대하고 선한 척하는 모든 개인과 제도(성직자, 귀족, 군인, 여성)는 그렇게 도발적인 풍자 거리는 아니었다. 종교적인 관념을 보여주려 도입된 연극은 또한 다른 관념들을 설명하는 데도 사용되었다(사회적, 정치적 관념, 도시 간 경합, 계층 갈등). "바보들의 미사"는 우스꽝스러운 음악과 예복 그리고 익살스러운 예식으로 미사를 완전히 패러디한 것이었다. "죄 없는 자들의 미사"에서는 아이들이 어른을 대신하여 미사를 패러디하여 집전했다. "나귀의 축제"에서는 나귀 한 마리를 교회로 끌고 와 그것을 경배하는 시늉을 한다. 이 마지막 것은 외설, 상스러움, 무질서로 타락했다. 이에 대항한 교황의 칙서와 칙령도 아무 소용이 없었다. 그것은 긴장에서 벗어나는 기회로서 인기가 있었다.[138] 그것은 요란한 야단법석과 휴식과 이완의 기회였던 고대 로마의 사투르날리아(농신제)의 기능을 이어받았다. 성직자들은 이러한 분출 기회를 관용했는데, 아마도 이러한 휴식과 이완 없이는 교회의 방침이 엄격하게 지켜질 수 없음을 알았기 때문일 것이다. 11세기부터 성직자들은 어떤 자동인형에도 반대했다. 그들은 그런 인형을 제작하는 일을 성인이나 다른 것들을 되살려내려는 시도로서 해석했다. 또한 거기에 사용된 기술은 그들이 보기에 마법처럼 보였다.[139] "자신의 법규에 모든 종류의 연극, 배우 그리고 관객들에 대한 엄격하고 단호한 비판을 포함하지 않은 교회 평의회는 없었다. 세계적 차원에서든, 일국적 차원에서든 교구의 차원에서든 말이다."[140] 이것이 연극에 대한 교

---

[137] (옮긴이 주) Caiaphas. 신약성서에 등장하는 유대교의 고위 성직자로서 예수를 살해하려는 음모를 꾸민 장본인이다.
[138] Lenient, *La Satire en France au Moyen Age*, 422; Du Cange, "Festum Asinorum" 항목.
[139] Magnin, *Marionettes*, 58.
[140] D'Ancona, *Le Origini del Teatro in Italia*, I, 12.

회의 정통적인 태도가 되었다. 10세기까지는 성직자와 사람들이 연극 공연에 참석하는 데 불평이 있었다. 그 후에는 그런 불평이 잦아들었는데, 왜냐하면 교회 예식이 더 흥미롭고 또 더 잘 수행되었기 때문이다.[141] 기독교 연극은 9세기와 12세기 사이에 그 신성한 발전의 정점에 도달했다.[142]

651. 흐로츠비타(Hrotsvitha) 수녀

클라인(Klein)[143]은 『슈도-퀘롤루스』 이후 연극 창작 분야에서 중요한 문학적 작업으로서 수녀인 흐로츠비타[144]의 작품을 제시한다. 그녀는 10세기에 라틴어로 된 6개의 희극을 썼다. 이것들은 테렌스(Terence)를 모방한 것인데, 그녀의 목적은 사랑에 대한 수도원의 관념이 세속적인 이론보다 우월하며, 종교적 열정이 성적인 열정보다 우월함을 보여주는 것이었다. 서론에서 그녀는 성적 열정에 대한 사실적인 묘사에 양해를 구하면서, 그것은 자신의 희곡에 암시된 주장을 논증하는 데 필수적이라고 말한다. 그녀는 신을 등장인물로 도입하고, 그녀가 도달하기를 원하는 대단원을 이끌어내고자 기적을 도입한다. 중세의 드라마에서는 당시의 교리가 요구한 도덕적 결과에 도달하기 위해 기적을 도입하는 것이 관습이 되었다.[145] 상황과 줄거리는 일반적으로 전혀 교화적이지

---

[141] 위의 책, I, 19.
[142] Magnin, *Origines du Théâtre Moderne*, XXV.
[143] *Geschichte des Dramas*, III, 646.
[144] (옮긴이 주) 약 935년에서 973년까지 생존했을 것으로 추정되는 중세 초의 수녀이자 작가이며, 독일 최초의 여성 시인으로 간주된다. 그는 영적인 글과 역사적인 이야기를 저술했으며 고대 이래의 중단되었던 연극을 되살리는 데 기여했다.

않았다. 우리의 취향에서 보면 그 연극들은 수녀들 앞에서 수녀들이 공연하기에는 전혀 적당하지 않았다.

652. 장글러, 행진

11세기에 수도원과 성당들이 건설되었다. 11세기 초 교회의 바실리카[146]는 라틴 기독교 세계 전체에 걸쳐 수리되었다.[147] 12세기의 장글러는 인기 있는 음유시인들이었다. "시인, 협잡꾼, 악사, 의사, 동물 쇼 진행자 그리고 어느 정도는 점쟁이이자 마술사로서 장글러는 또한 장터의 연설가이기도 하다. 그는 대중에게 노래를 불러주고 2행 연구(聯句)의 시를 낭송했으며 대중은 그를 열렬히 좋아했다. 도덕적이며 정치적인 문제, 치통, 경건한 신앙심을 담은 전설, 신부와 귀부인과 기사의 추문에 관한 이야기, 선술집의 가십 그리고 성지(Holy Land)에서 온 새 소식은 모두 그의 영역에 속했다."[148] 12세기 중엽 교회에서 – 특히 연극에서 – 통속적인 언어가 라틴어를 대체하기 시작했다.[149] 행진은 중세와 르네상스에서 세속적이고 종교적인 화려함을 과시하고자 즐겨 이루어졌고 용례가 되었다. 의상, 깃발, 아치(arch)가 장관을 연출했고 모든

---

[145] Magnin, *Théâtre de Hrotsvitha*.
[146] (옮긴이 주) 원래 왕궁을 의미하는 그리스어 '바실리케'에서 왔다. 로마 시대의 법정이나 집회장의 건물구조를 가리키는데, 이 건물 구조가 교회의 건물구조로 전승되었다. 우리가 중세의 성당에서 흔히 보듯이 제대를 중심으로 긴 회랑과 기둥들이 서 있는 구조 또는 그 부분을 바실리카라고 한다.
[147] Lintilhac, *Théâtre Sérieux du Moyen Age*, 18.
[148] Lenient, *La Satire en France au Moyen Age*, 23.
[149] Lintilhac, *Théâtre Sérieux du Moyen Age*, 34.

것은 연극적인 특성을 띠었다. 왜냐하면 성자의 축일이나 다른 기회에서 그 공연은 성자의 이야기나 왕과 주권자의 승전을 기념하는 두 번째 의미가 있었기 때문이다. 이 두 번째 의미는 연극적인 방식으로 명확히 제시되거나, 일반적으로는 적어도 암시가 되었다. 거리에서의 타블로와 극적인 무언극은 행진과 결합했다. 기독교의 역사적 사건 및 신화적 주제가 그렇게 재현되었다. 모든 계층이 이러한 행사와 축전에 협력했다. 일류 시인과 예술가들이 도움을 주었다. 이러한 행사가 연극 발전에 기여했음은 분명하다. 현대에 들어서 행진에 대한 취향은 사라졌고, 적어도 교양 있는 계층이라면 거기에 참여하지 않는다. 그러나 도시민 전체가 그들이 함께 좋아하는 어떤 것을 표현하고 보여주는 일에 참여했을 때, 그 사회적 효과는 거대했다. 그리고 전체 진행 과정이 연극적인 취향과 힘을 강화했다. 이탈리아에서 노래와 춤을 곁들인 무언극 또는 발레는 행진에서 유래했다.[150] 교회는 성서의 사건에 대한 재현을 공연할 준비 작업을 정교하게 수행했다. 성 알반스 수도원 원장 고드프리(Godfrey, 1146년 사망)는 "그렇게 해서 나중에 기적이라고 불린" 성 카타리나의 삶에 대한 희곡을 썼다. 성모 영보의 장면(Annunciation)[151]은 1267년 베네치아의 성 마르코 성당에서 상연되었다. 독일에서 신비극은 13세기 말부터 부분적으로 독일어로 진행되었다.[152]

---

[150] Burckhardt, *Die Kultur der Renaissance in Italien*, 401.
[151] (옮긴이 주) 천사 가브리엘이 성모 마리아를 찾아와 성령으로 수태했음을 알리고 장차 예수의 어머니가 되리라는 사실을 전해주는 성서의 이야기, 그 장면 또는 그 장면을 기념하는 축일 등을 의미한다.
[152] D'Ancona, I, 62, 78, 86.

653. 할레의 아담

드 줄레비유(De Julleville)[153]는 할레의 아담(Adam de la Halle)을 시간적 측면에서 프랑스 최초의 희극 작가로 간주한다. 그는 1262년경 『화장실의 놀이』(Jeu de la Feuillee)』[154]를 썼다. 이것은 "희극이라기보다는 연극적인 풍자"로 여겨진다. 그것은 지역적, 개인적, 풍자적이며, 개연성에 별로 개의하지 않고 기적과 자의적인 허구를 포함하고 있다. 그것은 자기완결적이고 어떤 연속극의 제1편이 아니다. 희극과 육체적인 왜곡 사이의 연관이라는 관념은 이제 아주 확고히 확립되어서 아담은 전혀 꼽추가 아니었음에도 "아라스의 곱사등이(Humpback of Arras)"라고 불렸다.[155] 행위와 관념 사이의 연관은 모든 습속과 대중적 모레스에서 매우 중요했다. 1304년 피렌체 아르노강 배 위에서 악마(devil)들의 활동이 재현되었다. 그때 관객들이 서 있던 다리가 배 위 사람들의 머리 위로 무너져 내렸다. 그리고 "여러 사람이 진짜 지옥을 찾아 갔다"[156]는 말이 떠돌았다. 1313년 파리에서는 미남왕 필리프 4세(Philippe le Bel)의 아들들에게 기사 작위를 수여하는 축하 예식이 수행될 때 악마들이 영혼을 괴롭히는 모습으로서 재현되었다.[157]

---

[153] *La Comédie et les Mœurs en France au Moyen Age*, 19.
[154] (옮긴이 주) 이 작품은 프랑스 문학사 최초의 풍자적인 연극이었다. 아담은 이 연극에서 자기 자신 및 자기의 아버지와 아내 그리고 광인과 요정 그리고 아라스(Arras)의 여러 부유한 귀족을 무대에 올리고 악당들로 희화화했다.
[155] Magnin, *Marionettes*, 121.
[156] D'Ancona, I, 88.
[157] 위의 책, 89.

654. 채찍질 당하는 고행자

고행자들은 행진의 몇 장면을 담당했다. 그들은 자신의 생각을 전달하려고 스스로 채찍질을 하는 것은 말할 것도 없고 여러 가지 연극적인 장치를 사용했다. 그들은 교회 제도 외부에 있었다. 그들은 마치 현대의 신앙부흥 운동가처럼 자신의 죄와 절제에 대한 자신의 생각을 행동에 옮겼다. 그들은 14~15세기 내내 반복해서 등장했다. 그들은 선행과 은총 사이 연관이라는 원리가 증명되지 않았음을 만천하에 알리려 했다. 그리고 그것을 대체할 교리를 찾고자 했다. 그들의 번갈아가며 (antiphonal) 노래하는 방식은 나중에 대화로 변했고 13세기 말에는 마침내 드라마가 되었다.[158]

655. 연극 공연을 위한 교회당의 사용

피렌체에서 중세 연극은 교회나 교회 앞 거리의 광장에서 상연되었다. 나중에 이것은 모든 도시에서 관습처럼 되었다.[159] 교회가 대중의 공유된 재산이며 모든 공동의 이익을 위한 일반적 모임 장소라는 생각은 오래되었다. 교회의 봉헌식과 순교자 축일은 모든 사람에게 잔치였다. 단코나(D'Ancona)는 교회에서의 연극적 행사와 여성이 외설적인 노래를 부르고 춤추는 것을 비난하는 교회 평의회와 교황의 언명을 수집했다.[160] 거기에 사용된 언어는 노래, 몸짓, 행동 그리고 교회에서의 공

---

[158] 위의 책, 98~107.
[159] D'Ancona, *Le Origini del Teatro in Italia*, I, 344.

연과 연관된 함축들이 외설적이고 상스러웠음을 암시한다. 민중은 교회의 허용과 금지를 경험하면서 그것이 수미일관되지 않고 또 부적절하다는 것을 또렷이 알아차렸다. 이것이 풍자를 촉발했는데, 풍자는 중세 후기의 매우 강력한 특징이며 소극(笑劇)을 만들어냈다. 신비극과 도덕극은 한동안 즐거움을 주었지만 이윽고 지루한 것이 되었다. 소극은 처음에는 일종의 재미로 지루함을 달래기 위해 그리고 유희에 양념을 치기 위해 마치 고기에 소스를 넣어 풍미를 더하듯이 중간에 삽입된 것이었다. 소극은 일반적인 연극을 앞지르고 그 연극을 폐기할 정도로 성장했다. 민중은 더 많은 설교와 교훈을 원하지 않았고, 즐거움과 장난, 휴식, 생각 그리고 보살핌을 원했다. 풍자적인 흉내 내기, 희화, 익살극, 패러디는 당시의 허위와 성공한 계층의 위선에 대항하여 진리를 드러내고 또 명확히 제시했다. 어릿광대가 다시 전면에 등장하는데, 그것은 전승된 것이 아니라 합리적 유용성 때문에 그리된 것이었다. 15세기는 어릿광대에게 풍부한 소재를 제공했다. 그는 바보라서 책임에서 벗어났다. 이 역할 – 프랑스에서는 '바댕(badin)', 스페인에서는 '그라치오소(gracioso)', 이탈리아에서는 '알레퀴노(arlequino)', 독일에서는 '한스부어스트(Hanswurst)' – 은 고전적 희극에서의 익살꾼 '마쿠스'처럼 전형화되었다. 14세기 초부터 프랑스에서 '바조슈(basoche)'는 법을 공부하면서 법 절차를 놀려먹는 젊은 성직자이며 변호사였다. 이들에 대한 관용은 제한적이었다. 법조계는 이들의 풍자를 그리 곱게 보지 않았다. 14세기에 그들은 지나친 알레고리로 가득 찬 그러나 동시에 소극 때문에 약화된 도덕적 태도를 취했다. 15세기에 '앙팡 상 수시(Enfans sans Souci)'[161]는

---

[160] 위의 책, I, 47.
[161] (옮긴이 주) 샤를 6세 치하의 파리에서 주로 희극을 준비하고 무대에 올린 단체의 이름. 이 단체의 연극들은 나중에 가면서 지나치게 천박하고 무절제해져서

'희극(comediens)'의 또 다른 다양성을 보여주었다. 이 극단의 상징은 두 개의 뿔 혹은 나귀 귀가 달린 모자였다.[162] 성 루이(St. Louis)의 일생은 1517년 마르세유에서 타블로로 재연되었다.[163] 예수의 수난은 1539년 바오로 3세가 금지할 때까지 콜로세움(Coliseum)에서 재연되었다. 유대인에 대한 폭동이 이 공연 때문에 촉발되곤 했었다.[164]

656. 교회의 오용에 대한 항의

교회에서 진행되는 민속 드라마에 대해 성직자들의 반발과 항의는 항상 제기되었다고 할 수 있다. 1210년 인노켄티우스 3세는 성직자가 그런 공연을 하지 못하도록 금지했다. 그러자 종교적 단체들이 공개된 장터에서 그것을 상연하기 시작했다. 성탄절에 열리는 "바보들의 축제"는 원래 이교적인 축제를 비웃음거리로 만들기 위해 발명되었다. 더 이상 이교적인 것이 존재하지 않게 되자 그것은 극히 대중적인 소극으로 타락했다. 토마스 아퀴나스는 상스럽지만 않다면 '미무스'에 동의했다.[165] 1316년 보름스(Worms) 시노드(Synod)[166]는 교회에서의 연극을 금지했다. 그런 종류의 연극은 14세기에 최고의 완성에 도달한 듯하다.[167]

사회의 지탄을 받았고 1659년 해체되었다.
[162] Lenient, *La Satire en France au Moyen Age*, 324~340.
[163] Scherr, *Deutsche Frauenwelt*, II, 124.
[164] D'Ancona, I, 282.
[165] Summa, II, 2, qu. 168, art. 3.
[166] (옮긴이 주) Synod에 대한 확정된 번역어는 아직 없는 듯하다. 시노드는 '공의회(Council)'와 달리 교회 지도자들과 구성원들의 모임을 통해 교회공동체의 합의와 의사결정을 이루어나가는 중요한 전통을 가리킨다.

15세기에 이르러 그것은 비유적 등장인물이 나오는 '교훈극'으로 대체된다. 교훈극은 오랫동안 성행했고 비유에 대한 취향이 그 시대의 정신적인 유행을 특징지었다. 1440년 바젤(Basle) 공의회는 교회에서의 연극을 금지했다.[168]

657. 성직자들이 익살에 대해 보인 관용

교회 당국은 민속 연희가 성직자, 교회 그리고 종교에 하는 풍자에 큰 참을성을 보였다. 그들은 오직 '신앙'에 대한 공격에만 촉각을 세웠다. "우리가 생각하기에 교회의 권위에 완전히 억압당하던 시대에 교황, 주교단, 기사 그리고 천국과 지옥 같은 가장 존중되던 종교적 교리에 대항해서 그렇게 과감한 표현이 허용되었다는 사실에 우리는 놀랄 수밖에 없다."[169] 르냥(Lenient)[170]은 그 이유로서 교회와 국가 사이 분열과 파쟁 그리고 대중적인 시가에 대한 그 시대의 경멸을 든다. 15세기 프랑스에서 대중적 연극은 부자에 대한 빈자의 계층적 시기심을 표현했다. 신비극『욥(Job)』에서 '파스퇴르'는 이렇게 말한다. "귀족들은 모든 좋은 것을 가지고 있다. 가난한 사람들에게는 고통과 불운만이 있다. 누가 (그런 상태에 대해서) 화를 내지 않겠는가?" 라인강 연안의 수난극(passion plays)은 프랑스의 것을 모방했다. 14세기 수난극에는 15세기 프랑스 수난극에 있는 거친 농담과 추잡한 관심이 없었다. 거리의 대중

---

[167] von Schack, *Geschichte der Dramatische Literatur und Kunst in Spanien*, I, 35.
[168] Session XXI, 11절.
[169] Lenient, *La Satire en France au Moyen Age*, 29.
[170] (옮긴이 주) Charles Lenient. 19세기 후반에 활동한 프랑스의 저술가로서『프랑스의 풍자』등의 작품을 남겼다.

은 결코 처형의 공포 또는 장례식의 착 가라앉은 쾌활함에 싫증 내지 않았다. '숏(sot)'[171]은 15세기 말 『트로이의 수난(Passion de Troyes)』에서 처음 등장했고 오랫동안 인기를 누렸다.[172]

658. 허구적인 문학

인쇄가 보편화된 후 허구적인 문학은 급격하게 증가했다. 특히 이탈리아와 스페인에서 그러했다. 대화체의 이야기를 통해 그것은 연극으로 나아갔다. 15세기 말에 로하스(F. de Rojas)는 『칼리스토와 말리보(Calisto e Malibea)』라는 대화체 이야기를 썼다. 그것은 두 사람의 고뇌에 찬 연인을 다룬 이야기였다. 여주인공은 포주인 셀레스티나인데, 그녀는 두 연인이 난관을 해결하는 데 도움을 준다. 이 책은 일반적으로 이 여주인공 이름으로 지칭되었고, 그녀는 드라마와 허구에서 고정 인물이 되었다. 그러나 이 고귀한 포주는 문학의 인공적인 창작이고 따라서 결코 바이올로그가 될 수 없었다. 그 인물은 충분히 진실하지는 못했다. 또한 스페인 사람들은 신비극의 새로운 형태 즉 '아우토스 사크라멘탈레스(autos sacramentales)'[173]를 개발했다. 이 연극들은 성서의 사건을 재현했지만, 배역은 비유적인 인물들이 맡았다. 이 연극은 항상 성체축일 축제에서 오후에 광장에서 상연되었다. 그것은 종교는 아니라 해도 종교

---

[171] (옮긴이 주) 프랑스어로 '바보'를 뜻한다. sot이 주인공으로 등장하는 풍자극, 교훈극 등을 sottie라고 부른다. 이러한 바보가 주인공이 되는 풍자극을 주도한 것이 위에서 보았던 '앙팡 상 수시'였다.
[172] Lintilhac, *Théâtre Sérieux du Moyen Age*, 106, 123, 133, 167.
[173] (옮긴이 주) auto는 스페인어로서 법 또는 법령을 뜻한다. 스페인에서 생겨난 종교적인 연극 장르이지만, 영국의 교훈극의 특징들을 많이 지니고 있기도 한다.

성에 대한 사람들의 취향을 만족시켰다. 마키아벨리(1469~1527)는 『만드라고레(Mandragore)』라는 이야기를 썼는데, 당시에는 대중의 큰 인기를 끌었다. 파리에 사는 남자가 피렌체에 사는 한 아름다운 여인의 얘기를 듣는다. 그녀의 남편은 아이를 지독히 바라는 멍청이였다. 그는 부인에게 낯선 남자와 동침하라고 설득했다. 그녀와 애인은 지속적인 관계를 약속했다. 비비엔나(Bibbiena) 추기경은 16세기 초에 『칼란드라(Calandra)』라는 희극을 썼는데, 이는 위대한 작품으로 칭송되었다. 줄거리는 남녀 쌍둥이가 옷을 바꿔 입고 생기는 '착각 소동(quidproquos)'[174]으로 구성되었다. 많은 고전적 이야기가 소개되었다. 로페 드 베가(Lope de Vega, 1562~1635)는 아우토스(autos)와 희곡을 썼다. 그는 180개의 희곡, 400개의 아우토스 그리고 그 밖에도 많은 작품을 썼다. 모두 합치면 2억 천 개 시구가 된다고 한다.[175] 칼데론(Calderon, 1600~1681)도 같은 길을 걸었다. 하인인 어릿광대는 그 시대 어릿광대의 전형적 형태(time form)였다. 이 모든 작품은 다른 나라의 시인과 희곡작가에게 모델과 소재를 제공했다. 희극들은 언제나 길고 장황하고 일반적으로 지루하다. 그것들은 고정된 틀로 전개되며 복종해야만 하는 완고한 관습을 지닌다. 희극이 민습연구적(ethological) 가치를 갖는 경우는 드물다.

659. 악당 소설

"악당 소설(romance of roguery)"은 대중적 취향과 기준을 대변하는 대중

---

[174] (옮긴이 주) 라틴어로 '무엇에 대한 무엇'을 의미한다. 어떤 역할이나 의미가 서로 바뀌어서 벌어지는 스토리 전개를 의미한다.
[175] Zarate, *Literatura Española*, II, 308, 423, 451.

적인 드라마와 매우 유사했다. 소설은 그런 대중의 취향에서 나왔을 가능성이 크다.[176] 현명한 영웅은 모든 시대와 나라에서 매우 인기 있는 인물 유형이다. 그는 쉽사리 현명한 악당으로 전락하기도 한다. 악당은 서사시적 영웅에 대응하는 반(反)-영웅이다. 13세기 프랑스에는 "Eustache le Moine[177]라는 거친 악당이 실존했다. 그는 도둑과 해적으로서의 그의 삶과 행적을 서술하는 한 '소설'의 중심되는 영웅이 되었다."[178] 독일의 틸 오일렌슈피겔(Till Eulenspiegel)은 14세기 초반에 살았던 악당이었다. 그의 이름 아래 많은 일화가 축적되었고 마침내 그는 반-영웅이 되었다. 독일에는 피카레스크 소설의 모태라고 할 수 있는 대중적 설화가 있었다. 오일렌슈피겔에 관한 설화는 1519년에 비로소 하나의 일관된 서사로 만들어졌다. 헴멜라인(Hemmelein)은 14세기의 추하고 신랄한 독설이 장기인 어릿광대였다. 한스부어스트는 영리하게 행동하려고 애쓰지만 실수를 연발하는 15세기의 뚱뚱한 대식가였다. 네덜란드의 피켈헤링(Pickelhering)도 그와 똑같은 유형이었다.[179] 16세기 영국에서는 펀치가 변질되기 시작했다. 그는 "구악(舊惡)"의 역할을 떠맡고 점점 더 타락했으며, 대중적인 돈 주앙, 육체적 정신적인 불구자가 되었다.[180] 연극은 인기가 있었다. 인형극은 인형뿐이었고 성적인 것이 없었으므로 청교도들의 예봉을 피할 수 있었다.[181]

---

[176] Chandler, *Romances of Roguery*, 191.
[177] (옮긴이 주) 1170년에서 1217년까지 생존했던 프랑스의 유명한 상인이자 해적. 부르고뉴에서 출생했고, 원래의 이름은 Eustace Busket이다. 그의 이야기는 로빈 후드의 이야기로 이어졌다.
[178] 위의 책, 9.
[179] Magnin, *Marionettes*, 298.
[180] 위의 책, 255~265.
[181] 위의 책, 233.

660. 피카레스크 소설

피카레스크 소설은 사랑을 다루지 않고 가장 넓은 의미에서의 물질적 이득을 얻으려는 음모, 계략을 다룬다. 『라자릴로 드 토르메스(Lazarillo de Tormes)』는 이런 종류 소설의 첫 번째 작품으로 꼽힌다. 이것의 작가는 디에고 후르타도 데 멘도사(Diego Hurtado de Mendoza)이고 창작 시기는 1500년경인 것으로 알려져 있다. 이런 종류 소설 중 가장 잘 알려진 것은 『질 블라스(Gil Blas)』이다. 주인공은 기지로 목숨을 부지하며, 갖가지 산전수전을 겪으며, 또 많은 잔혹하지만 우스운 일을 행하고 또 겪는다. 퀘베도와 페레즈(Quevedo and Perez)에 관한 스페인 이야기는 거칠지만 결코 외설적이지 않다. 그러나 여성에 대한 관점은 저급하다. 즉 여성은 변덕스럽고, 천박하며, 허영심이 강하고 또 교활하다. 교회는 "극히 조심스럽게 다루어진다." 그러나 성직자는 영생, 위선 그리고 교활함 때문에 조롱받는다.

661. 거지의 책

피카레스크 소설 중에는 다양한 종류의 "거지의 책"이 있었다. 그중 하나는 영국의 사례인데 『방랑자들의 형제애(Freaternity of Vagabonds)』(1561년)라는 책이다. 중세의 사회적 삶의 방식은 방랑자, 거지, 추방자의 군단을 만들어냈다. 이들의 삶의 방식은 사악했고 범죄적인 영리함을 갈고 닦았다. 피카레스크 이야기는 이들의 삶의 방식을 예증한다.

662. 16세기 초

이사벨라 데스테(Isabella d'Este)는 1503년 페라라(Ferara)에서 상연한 한 연극에 대해 서술한다. 이 연극은 숨겨진 기계장치로 천사가 하늘에서 내려와 성모 마리아에게 '성 수태 고지'를 하는 장면을 재연했다. 또한 '모레스카(moresca)'[182]도 있었는데, 이것은 어릿광대와 동물들 그리고 치고받으며 싸우기 그리고 다른 어릿광대 놀이로 이루어진 발레 또는 무언극 춤(pantomime dance)이었다. 또 다른 주목할 만한 사건은 1504년 우르비노(Urbino)에서 상연된 "희극(comedy)"이다. 이 희극에서는 그 도시의 최근 사건, 예를 들면 루크레치아 보르자(Lucrezia Borgia)의 결혼, 체사레 보르자(Cesar Borgia)의 우르비노 정복, 알렉산데르 6세의 죽음, 우르비노 공작의 귀환 등이 재연되었다. 정말 드라마틱했던 자신의 최근 역사에 대해 이렇게 연극적 방법을 적용한 것은 예술적 표현 능력이 고도로 발전했음을 보여준다. 이것은 당시의 다른 예술에서도 똑같이 나타난다. 귀부인들은 그들에게 제공되는 예술작품의 적절성을 판단하고 비난하는 특권을 포기하지 않았다. 이사벨라는 『카사리아(Cassaria)』[183]가 "말할 수 없이 음란하고 비도덕적"이라고 선언했고, 자신의 형제와 루크레치아 보르자의 결혼식에서 이루어진 이 작품의 공연에 주변의 귀부인이 참석하는 것을 금지했다.[184] 16세기 프랑스에서는 고전 연극을

---

[182] (옮긴이 주) 스페인에서는 morisca, 프랑스에서는 mauresque라고 불리는 춤의 일종. 15세기에 가장 대중적이었던 춤이다. 초기의 형태에서는 기독교도와 회교도 간의 칼싸움을 흉내 내기도 했다.

[183] (옮긴이 주) 루도비코 아리오스토(Ludovico Ariosto)의 희극으로서 1508년 3월 5일 페라라의 궁정에서 초연되었다. 모국어인 이탈리아어로 쓰인 최초의 의미 있는 희극 작품으로 간주되며 그 후의 이탈리아 희극에 지대한 영향을 미쳤다.

[184] Gregorovius, *Isabella d'Este*, 212, 251, 255, 264; Burckhardt, *Die Kultur der*

모방한 작품들이 무대를 점령했다. 신교도들은 대중에게 영향력을 미치려고 드라마를 이용하려 했다.[185] 밀라노 대주교였던 성 카를로 보로메오(St. Charles Borromeo, 1538~1584)는 모든 종류의 공연에 대항해 전쟁을 벌였다. 그는 모든 공연이 상스럽다고 주장했다.[186]

663. 베네치아의 극장

이탈리아에서 만들어진 최초의 비극은 파도바 사람인 알베르티노 무사토(Abertino Mussato)가 14세기 초 라틴계 연극을 모방하여 쓴 것이었다. 주제는 파도바와 에첼리노 다 로마노(Ezzelino da Romano) 사이의 갈등이었다. 알베르티노의 작품은 모방되지 않았다. 왜냐하면 신비극이 15세기 말까지 무대를 점령하고 있었기 때문이다. 신비극은 도시의 공개된 장소에 설치된 무대에서 상연되었다. 베네치아에서는 '모마리아(momaria)'가 만들어졌다. 거기에는 연극적인 환상은 없었고 대신에 '생기', 쾌활 그리고 아이러니가 있었다. 모마리아는 결혼식이 끝난 후 피로연이 벌어지는 곳에서 영웅적 인물을 재현하기 시작했고, 결혼하는 쌍의 조상이 이룬 위대한 업적을 무한히 과장하고 또 재미있게 만들어서 이야기했다. 바로 거기서 '모마리아' 또는 '봄바리아(bombaria)'[187]라는 명칭을 갖게 되었던 것이다. '칼차(calza)'의 친구들[188]은 1400년부터 16세기까지

Renaissance in Italien, 316.
[185] De Julleville, *La Comédie et les Mœurs en France au Moyen Age*, 183, 331.
[186] Scherillo, *La Commedia del Arte*, Chap. VI.
[187] (옮긴이 주) 모마리아와 봄바리아는 활달하고 생기 있는 당시의 한 연극 형태에 대한 두 가지 이름이다.

베네치아의 모든 즐거운 회합에서 두각을 나타냈다. 그것은 라틴계 희극을 새롭게 만듦으로써 "축제의 정신과 좋은 취미를 교회에까지 확장했다." 연극 공연은 베네치아 사람들이 애호하는 오락이 되었고, 개인의 집뿐 아니라 수도원에서도 상연되었다. 후자의 경우 세속인은 관람하지 않았다.[189]

664. 춤, 대중적 스포츠

중세 초기부터 교회 당국은 춤을 인정하지 않았다. 그러나 사람들은 춤을 매우 좋아했고 포기하려 하지 않았다. 시와 로망스들은 춤 이야기로 가득 차 있다.[190] 독일에서 춤과 연관된 몇몇 용례는 매우 거칠었다. 남자는 파트너를 할 수 있는 한 멀리까지 힘껏 밀고 당겼다. 어떤 여인이 어떤 남자와 춤추기를 거부하면, 남자가 여자의 뺨을 때리는 일이 종종 있었다. 그것이 한도를 넘어선 행동인지는 논란이 있었다.[191] 카니발에서의 관계도 매우 거칠고 외설적이었다.[192] 모든 대중 스포츠는 거칠고 잔인했다. 약자를 괴롭히고 그들의 가엾은 노력을 지켜보는 일은 좋은 재밋거리로 생각된 듯하다. 새들을 활로 쏘아 죽이고 묶인 동물을

---

[188] (옮긴이 주) 15~16세기에 베네치아에 있었던 연극 연합회의 이름. calza는 이탈리아어로 양말, 스타킹을 뜻한다. 이 협회의 회원들은 특이한 양말을 신고 다니면서 축제나 게임들을 기획하고 조직했다. 가장행렬을 포함하는 모마리아는 이 협회가 주도했던 유명한 행사 중 하나이다.

[189] Molmenti, *Venezia nella Vita Privata*, 297~299.

[190] Lacroix, *Manners, Customs, and Dress during the Middle Ages and during the Renaissance Period*, 241.

[191] Angerstein, *Volkstänze*, 30.

[192] Schultz, *D. L.*, 414.

긴 고통을 주는 방식으로 괴롭혔다. 뉘른베르크에서 "고양이 기사(cat knight)"는 자신의 목에 걸린 고양이와 싸웠다. 그는 '시장'에게서 기사 작위를 받으려면 고양이를 물어 죽여야 했다. 장님은 장터의 폐쇄된 공간에 상품으로 받은 돼지와 함께 감금된 채, 막대기로 돼지를 때려눕혀야 했다. 재미는 이들이 서로 육탄전을 벌일 때 가장 고조되었다. 이 놀이는 중유럽 여러 지역에서 보고된다.[193] "어떤 놀이도 이 눈먼 대결만큼 우리 조상들에게 즐거움을 준 것은 없었다. 심지어는 왕도 이 저속한 볼거리에 참여했다." 파리에서 이 눈먼 대결은 매년 사순절 넷째 일요일에 시행되었다.[194]

665. 극장과 무대 위의 여성들

피렌체가 처음 공국(principate)이 된 시대에 젊은 여성들은 "코메디아 델 아르테(commedia del arte)"에 참석할 수 없었다. 마시(Masi)[195]에 따르면 이것은 대체로 모든 이탈리아에서 마찬가지였다. 나중에 가면 프롤로그에서 여성들에게도 인사를 했고 또 그것이 관습이 되었다. 따라서 여성들이 거기에 참석했음이 틀림없다. 대중의 의견은 여전히 젊은 여성은 늙은 여성과 마찬가지로 집에 있어야 한다는 것이다. 여성은 결코 무대에 서지 않았다. 드 줄레비유(De Julleville)[196]는 중세 프랑스에서 여성

---

[193] Barthold, *Hansa*, III, 177.
[194] Lacroix, *Manners, Customs, and Dress during the Middle Ages and during the Renaissance Period*, 220; Schultz, D. L., 409; Scherr, *Deutsche Kultur- und Sittengeschichte*, 623.
[195] *Storia del Teatro Italiano nel Secolo XVIII*, 232.
[196] *La Comédie et les Mœurs en France au Moyen Age*, 23.

은 가장 방종한 소극도 관람할 수 있었다고 말한다. 16세기 중반 이탈리아에서 방랑하는 연극인들이 여성의 역할을 비로소 여성에게 맡기기 시작했다. 이탈리아 희극배우들은 프랑스에 갔을 때도 이런 관습을 유지했다.[197] 스페인의 펠리페 2세는 여성이 무대에 서는 것을 금했다.[198] 1629년 런던에는 프랑스에서 온 여배우들이 무대에 등장했다. 이들의 등장은 1659년에 비로소 공식적으로 허용되었다.[199] 인노켄티우스 11세는 1676년 여성을 무대에 세우는 것을 금지했다.[200]

666. '코메디아 델 아르테(commedia del arte)'

이탈리아의 '코메디아 델 아르테'는 '미무스'의 연장 또는 부활이었다. 대사는 즉흥적으로 나왔다. 등장인물과 배역은 정형화되어 있었다. 행동과 대사는 세대에서 세대에 걸쳐 역할을 맡은 많은 재능 있는 사람의 기여로 성장했음이 틀림없다. 등장인물은 전통적이고 보편적인 것이 되었다.[201] 예를 들면 나폴리의 마쿠스(나중에는 폴리치넬라), 만두쿠스(Manducus) 또는 프랑스의 크로케미탱(Croquemitaine), 부코(Bucco), 절반은 우둔하고 절반은 신랄한 어릿광대, 떠들썩한 늙은이 파푸스(Pappus)(나중에는 베네치아의 판탈레오네), 그리고 카스나르(Casnar), 프랑스의

---

[197] Scherillo, *La Commedia del Arte*, 72.
[198] Chandler, *Romances of Roguery*, 159.
[199] Magnin, *Marionettes*, 233.
[200] D'Ancona, *Le Origini del Teatro in Italia*, I, 341.
[201] Burckhardt, *Die Kultur der Renaissance in Italien*, 318. 시먼즈(Symonds)가 편집한 고치(Gozzi)의 『비망록(*Memoirs*)』에는 코메디아 델 아르테의 고정 등장인물들을 대표하는 채색된 그림들이 들어있다.

카산드르(Cassandre) 등이다. 스카라무차(Scaramucca)[202] 또는 프라카사(Fraccasa)가 스페인의 병사들을 풍자하기 위해 추가되었다. 그는 플라우투스(Plautus)의 희극에 나오는 병정(Miles Gloriosus)[203]으로 간주된다.[204] 이 스페인의 군인은 거만한 겁쟁이였다. 그는 자신을 지진과 번개의 아들, 죽음의 사촌 또는 벨제붑(Beelzebub)[205]의 친구라고 불렀다.[206] 알폰소 데 스테(Alphonso d'Este)의 결혼식에서 플라우투스의 희극이 분위기 띄우기와 관례를 핑계로 상연되었다. 그러나 그 희극들은 지루한 것으로 간주되었다. 그래서 막간에 무언극, 발레, 어릿광대의 장난, 농부의 소극, 신화, 불꽃놀이 등이 여흥을 주고자 도입되었다.[207]

667. 만담 책들(Jest books), 파리의 이탈리아 희극

16세기에 연극은 전적으로 세속화되었다. 오락과 종교는 분리되었는데, 이는 르네상스라는 일반적 운동의 귀결이다. 중세에 진지한 사람들은 만담과 출판된 재담 책을 수집했다. 만담 책은 '미무스'에 의해 만들어진 조크(jokes)를 모은 것이었다. 마치 현대의 만담을 흑인 음유시인, 서커스의 어릿광대 그리고 잡다한 것을 할 줄 아는 배우들이 만들었듯

---

[202] (옮긴이 주) 원래 '실랑이하기'를 뜻하는 이탈리아어 'scaramuccia'에서 왔다. 프랑스에 가서는 '스카라무슈'가 되었다. 스카라무차의 주인공은 주로 까만 의상을 입고 기타를 치며 비굴하고 허풍스러운 인물로 나온다.
[203] (옮긴이 주) 고대 로마의 희극에 나오는 등장인물. 위대한 병사라는 의미가 있다.
[204] Scherillo, *La Commedia del Arte*, 90, 114.
[205] (옮긴이 주) 서양 고대의 신화에 등장하는 마왕 또는 악마의 명칭이다. 어원적 의미로 보면 "파리들의 대왕"을 뜻한다.
[206] 위의 책, 95.
[207] Burckhardt, 316.

이 말이다.[208] 16세기 말에 이탈리아인들은 "스페인의 에티켓으로 숨 막히고, 예수회의(Jesuitical) 위선에 중독된 나머지 야외의 넓은 공간에서 건강한 폐로 한껏 숨 쉬어 보려 했다. 그래서 변증법적인 고상함에 탐닉하고 또 가면 희극의 천재들이 만들어낸 거리의 조크들을 영속화하려 했다."[209] "코메디아 델 아르테"는 바로 이러한 경로를 밟았다. 그것은 모든 정치적 사회적 영향에 노출되어 있었다. 코메디아 델 아르테는 이탈리아 희극으로 인정되었고 그렇게 북부지역으로 전달되었다. 이탈리아 각 지역에서 여러 고정된 등장인물이 서로 독립적으로 발전했고 그리하여 여러 가지 변형이 일어났다. 이 유형의 연극은 17세기 중엽에 정점에 도달했다. 그 이후에는 유능한 배우가 없어 퇴락했다. 그것은 일상의 사실주의였다. 그것은 언제나 협잡꾼, 마술사, 줄타기 춤꾼 등으로 되돌아가는 경향이 있었다.[210] '라치(lazzi)'는 배우에게 즉흥 연기를 하도록 시간을 주는 희극의 일종이었다.[211] 16세기 이탈리아 희극배우들은 파리에서 이탈리아어로 공연하기 시작했다. 이탈리아 여배우들은 무대에서 자주 그리고 과감한 노출을 했다. 그래서 "이탈리아 희극"은 통속적이며 외설적인 희극을 의미하게 되었다. 파리의 의회는 연극이 비도덕적이라고 주장했다. 또 이들 중 다수는 외설적이라고 말했다.[212] 맹트농 부인(Madame de Maintenon)은 연극이 비도덕적이며 1697년 금지되었다는 말을 들었다.[213] 그러나 이탈리아의 희극은 꾸역꾸역 살아

---

[208] Reich, *Der Mimus*, 473.
[209] Symonds, *Catholic Reaction*, I, 55.
[210] Masi, *Storia del Teatro Italiano nel Secolo XVIII*, 229.
[211] (옮긴이 주) 라치의 배우들은 - 특히 가면을 쓴 배우는 - 즉흥적으로 대사들을 짜맞추어 여러 가지 시나리오에 따라 공연을 했다. 이러한 즉흥 연기로 인해서 라치는 관객들과 호흡을 맞추는 데서 탁월한 능력을 발휘했다.
[212] Bernardin, *La Comédie Italienne en France, 1570~1791*, 9, 12, 13.

남았다. 오랫동안 어떤 여성도 그것을 보러 가지 않았지만, 18세기에 "Arlequin, Empereur dans la Lune"[214]라는 연극은 절찬리에 상연되었다. 그것은 당시의 프랑스에 대한 풍자였다. 여성들은 이 연극의 풍자를 위한 천박함을 눈감아주었다.[215] 이탈리아의 연극은 모두 순수한 재미를 추구하는 소극이거나 당시의 모레스에 대한 풍자였다. "많은 것은 여성에 대한 풍자였다." 이 연극 중 하나는, 아리스토텔레스가 4명의 여성이 나무에 열매처럼 매달려 있는 것을 보고 "만약 모든 나무가 저런 열매를 맺는다면 남자들은 얼마나 행복할까!"라고 말한 것으로 나온다. 여성들은 당시에 머리가 텅 비고, 허영심 강하며 쾌락을 좋아하고 경박하며 변덕스러운 존재로 재현되었다. 변호사도 풍자의 단골 표적이었다.[216] 이탈리아 연극에서는 대사가 쓰인 자막(ecriteaux)이 걸려 있었고, 청중은 2행 연구(couplets)를 배우들이 노래할 때 함께 불렀다.[217]

668. 이탈리아에서의 '코메디아 델 아르테'

이탈리아에서 '코메디아 델 아르테'는 많은 부침(浮沈)을 겪었다. 18세기 말 베네치아에서 고치(Gozzi)[218]는 자신이 "우화(fables)"라고 부른 것

---

[213] 위의 책, 52.
[214] (옮긴이 주) 17세기에서 18세기 초에 생존한 프랑스의 희극작가 Anne Mauduit de Fatouville가 1684년에 발표한 희극 작품.
[215] Bernardin, *La Comédie Italienne en France, 1570~1791*, 27.
[216] 위의 책, 42.
[217] 위의 책, 90.
[218] (옮긴이 주) Carlo Gozzi(1720~1806)는 이탈리아의 극작가이고, 코메디아 델 아르테의 적극적 옹호자였다. 그는 동시대 작가인 카를로 골도니 및 피에트로 치아리와 이탈리아 연극의 양식 변화에 대해서 논쟁을 벌인 것으로 유명하다.

을 만들어냄으로써 그것을 부활시키려 했다. 그것은 동화적인 과장이며, 거위 엄마(Mother Goose) 이야기[219] 또는 동화에 기초하고 있었다. 그것은 부분적으로 즉흥적으로 연기되었지만 부분적으로는 산문 또는 운문으로 대사가 마련되어 있었는데, 이는 연극의 핵심 포인트를 확실히 하기 위해서였다. 더 오래된 관습은 단지 개략적 '시나리오'만을 준비하는 것이었다. 이 시나리오에는 줄거리가 간단히 요약되어 있고 공연에서 할 배역이 할당되어 있을 뿐이다.[220] '코메디아 델 아르테'에서 판탈레오네(Pantaleone)는 형편없이 어리석고 방탕한 늙은이이다. 고치는 그에게 정중하게 그리고 유머스럽게 '브리오(brio)'와 '보나리에타(bonarieta)'를 준다.[221] 반면 고치와 논쟁을 벌였던 골도니(Godoni)는 양식을 가지고 유행의 어리석음을 비난한 판탈레오네를 교양 없는 속물로 만들었다. 당시 베네치아에서 여자들은 이 희극을 관람하지 않았다.[222]

셰릴로(Scherillo)[223]가 페루치(Perucci)의 말을 인용하여 말하는 바에 따르면, 17세기 말에 민속 연극은 대사와 행동에서 고대 희극보다 외설적이었다. 이것이 사실이라면 그것은 이탈리아가 16세기 중반부터 더 퇴폐했다는 것을 보여주는 사례일 뿐이다.

---

[219] (옮긴이 주) '거위 엄마'는 동화를 이야기해주는 동화 속 할머니의 이름 또는 별명이다. 이 이름의 기원은 1697년 프랑스의 동화작가 Charles Perrault가 '빨간 모자', '홀레 아줌마' 등 8개의 구전 동화를 엮어서 책을 내면서 그 책의 부제목을 '나의 거위 엄마의 옛이야기들'로 정한 데서 시작되었다고 추정된다.
[220] Gozzi's *Memoirs* (Symond's *trans.*).
[221] (옮긴이 주) '브리오'는 생기를 뜻하고, '보나리에타'는 선한 마음을 뜻하는 이탈리아어이다.
[222] Masi, *Storia del Teatro Italiano nel Secolo XVIII*, 89, 232, 264.
[223] *La Commedia del Arte*, 50.

669. 요약과 검토

오락과 휴식이 인간에게 필요하다는 것은 분명하다. 공연과 연극적 재현에 대한 사랑은 역사를 통틀어 거슬러 올라갈 수 있다. 그것의 암시는 직접적이며 강력하다. 그것은 나쁜 취향에 또는 좋은 취향에 영향을 미치도록 만들 수 있다. 그것을 인도하거나 그것의 형식과 방향을 결정하는 것은 오로지 모레스 즉 무엇이 유익하고 무엇이 해로운가에 대한 대중의 일치하는 의견이다. 지도적 계급은 이 의견을 만들어내려 시도한다. 역사는 모레스가 모든 것을 올바른 것으로 만들 수 있고 또 어떤 종류의 성 금기나 통상적인 적절성의 침범도 보호할 수 있음을 보여준다. 모레스가 가장 신중하게 비판할 필요가 있는 주제는 오락이다. 표준과 용례는 활동적이고 잘 훈련된 취향과 감각에 의한 통제가 없으면 함께 타락한다. 대중의 취향과 감각은 전승된 모레스의 산물이다. 이 주제를 다루기 어렵게 만드는 것은 이러한 습관적 행위와 경험에서 오는 반사적 행위이다. 모든 기본적인 사실과 이차적인 또는 거리를 둔 반성은 유기체적 성장에서 그렇듯 서로 뒤얽히며 동시적으로 발전한다. 사실들은 지속적인 교육을 행하며, 이러한 원초적 교육(primitive education)에 근거하는 사태의 진행 과정에 개입하려는 모든 적극적인 노력은 오랜 시간에 걸쳐 단지 작은 효과를 발휘하는 데 만족해야 한다. 부와 사치는 오락을 통해 나쁜 효과를 발휘한다. 가난은 이러한 부의 산물들을 사라지게 하며, 사회를 다시 단순성과 덕으로 돌아가게 한다. 인간은 얻을 수 없을 때 단념한다. 경제적, 사회적 퇴락의 시기는 오락 형식의 발전을 중단시켰고, 악을 저지했고 새로운 출발을 강요했다.

670. 오락은 교육된 판단과 의지로 통제할 필요가 있다

역사가 보여주듯이 오락은 좋은 모레스가 사라지고 나쁜 모레스가 생겨나는 함정이다. 오락에는 자신을 인도할 관습적인 통제와 좋은 판단이 필요하다. 이 필요는 결코 무시할 수 없다. 유희는 언제나 도덕 교육과 도덕적 의지의 필요성을 제시한다. 이런 사실은 모든 시대 사람에게 깊은 인상을 주었고 모든 종교는 청교도와 금욕적 분파를 만들어냈다. 이들은 오락과 쾌락에 대한 욕구를 충족하는 데서가 아니라 억제하는 데서 복리를 찾으려 하는 사람들이다. 이들의 노력은 그런 방향으로는 해결책이 없음을 증명했다. 항상 교육받은 판단이 작동해야 하며 교육받은 판단은 도야된 의지에 의해서 실현되는 정확한 판단을 형성해야 한다.[224] 그렇지 않으면 사회적 이익 전체는 사악한 경향을 미처 지각하지도 못한 채 사라져 버릴 수 있다.

671. 오락은 현대의 진보 관념을 충족하지 않는다

오락이 상승과 하강의 물결을 겪었지만 그 파도의 폭은 그리 크지 않았음을 우리는 역사에서 알 수 있다. 후기 로마 제국의 구경거리(shows)가 매우 천박했고 위대한 드라마는 그에 비해 아주 높은 수준에 도달했다는 것은 분명하다. 그러나 이 둘 사이에서 일어나는 진동은 극 창작이나 극예술에서 지속적 발전 같은 것을 말할 수 없게 한다.

---

[224] (옮긴이 주) 오락에 대한 통제는 금욕적인 제한을 통해서가 아니라 교육을 통해서만 가능하다는 점을 섬너는 여기서 강조하고 있다.

이것은 매우 교훈적인 사실이다. 그것은 진보를 단지 시간의 한 기능으로 간주하는 오늘날의 진보 개념, 즉 시간은 지속적인 개선과 전진 속에서 점점 더 나은 것으로 자신을 실현해 나가리라고 기대하는 진보 개념을 부정한다. 물론 유용한 기술은 발전을 보여준다. 하지만 예술은 그렇지 않다. 예술은 자꾸만 출발점으로 되돌아가거나 아니면 거기에 근접한 곳으로 되돌아간다. 극예술은 부분적으로는 문학적이고 부분적으로는 실제적인 기술(handicraft)이다. 극장 건물은 개선된다. 기계장치, 조명, 무대장치 그리고 기획과 실행은 나아진다. 그러나 문학적 산물은 다른 예술적 산물과 마찬가지이다. 그에는 영광의 시기와 퇴락의 시기가 있다. 모레스에 가장 근접한 것은 문학적 산물이다. 문학적 산물은 어떤 진보도 보여주지 않는다. 그것은 단지 일시적으로만 조악한 문학적 형식에서 더 나은 문학적 형식으로 나아갈 뿐이다.

제18장 금욕주의

반대되는 방책의 과장 – 모레스의 실패와 편의성에 대한 반발 – 행운과 복리, 초월적 권력에 영향을 미치는 자기절제 – 일본의 금욕주의 – 기예의 발달, 사치, 관능 – 금욕적 철학 – 금욕주의는 단지 상궤에서 벗어남이다 – 정의들은 한계에 의존한다 – 인도와 그리스에서의 금욕주의, 오르페우스적 교의 – 철학적 분파들에서의 금욕적 특징 – 히브리의 금욕주의 – 나사렛 사람들, (천막 생활과 금주를 한) 레갑 사람들, 에세네파 – 로마의 금욕주의 – 기독교 금욕주의 – 기독교에서 통합된 세 개의 전통 – 초기 교회에서의 금욕주의 – 이슬람에서의 금욕주의 – 순결 – 중세의 금욕주의 – 기독교 모레스에서의 금욕주의 – 재산의 포기, 구걸 – 금욕적 기준 – 탁발 수사 – 프란체스코회 수사들 – 가난은 선(善)인가 – 성직자의 독신주의 – 기독교 금욕주의는 어떻게 끝났는가

672. 반대되는 방책의 과장

한 사회의 모든 사람이 동일한 경험과 관찰에 동일하게 반응하리라는 기대는 할 수 없다. 만약 그들이 동일한 사실에서 만장일치로 같은 결론을 이끌어낸다면 그것은 아주 드문 경우이며 이 일치된 의견은 무겁게 여겨야 한다. 거의 모든 경우에 사람들은 동일한 경험과 관찰에서 상이한 추론을 이끌어냄으로써 여러 파로 갈라진다. 그중에서도 가장 다르게 반응하는 것은 오락, 쾌락, 행복의 영역 그리고 쾌락은 어느 정도로 추구해야 하는가 하는 물음의 영역이다. 쾌락에 속았다고 느끼는 사람, 행복 추구에 기만당했다고 느끼는 사람은 쾌락이나 행복을 거부하며 비난한다. 반면 다른 사람들은 아직 환멸을 느끼지 않았으며 여전히 쾌락을 가장 바랄 만한 선(善)으로서 추구한다. 그래서 삶의 방식(life policy)에 대한 기본 관념에서 서로 다르게 생각하는 두 개의 커다란 집단이 존재하게 된다. 이 두 집단은 서로가 자신의 고유한 교의와 실천방식을 과장하는 경향이 있다. 각 집단은 극단과 과도함으로 쏠린다. 우리가 앞에서(본서 624절 이하 참조) 보았듯이 기독교 시대 초창기에는 도덕적 제약이 배제되었고 모든 살아있는 사람은 재산과 능력이 허락하는 한 악덕, 사치, 쾌락에 몸을 던진 것 같다. 그러나 그리스-로마 세계에는 인간의 삶 및 인간이 가장 아끼는 것들의 가치에 대해 극히 비관적으로 생각하는 다수의 분파와 종교가 있었다. 이들은 복리와 행복의 통상적 기준을 거부했고 더 나아가 단지 통속적인 기준을 부정하는 데서 복리와 행복을 추구했다. 구세계의 철학은 더 이상 신뢰를 받지 못했다. 그것들은 단지 무관심한 불신이 아니라, 적극적인 증오심으로 거부된 듯이 보였다. 가난한 자 그리고 자기를 부정하면서 살아야 했던 사람들은 이러한 새로운 철학 및 종교의 분파에 가담했다. 극단적인 사치와 타락한 무절제를 보인 시대는 동시에 금욕적 철학과 실천의 현상을 대대적으로 보인 시대이다. 각 학파 또는 경향은 삶의 문제를 나름대로 해결하고자 자신의 모레스를 발전시켰다. 금욕적 방책은 결코 무반성적인 사람이 삶의 사실들에 대처하는 '방식'에 의해서 생겨난 주요한 산물이었던 적이 없다. 금욕적 방책은 반성적이며 논리적인 추론에서 나온다. 그것은 경험과 반성에 기초하는 두 번째 단계의 신앙이다. 그러므로 그것은 독단적이다. 그것은 근본적으로 비관적인 확신에 대한 믿음에 의지하여 자신을 지탱한다. 금욕주의는 결코 경험으로 검증될 수 없다. 그것은 경험 속에서 가능한 모든 제약에 의도적으로 반기를 든다. 만약 누군가가 악을 선이라고 그리고 고통을 쾌락이라고 선언한다면, 그는 어떤 실험으로도 결코 그것을 증명할 수 없다. 금욕주의에서 산출되는 모레스는 그래서 특별하며 여러 면에서 교훈적이다.

673. 모레스의 실패 그리고 편의성에 대한 반발

이상에서 우리는 모레스가 주어진 인간 삶의 조건에서 이해 관심을 충족하고 복리를 확보하려면 어떻게 살아야 하는지 알아내려는 인간 노력의 결과라는 것을 알았다. 그러한 인간의 노력은 단지 불완전하게 성공해 왔을 뿐이다. 사실 그 과업은 결코 완수될 수 없다. 왜냐하면 조건들은 변하고 풀어야 할 문제는 시대에 따라 상이한 요소들을 포함하기 때문이다. 게다가 독단적 교의들이 개입한다. 그것들은 "의무"와 "권리"를 권위적으로 또 경험이나 효율성에 의한 어떠한 검증에도 구애됨이 없이 명령한다. 모든 원시적인 금기는, 사람들이 잘 살고자 한다면 반드시 행해야만 하는 것 또는 어떤 제한된 정도를 넘어서 행해서는 안 되는 것이 존재한다는 확신의 표현이다. 이러한 확신들은 경험이나 도그마에서 왔다. 전자 즉 경험에 속하는 사례는 음식 및 성적 관계와 연결되어 있다. 후자 즉 도그마에 속하는 사례는 망령(ghosts)의 교리와 연결되어 있다. 또한 인간이든 영혼이든 우월한 힘을 가진 것들을 억제하거나 회유하는 원시적인 관습이 무수히 존재한다. 이 관습들은 극기, 자기학대, 외설, 사혈(瀉血), 추잡한 행위 그리고 지독하게 혐오스러운 행동 또는 심지어는 자살로 이루어져 있다. 이러한 관습이 암시하는 것은 모든 초월적인 힘은 무관심하거나 분노하며 악의로 차 있고 또는 정당한 이유에 의거해서 화가 나 있으며, 인간의 고통은 이 우월한 힘을 즐겁게 하고 위무하고 회유하거나 또는 강제하고 또는 그들의 관심을 끈다는 생각이다. 그래서 우리는 필요와 욕구와 갈망의 만족이 아니라 그 반대가 우리를 복리로 이끈다고 생각하는 근본적인 인생철학 중 하나와 만난다. 네가 원하는 것을 하지 말라. 네가 원하지 않는 것을 하라. 혐오스러운 것을 추구하라. 간단히 말해서 쾌락과 고통의 관계를 전도시키고, 그들이 하라 하는 것에 반대해서 행위하라. 즉 고통을 추구하고 쾌락을 멀리하라. 욕구와 갈망의 합리적 만족에 필요한 적절한 절제와 제한의 교의는 행복의 절대적 규칙으로 변화되었다. 그보다 더 협소한 제한 안에서, 동일한 철학은 노동, 고통 그리고 포기의 행위를 가르친다. 이 행위들은 욕구를 충족하는 데 아무런 기여도 하지 않지만 그 자체로 복을 주며 칭찬할 만한 것으로 간주된다. 마치 자기통제와 자기부정과 연관된 일종의 단련(gymnastic)처럼 말이다. 이러한 단련이 교육에서 특히 사치와 자기-탐닉의 상황에서 가치를 갖는다는 것은 부인할 수 없다 – 만약 그것이 상식에 의해 통제되고 또 이성의 한계 내에 머무른다면 말이다. 물론 거의 모든 사람은 그런 인위적인 훈육에 방만하게 탐닉하지 않고, 분명히 자신을 단련하는 데 필요한 만큼의 자기통제와 자기부정의 필연성을 가지고 살아가려 한다.

674. 행운과 복리, 초월적 권력에 영향을 미치는 자기절제

겉보기에는 복리에 반하는 행위들을 통해서 복리를 얻는다는 관념은 적극적인 노력과 만족 간에 확실한 연관성을 확립할 수 없다는 경험에서 직접 유래한다. 가장 저급한 문명은 희생, 극기, 자기절제 등으로 가득 차 있다. 이는 요행이라는 요소의 영향이며 요행을 초자연적인 존재에 대한 믿음(본서 6절과 9절 참조)에 의해 설명하는 일의 귀결이다. 극기나 자기절제의 행위는 그것이 노리는 바의 결과적 이익과 합리적인 관계가 없다. 그런 행위는 노력과 결과 사이에 개입하고 행운을 만들어내는 망령이나 사신(邪神)에게 영향을 미침으로써만 노리는 이익에 영향을 줄 수 있다. 병사, 어부, 사냥꾼, 상인, 농부 등은 자신의 사업을 시작하기 전에 금욕을 행할 의무가 있다. 그래서 '은총의 상태'라는 개념이 등장한다. 이 개념은 일상 세계에서 일함으로써 생겨나는 상태가 아니라 일, 향락, 좋고 나쁜 경험과 단절됨으로써 생기는 상태이다. 금주나 금욕 그리고 기타 사치스러운 음식 및 음료, 여인과의 잠자리 절제 등은 마술적 힘을 준다. 왜냐하면 그것은 전쟁이나 사업에서 이루려는 결과와 아무런 사실적인 인과관계도 갖지 않기 때문이다. 문명화되지 않은 민족은 거의 언제나 자기절제에 의해서 더 높은 수준의 힘, 또는 더 높은 수준의 행운에 도달할 수 있다고 생각한다. 금식, 칼로 긋기, 신체 절단 같은 자기절제 행위가 또한 장례 절차에 도입된다. 어떤 부족에서는 아이를 원하는 부모가 그와 같은 행위를 하기도 한다.[1] 고등한 문명에서 금욕주의는 초기 단계의 삶의 철학의 유습이다. 초기 단계에서 삶의 철학에서 인간의 고통은 초월적인 힘이 있는 존재에게 즐거움을 준다고 생각되었다. 그와 동일한 정서가 이제 퇴폐와 재앙의 시대, 그래서 신의 분노가 인지되고 또 파악되는 시대에 부활한다. 우리는 재앙과 정면으로 마주치면 단식을 한다. 이와 동일한 정서는 분파 집단이나 개인이 다음과 같은 것들을 갈망할 때 작동한다. 즉 '신성함', '보다 높은 삶', 우월한 힘과의 신비적 합일, (의례적인 의미에서의) '순수성', '죄' 사함, 망령과 사신(邪神)의 테러에서 도피를 원할 때 또는 저열하고 사악한 자연적 욕구들을 배제함으로써 어떤 높은 도덕적 수준으로 상승할 힘을 갈망할 때 작동한다.

675. 일본의 금욕주의

일본의 신도(神道) 종교는 "본질적으로 금욕적인 종교가 아니다. 신도는 신에게 고기와 술을 바치며, 고대의 관습과 예의범절이 요구하는 형태의 자기부정만을 지시한다. 그럼에도 일부 독실한 신자는 특별한 경우에는 특별한 엄격성을 발휘한다. 거기에는 찬물로 목욕하기 등이 포함된다. 그러나 신도 금욕주의의 가장 흥미로운 면은 아직도 오지에서는 널리 행해지는 관습에서 드러난다. 이 관습에 따르면 공동체는 매년 구성원 한 사람을 선발하여 모두를 위해서 전적으로 신을 모시는 일에 종사하도록 한다. 이 공동의 대표자는 성직 수행 기간 동안 가족과 떨어져 살아야 하고 여인을 가까이해서는 안 되며, 유흥의 장소를 피해야 하고, 오직 성스러운 불로 요리된 음식만을 먹고 하루에 수차례

---

[1] Spix and Martius, *Reise in Brasilien*, 1318.

나 신선하고 차가운 물로 목욕재계해야 하며 정해진 시간마다 특별한 기도를 반복해야 하며 정해진 날에는 밤을 새워야만 한다. 그가 정해진 기간 동안 이러한 절제의 의무를 수행하고 나면 그는 종교적으로 자유로워지고 다른 사람이 그 자리를 대신하도록 선출된다. 공동체의 번영은 대표자가 정해진 의무를 정확히 지킬 때만 달성된다고 생각된다. 어떤 공공적인 불행이 닥치면 그 대표자는 맹세를 충실히 지키지 않았다는 의심을 받는다. 고대에는 공통의 불행이 닥치면 그 대표자를 사형에 처했다."[2]

676. 기예의 발달, 사치, 관능

기예가 발전하면 언제나 생활방식에서 사치가 증대했다. 이것은 좋은 일로 보인다. 기예의 발전은 인간이 자연에 대한 지배력을 얻고 또 향유하기 위해 행해야만 하는 작업을 성공적으로 성취한 결과라고 할 수 있다. 그러나 사치는 악덕과 죄악을 초래했고 퇴폐와 몰락을 가져왔다. 사치는 타락을 의미하는 관능의 쌍둥이 자매이다. 사치는 좋은가, 좋지 않은가? 사람들은 사치에 대한 믿음을 상실했고, 기예의 승리는 기만이고 '영혼의 덫'이며 개인과 사회의 타락이라고 선언했다. 사람들은 '과거의 단순한 방식'으로 되돌아갔고 기예의 힘으로 도달할 수 있게 된 즐거움을 거부했다. 이러한 거부는 언제나 대중적 인기를 끌었다. 군중은 언제나 그것을 찬양했다. 이렇게 문명화 과정 속에 등장하는 모든 종류의 혁신에 대한 공포 및 의심의 운동과 반발이 존재했다는

---

[2] Hearn, *Japan*, 165.

것은 분명히 특기할 만한 일이다. 철학자와 종교적 인물의 여러 분파는 전진하기를 거부하고 새로 등장한 문명의 이기를 포기했으며 낡고 저급한 방식을 선호했다.

677. 금욕적 철학

여기서 우리는 하나의 생활철학 또는 삶의 관점을 볼 수 있다. 이 관점에서 보면 해야 할 일들은 전도된 채로 제시된다. 인간의 본성을 전도시킨 것은 불행, 상실, 재앙 등이다. 요행이라는 요소가 노력과 만족 간의 관계를 가로질렀고 단절시켰으며 근면함의 모든 교훈을 방해했다. 만약 행운을 관장하는 망령들을 달래지 못한다면 모든 노력은 수포로 돌아갈 것이다. 만약 그들이 우호적이라면 노동은 별로 중요하지 않다. 그러므로 자기절제가 모든 것에 스며들어갔다. 이것이 금욕주의이다. 금욕주의는 직접적으로 또는 우회적으로 우월한 힘들에 말을 걸어 그들의 의지와 호의 그리고 신비적인 우정을 호소하며 또 그들이 주는 초월적인 의사소통을 기도한다는 점에서 언제나 비합리적이며 주술적이다. 페이터(Pater)[3]에 따르면 금욕주의는 인간 본성의 한 부분을 희생하여 다른 부분을 살리려는 태도이거나 또는 문화의 이상을 실현하고자 모든 부분의 조화로운 발달을 이루려는 태도이다. 첫 번째 주장은 정당한 정의로 받아들일 수 있지만, 두 번째 주장은 그렇지 못하다. 금욕주의는 조화로운 발전을 목표로 하지 않으며 또 결코 그것을 만들어 낼 수 없다. 금욕주의는 목적을 선택하고 그 목적을 성취하기 위해 노력

---

[3] *Marius the Epicurean*, 357.

한다. 선택은 종종 신성함을 달성하기 위해 또는 종교적인 이상을 더 고도로 실현하기 위해 이루어진다. 이상은 필연적으로 자의적이며 과장된 것이 되기 마련이다. 이상은 인성에 좋은 영향을 미치지 않으며 도덕적 왜곡을 초래한다. 그러나 그것은 진지한 종교적 감정의 발로이다.

678. 금욕주의는 단지 상궤에서 벗어남이다

위대한 관점들과 위대한 세계철학들은 어디서 생겨나든 삶에 대한 오랜 연구 끝에 논리적으로 발견된다. 어떤 관점을 발견하거나 채택하면 그것은 삶의 모든 세세한 국면에 적용하는 생활방식의 관념들을 통솔한다. 이것은 삶에 대한 가볍고 피상적이며 미신적인 관점에 도달했을 경우에도 마찬가지이다. 금욕적 철학은 인간의 행동에 모순과 혼란을 초래한다. 왜냐하면 그들은 한편으로는 효율성을 위해서 일하고 동시에 다른 한편으로는 비효율성을 위해서 일하기 때문이다. 그래서 모레스도 금욕주의의 영향을 받으면 일관되지 못하고 모순적이다. 그럼에도 금욕주의는 고도로 도덕적인 동기에서 출발하는 일탈 즉 정신착란일 뿐이다. 우리는 올바르고 덕스러운 일을 해야 한다. 왜냐하면 그것이 올바르고 덕스럽기 때문이다. 인간의 성격과 사회적 행동에 내포된 관능과 싸우는 것은 올바르고 덕스러운 일이다. 이 싸움은 종종 장차의 이익과는 아무 관련이 없는 행위에 놓여 있다. 이러한 관능에 대한 싸움의 행위는 열정에 의해서 점점 더 많은 삶을 흡수하고 그리하여 많은 사람들을 끌어들여 연합하게 한다. 그것은 모레스를 만들어내는 위대한 목적이 된다. 그러면 자기에게 고통을 가함으로써 우월한 힘을 즐겁게 한다는 관념은 포기할 수 있게 된다. 그리고 모든 원시적인 미신이 제거된다. 그때 우리는 광범위한 모레스의 그물망을 발견하는데, 이것은 한 세대 또는 한 사회를 특징지을 수 있다. 이 모레스는 반항의 원초적 순수성 속에 있든(이것은 매우 희귀하다), 아니면 반항의 수천 가지 변이나 결합 형태 속에 있든 관능에 대한 반항의 결과이다.

679. 정의(definition)는 한계에 의존한다

특히 음식, 음주 그리고 성과 연관해서 한 시대의 금욕주의는 다른 시대의 덕성이 된다. 한 시대의 절제와 적절함에 대한 관념은 종종 분명히 이전의 금욕주의적 용례들에 의해서 만들어진다. 적절함의 정의는 그 정의가 적용되는 한계를 지적함으로써 내릴 수 있다. 현재 통용되는 관습보다 더 엄격하게 준수하는 것은 '금욕적'이다. 그러나 이 엄격한 준수가 관습이 될 수 있고 한계를 정할 수 있다. 그러면 그것은 절제가 된다. 신과 사원 등에 대한 존경을 부과할 뿐인 금기(청결, 정적, 옷차림)와 금욕적인 금기를 명확하게 구분하는 것은 종종 불가능하다. 금욕적 기질과 철학이 통제권을 장악하며, 그것은 쉽사리 열광으로 타락한다. 행위들은 고통을 유발하는 정도에 따라 점수가 매겨지며 또 점점 더 과장되어 간다. 왜냐하면 이미 익숙해진 것은 금욕적 인간에게 자기만족감을 주는 주관적인 힘을 상실하기 때문이다. 그때 금욕주의는 정신적인 착란이 되고 자기보존의 본능에 대한 실제적 부정이 된다. 그것은 종종 광기로 귀결된다.[4] 만약 이 광기를 다른 사람을 향해 발산한다면, 마르부르크의 콘라드(Conrad of Marburg)[5] 같은 이단 심문관의 행동

---

[4] Galton, *Hereditary Genius*, 239.

이 비로소 설명된다.[6]

680. 인도와 그리스의 금욕주의, 오르페우스주의

인도에서 금욕적 행동은 신성함뿐 아니라 능력을 만들어낸다고 간주되었다. 이 능력은 초인적 단계까지 상승할 수 있고 심지어는 신들을 제압할 정도의 효력을 가졌다. 그리스 후기의 신적이고 금욕적인 도덕성은 의지를 어떤 주어진 방향으로 향하게 하는 것이 아니라 영혼을 더럽힐 위험이 있는 외부의 사악한 영향에서 영혼을 지키는 방식이었다. 로데(Rohde)[7]는 이 그리스 후기의 도덕성은 정신과 육체 간의 적대 관계라는 관념이 생겨나게 하는 최초의 계기를 제공했다고 말한다. 왜냐하면 그 관념은 육체를 영혼에 대한 저급한 제약으로 보고 그래서 영혼이 거기서 '정화될' 필요가 있다는 생각과 통하기 때문이다. 감각적 육신 속에 갇힌 그래서 육신의 저급한 욕망에 오염된 순수한 영혼이라는 관념은 그리스도가 탄생하기 전 5세기 동안 그리스인 사이에 널리 퍼져있었다. 이로부터 영혼과 '육체', '살' 또는 '세계' 간의 적대 관계가 나온다. 오르페우스 교파에 따르면 영혼은 하나의 육체에서 다

---

[5] (옮긴이 주) '마르부르크의 콘라드'(1180~1233)는 중세 독일의 성직자로서 강한 금욕주의적 행동을 보였고, 튀링겐과 헤센 지역의 이단자들을 색출하여 처벌하는 일에 종사했다. 선하는 바에 따르면 그는 모든 고발을 참된 것으로 간주했고 수많은 용의자를 지위고하를 가리지 않고 화형대로 보냈다. 그는 누군가가 보낸 기사들에 의해서 마르부르크 호프 카펠레에서 암살되었다. 이후 그의 이름은 사디즘과 가톨릭의 어두운 면에 대한 대명사로 알려졌다.

[6] Lea, *A History of the Inquisition of the Middle Ages*, II, 330.

[7] *Psyche*, II, 101.

른 육체로 이동하며 그 사이사이마다 정화 과정을 겪는다. 매번 육신을 얻을 때마다 영혼은 전생에서의 악행에 대한 처벌을 받는다. 영혼은 불멸한다. 악인의 영혼은 영원히 반복되는 육화(肉化)의 과정을 겪으며 거기서 빠져나오지 못한다. 오르페우스교의 전례와 삶의 방식에 의해 순화된 영혼은 이러한 영겁회귀에서 구출되어 신으로 복귀한다. 오르페우스는 그의 전례로 구원을 주지만 구원을 실제로 행하는 것은 우리를 구원하는 신들의 은총의 작업이다. 오르페우스는 계시와 중재를 통해 구원으로 가는 길을 제시한다. 이 길을 걷고자 하는 사람은 오르페우스의 명령에 충실히 따라야 한다. 이것은 실제로 살아야 할 삶이다. 그것은 단지 의례에 그치는 것이 아니다. 여기서 금욕주의가 등장한다. 왜냐하면 버려야 할 것들은 단지 세속적 삶의 오류와 결점들이 아니라 세속적인 삶 그 자체(세속성)이기 때문이다. 인간은 언젠가 죽을 존재로서의 이익과 육체적 욕망에 사로잡히게 하는 모든 것에 등을 돌려야 한다. 육식에 대한 거부는 이러한 금욕주의의 주요한 형태 중 하나였고, 성욕의 제한도 그중 하나였다. 전례는 인간을 사신(邪神)의 개입에서 자유롭게 하지 않는다. 전례는 육체와 부정한 접촉 및 죽음의 지배에서 영혼을 정화한다. 신비주의는 이러한 정화의 교의와 긴밀히 결부되어 있다. 영혼은 신에게서 왔으며 그에게로 돌아가고자 한다. 영혼은 전례와 의식(pratices)에 의해 지상의 모든 것에서 벗어난다. 거기에는 도덕도 포함된다. 도덕은 자질구레한 일들을 처리하려는 보잘것없는 시도이며 따라서 해방된 영혼과는 아무 관계도 없다. 죽은 자들은 죽은 자들의 장소로 인도된다. 오르페우스 교단의 성직자들은 이러한 '중간적 상태'를 엘레우시스(Eleusinian) 신비 의식[8]을 넘어설 정도로 명확하고 생생하

---

[8] (옮긴이 주) 그리스의 신인 데메테르와 코레에 대한 신앙으로 인도하거나 그들

게 묘사한다. 아마도 이 묘사는 그들의 가르침 중 가장 독창적인 부분은 아니라 해도 아마도 가장 잘 알려진 부분일 것이다. 그 교의는 민중의 관념이 아니었다. 그것은 저승(하데스)에서 죄의 심판과 처벌이 행해지리라는 '신성한 교의'였다. 그러니 오르페우스교 신비 의식(orgy)[9]을 통해서 정화되지 못한 사람들에게 고통이 있을진저! 오르페우스 교파들은 또한 죽어 다른 세계에 있는 친척들의 운명에 살아있는 자들이 예식을 통해서 영향을 미칠 수 있다는 교의를 내세웠다.[10] 이 교파들은 기원전 6세기 후반에 시작되었다. 우리는 그들이 퍼져 나간 경로나 방식을 알지 못한다. 그들은 디오니소스 숭배를 실천하고자 폐쇄된 연합체 또는 비밀결사를 형성했다.[11]

681. 철학적 분파들에서의 금욕적 특징

피타고라스주의자들도 6세기경 크로토나(Crotona)[12]에서 공동체를 형성하여 절제와 청빈을 실천했다. 육식은 제한했고 일부는 육식을 완전히 거부했다.[13] 이 교의의 전통은 분명 나중에 가서도 매우 강력했을

을 섬기는 의식. 데메테르 신전은 아테네 근처의 엘레우시스에 있었다. 이 신비의식은 아테네의 공식적인 숭배였다. 의식에 참여한 사람은 거기서 일어난 일을 비밀에 부쳐야 했고, 이를 어길 시에는 죽음의 형벌을 받았다.

[9] (옮긴이 주) 622절에서 섬녀가 'orgy'의 의미변화 과정을 설명하고 있는 부분을 참조할 것.
[10] Rohde, *Psyche*, II, 121~130.
[11] 위의 책, 104.
[12] (옮긴이 주) 이탈리아 남단에 위치한 도시. 기원전 710년에 그리스의 식민지로서 건설되었고, 중세부터 1928년까지는 Cotrone라고 불리다가 현재의 명칭으로 변경되었다.

것으로 분명히 추정됨에도 불구하고, 이 분파에 대한 우리의 지식은 매우 모호하고 천박하다. 그들의 가르침에는 혼전순결이 포함되어 있었을 것으로 생각된다.[14] 우리가 보기에는 이것이 금욕적인 규칙으로 생각되지 않을 것이다. 그러나 고대 그리스인이 보기에 그것은 금욕적인 규칙에 속했다. 견유학파[15]도 금욕주의자였다. 그들은 삶의 우아함과 사치를 거부했다. 이들의 금욕주의는 점점 더 자기 분파의 핵심적 부분이 되어갔다. 일부 그리스 성직자는 결혼했지만 동시에 평생 또는 적어도 성직자의 의무를 수행하는 동안 순결의무를 지켜야 했던 경우도 있었다. 때로 특정한 음식이 금지되었는데, 이 금기는 사원에 들어온 모든 사람으로 확대될 수도 있었다. 모든 사람은 몸과 옷차림에서 청결해야 했다.[16] 여러 비극에서 우리는 처녀성에 대한 금욕적인 관념을 볼 수 있다.[17] 비극 『엘렉트라』에서 여주인공은 농부인 남편이 한 번도 부부간의 권리를 행사하지 않았다는 사실을 매우 강조한다. 오레스테스는 그 남편이 순결서약을 했는지 묻는다. 이를 통해 볼 때, 순결서약은 이미 알려져 있었다. 처녀성의 관념은 그리스의 모레스에서는 매우 낯선 것이었지만, 그들 사이에 존재했었다. 이 관념은 나중에 확립된다. 그리스도의 시대에 금욕주의의 파도가 헬레니즘 세계 전체를 관통하고 있었다는 것은 확실하다.[18] 그것은 어쩌면 이전 시대와 비교

---

[13] Ueberweg, *History of Philosophy*, I, 45.
[14] Lecky, *History of European Morals from Augustus to Charlemagne*, II, 314.
[15] (옮긴이 주) 견유학파(cynicism)는 인위적인 삶을 거부하고 자연과 본성에 일치하는 단순한 삶을 추구했던 헬레니즘 시대 철학 경향을 말한다. 대표자는 '통속의 디오게네스'이다.
[16] Stengel, *Die Griechischen Kultusalterthümer*, 35.
[17] Euripides, *Hippolytus*, 1300; *Trojan Women*, 38, 975.
[18] Mahaffy, *The Grecian World under Roman Sway*, 180.

할 때 드러나는 퇴락과 상실의 감정 때문일지도 모른다. 그것은 어쩌면 로마의 영화와 사치에도 불구하고 세계가 잘못되어 가고 있다는 느낌에 대한 증언일지도 모른다. 만약 그들이 사태의 경로를 올바로 바꿀 수 없다면, 적어도 사치를 거부할 수는 있을 것이다. 그것은 잘못된 시대적 흐름을 막아 보려는 노력으로 생각되었다. 그런 감정이 널리 퍼지면 퍼질수록, 도덕적 기운은 약화되고 명확한 한계는 흐려졌다. 그것은 단지 세속적인 것에 대한 혐오감이었다. 결혼을 거부하는 개인이나 결혼을 해도 부부 생활을 하지 않는 사람들이 나타났다.[19] 스토아학파, 견유학파, 신피타고라스학파 그리고 신플라톤학파의 교의에는 모두 금욕적 요소가 들어있다. 이 여러 분파의 순회 설교자는 대부분 진지한 목적이 있는 사람들이 아니었다. 이들의 설교는 공허한 수사적인 이야기였다. 그럼에도 이들은 자기 분파의 교의를 널리 알렸다. '기둥 위의 고행자들'(Stylites)은 이교적 관습을 유지했다. 히에라폴리스(Hierapolis)에 있던 그들의 사원 앞에는 180피트 높이의 기둥 두 개가 있었다. 1년에 두 번 한 사람이 두 기둥 중 하나에 올라가서 이레 동안 거기에 머물며 신에게 기도하고 통교하거나 데우칼리온(Deukalion)[20]과 대홍수를 기념했다. 필요한 것은 줄로 당겨 올렸다. 사람들은 그에게 돈을 선물했으며 그는 이들을 위해 기도했다 – 놋쇠로 만든 기구를 빙빙 돌려 날카로운 굉음을 내면서.[21]

---

[19] Lecky, *History of European Morals from Augustus to Charlemagne*, II, 315.
[20] (옮긴이 주) 그리스 신화에서 프로메테우스와 프로노이아 사이에서 태어난 아들로 나온다. 그는 테살리아의 왕이었고, 아테네에 최초의 제우스 신전을 건설했다. 죽은 후에 이 신전 근처에 묻혔다.
[21] Lucian, *De Syria Dea*, 28절.

682. 히브리의 금욕주의

유대 전통에 따르면 시나이에서 모든 사람은 일정 기간 여인과의 잠자리를 피하라고 명령받았지만 모세에게만은 그것은 무제한이었다(출애굽기 19장 15절). 랍비 시대에는 신에게서 계시를 받고자 하는 자는 여인과 잠자리를 하지 말아야 한다는 것이 교의로서 확립되어 있었다.[22] 구약에 나오는 다른 사례를 보면, 그런 종류의 것을 거부하는 사람은 은총의 상태에 있었다. 부정함에 관련된 의례는 금욕적이었다. 그것은 성과 결혼에 대한 금욕적인 견해를 강요했다.[23]

683. 나사렛 사람들, 레갑 사람들, 에세네파

나사렛 사람들(Nazarites)은 일정 기간의 서원 동안 히브리 금욕주의자였다(민수기 6장). 이들은 머리를 자르지 않았고 와인도 마시지 않았으며 결코 시체를 만지지 않았다.[24] 레갑 사람들(Rechabites)은 기원전 9세기경에 있었던 유대인의 금욕적 공동체였다. 이들은 그 당시 민족의 문명화된 삶을 거부했고 가나안 이전의 삶으로 되돌아가려 했다. 그들은 거친 옷과 음식을 취했고 와인을 마시지 않았다. 또한 천막에 살면서 베두인(Bedouin)의 모레스를 더 세련되게 만들었다. 기원전 1세기 에세네파(Essenes)[25]는 청교도적이고 엄격주의적인 교의와 습관을 가진 금욕적

---

[22] *Jewish Encyclopedia*, V, 226.
[23] 레위기 15장 16절, 18절; 신명기 23장 11절; Josephus, *Contra Apion*, II, 24.
[24] 판관기 13장 4~14절; 아모스 2장 11절.
[25] (옮긴이 주) 에세네파는 제2성전유대교의 한 분파이며, 기원전 2세기부터 기원

공동체였다. 안티오쿠스 에피파네스(Antiochus Epiphanes)의 법 즉 부정한 동물을 예루살렘에 들여올 수 있게 한 법이 생기자 경건한 유대인이 그런 동물을 먹을 기회가 생겼다. 여기서 자신을 지키려면, 다수가 공동으로 식사를 하면 부정한 동물을 먹을 일을 더 쉽게 피할 수 있었다. 이것이 아마도 공동으로 식사를 하는 에세네파 관습의 기원일 것이다.[26] 한곳에 모인 도반(道伴)들은 정해진 생활, 의례, 세탁 등의 규칙에 의해서 신성함을 계발했다. 이들의 철학은 운명이 인간에게 영향을 미치는 모든 것을 조종, 통제한다는 것이었다.[27] 그들은 사원에서는 아무런 희생제물을 바치지 않았지만, 피타고라스학파와 연관 있는 듯 보이는 그들 나름의 전례가 있었다. 그들은 "최상의 인간"이었으며 "농업에 종사했다." 그들은 모든 여성을 사악하다고 생각했고 양자로 들인 아이들을 교육했다. 이 집단에 가입한 사람은 모든 재산을 집단에 헌납했고 모든 재산을 공동으로 소유했다.[28] 그들은 태양 숭배의 전례를 사용했다. 그들의 금욕주의는 영혼의 선재성이라는 교의와 영혼과 육신 간의 전쟁 상태에서 도출되었다.[29] 그들은 바리새인보다 더 엄격했다. 그들은 부, 맹세, 감각적 쾌락 그리고 노예제도를 거부했다.[30] 또한 탐욕과 불의를 촉발하는 모든 직업 즉 여관업, 상업, 무기제조업 등을 거부했

후 1세기까지 번성했다. 에세네파는 여러 도시에 퍼져있었고, 자발적인 가난과 금욕에 바쳐진 공동생활을 했다. 성직자들은 결혼이 금지되었다. 에세네파는 최근 사해 두루마리 문서(Dead Sea Scrolls)라고 불리는 종교 문서의 발견으로 유명해졌다.

[26] Lucius, *Essenismus*, 102.
[27] Josephus, *Antiquities of the Jews*, XIII, 5, 9.
[28] Cook, *Fathers of Jesus*, II, 30, 38.
[29] Hastings, *Dictionary of the Bible, Development of Doctrine in Apocalytic Peorid*; Supplement vol. 292와 다른 곳.
[30] Lucius, *Essenismus*, 54, 59, 68.

다.³¹ 성교는 매우 엄격히 제한되어 있어서, 법률이 모든 남자에게 부과한 의무 즉 자녀를 낳으라는 기본적 의무를 달성할 수 없었다. 종종 그들은 이러한 의무를 완수한 이후에 공동생활에 뛰어든 사람들이었다.³² 그들은 안식일, 음식에 관한 금기, 사치와 쾌락의 포기 등 극단적인 교의를 철저히 지켰다. 이들은 한편으로는 사멸했고, 다른 한편으로는 기독교와 융합되었다.³³

684. 로마의 금욕주의

원시 로마의 모레스는 매우 준엄했지만 금욕적이지는 않았고, 가족과 성에 관련된 제도는 모레스에 의해 엄격히 통제되었다. '여신과 같은 처녀'(Vestal Virgins)에서 우리는 처녀성이 고도한 종교적 기능을 위한 자질이었으며 따라서 그것은 가치 있고 순수하며, 결혼보다 더 고귀한 지위를 갖는 것으로 여겨졌음을 알 수 있다.

685. 기독교의 금욕주의

기독교는 부귀, 영화 그리고 쾌락에 금욕적 태도를 취한다. 기독교는 유대교에서 관능에 대한 적대감을 물려받았다. 유대인들은 관능을 이

---

[31] 위의 책, 52.
[32] *Jewish Encyclopedia*, V, "Essenes" 항목.
[33] Cook, *Fathers of Jesus*, II, 48; Lucius, *Essenismus*, 131; Graetz, *Geschichte der Juden*, III, 92 이하.

단의 표시이자 우상숭배와 특별히 관련이 있는 것으로 생각했다. 우리는 영화와 쾌락을 한편에 그리고 다른 한편에 관능을 놓고 양자를 분명히 구분하며 후자를 금욕적 이유에서가 아니라 이성적인 이유 때문에 억압한다.

686. 기독교에서 통합된 세 개의 전통

기독교에 유입된 세 가지 전통적 흐름은 금욕적 관념들과 절제 관념을 약화시켰다. 육신과 정신의 적대 관계는 갈라티아 신자들에게 보낸 서간 5장 16절에서, 육체의 사악함은 로마 신자들에게 보낸 서간 7장 18과 25절 그리고 에페소 신자들에게 보낸 서간 5장 29절에서 표현된다. 그러나 금욕주의자들은 티모테오에게 보낸 첫째 서간 4장 3절에서 "신이 창조했고 진리를 믿고 아는 자들이 감사의 마음으로 받아들여야 할 것인 결혼을 금하며 육식을 못 하게" 한다고 비난받는다. 티모테오에게 보낸 첫째 서간 3장 2절과 티토에게 보낸 서간 1장 6절에는 성직자나 주교는 한 여인의 지아비여야 한다고 명백하게 진술되어 있다. 계시록 14장 4절에서 어떤 집단은 다음과 같이 묘사된다. "이 사람들은 여자와 더불어 더럽히지 아니하고 순결한 자라." 생식과 출산은 "불순하며" 그것을 포기하는 것은 "순결"하다는 관념이 여기에 드러나 있다. 레위기 14장 16~18절을 참조하라. 코린토 신자들에게 보낸 첫째 서간 7장에서의 교의는 결혼의 포기가 최선이며, 결혼은 인간의 나약함에 대한 굴복이고, 결혼 관계 밖에서의 모든 성적인 관계는 죄라는 것이다. 만약 죄, 덕, 순수함 등에 대한 전문적, 기술적인 정의가 있다면 그 정의는 오직 금욕적인 특징을 갖는 자의적 행위들에 의해서만 만족될 수 있을 것이다. 또한 그 정의들은 의무와 권리를 넘어서서 선함과 공덕의 등급을 만들어낸다. '종교적'인 사람은 단순히 기독교인이 요구받는 것을 넘어서서 신성함을 계발하는 전문적인 계층이 된다. 성인은 그와 같은 발전 과정에서 신성함에 다다른 영웅이다. 일반적으로 신성함과 성자다움을 획득하는 방법은 자의적이고 금욕적이어야 한다. 예를 들면, 단식, 스스로 고통을 가하기, 하기 싫은 역겨운 행동 하기, 과도한 의례 등.

687. 초기 교회에서의 금욕주의

그리스-로마 세계가 그리스도 출생 즈음에 금욕적 사상과 금욕적 실천 경향으로 충만되어 있었다는 사실은 충분히 드러났다. 사도들의 시대 이후에는 특수한 계층의 성직자 금욕주의자들이 있었다. 이런 계층은 서로 다른 지역에서 서로 다른 원천에서 생겨났다.[34] 에픽테토스(기원후 60년 출생)는 언제나 매우 기독교적이라고 인정되어온 정신과 기질을 가지고 있었다. 그는 금욕은 고통과 재앙을 굳세게 참아내는 데 목적이 있는 것이 아니라 사악한 욕망을 억누르고 자기를 단련하는 데 목적이 있다고 생각했다. 초기 기독교 시기에는 평범한 기독교인보다 더욱더 순수한 삶을 영위하고자 했던 사람들로 구성된 모임들이 있었다. 그들은 "완전성의 권고"로서 결혼이나 육식의 포기와 같은 규칙을 채택했다.[35] 금욕적 경향은 2세기 후반에 교회 내에서 강력한 힘을 얻었다.

---

[34] Harnack, *Die Pseudoclementinischen Briefe de Virginitate und die Entstehung des Mönchthums*, 3.
[35] Hatch, *Griechenthum und Christenthum*, 121.

그러나 그 실행은 자발적이었고 개인의 종교적 충동에 따라 제안되었으며 교회 지도자들은 그 지배적 경향을 합리적으로 통제하고자 했다. 지도자들은 스스로 가하는 고통이 신을 즐겁게 할 수 있다는 생각은 불합리하다고 간주했다.[36] 그러나 그 경향은 저지할 수 없었다. 그것은 그 시대에 속한 것이었다. 에피쿠로스주의를 제외한 모든 철학과 모든 신비주의적 분파는 그 경향을 부추겼다. 기독교 교리는 그 경향에 적대적이지 않았다. 그 경향이 기독교인 사이에서 성행한 것은 당연했다. 2세기에는 도덕적 개혁에 대한 깊은 열망이 있었고, 이를 촉진하기 위해 도덕적 규율은 규칙들로 정식화되었고 하나의 체계를 형성했다. 개인들은 고난을 견디라고 배웠고 포도주 대신 물을 마시고, 침대보다는 바닥에서 자라고 배웠다. 어떤 경우 그들은 쇠사슬에 묶여 채찍질을 당하는 육체적인 잔인함을 기꺼이 감내했다. 그런데 그들은 그 인내력을 과시했기 때문에, 반대의 오류가 거기서 등장했다.[37] 도덕적 수련은 고독한 삶 속에서 가장 잘 실행할 수 있을 것이다. 많은 철학자는 제자들에게 집을 떠나 다른 곳에서 - 다른 도시에서 또는 혼자 떨어져 살면서 - 실천하라고 강요했다.[38] 3세기 말 금욕적 교파는 엄격주의가 쇠퇴했음에도 힘이 매우 강력했다. 신플라톤주의 사상, 기독교 세계 내의 증대하는 혼란, 사회적 퇴보 시기의 흥분과 불안, 그리고 마지막으로 과거 기독교인들을 순교로 이끈 열정적인 신에 대한 사랑을 발휘할 다른 수단을 마련할 필요성 때문에, 금욕적 정서가 자극되었고 널리 유포되었다. 교회를 국가가 승인했을 때 더 이상 순교는 있을 수 없게 되었다. 유사한 경향이 당시의 철학 분파들에서도 나타난다. 『순결에 대한

---

[36] Lea, *Sacerdotal Celibacy*, 29.
[37] Hatch, *Griechenthum und Christenthum*, 108.
[38] 위의 책, 109.

서한(Letters on Virginity)』의 작가로 지목되는 클레멘스(Clement, 기원후 300년 경)³⁹는 순결서약의 강력한 옹호자이다. 그는 결혼하지 않았음에도 서로 사귀고, 함께 먹고, 마시고, 잡담하고, 험담하며, 서로 방문하는 후안무치한 기독교인 남자와 여자들에 대해서 들었다. 금욕주의자들은 자신을 나머지 사람들에게서 완전히 분리하도록 강요받았다. 그들은 기도하고 설교하고 악마를 내쫓아주면서 무일푼으로 방랑했다. 금욕주의의 동기는 세계의 종말, 열광, 이원적 철학, 관능에 대한 공포 그리고 영지주의적(gnostic) 교리를 이해하는 것이었다. 기원후 300년경 금욕주의자들은 타락했고 돈을 밝혔으며 더 완전한 고립(수도원 제도)이 필요했다.⁴⁰ 4세기에 금욕적 삶은 교회 내부 기독교인의 삶의 형태가 아니라 하나의 독립적인 삶의 형태로 생각되게 되었다. 그것은 견유학파와 가장 밀접히 연관된 '철학'으로서 간주되었다. 외적인 면에서 견유학파 추종자와 기독교 금욕주의자는 비슷했다. 조악한 의복과 깎지 않은 머리로 외모도 똑같게 되었다.⁴¹ 4세기에 기독교인들은 바울의 윤리학을 포기했다. 평균적인 기독교인은 평균적인 시민이었다. 그들에게는 사회에서 통용되는 윤리적 관념이 있었다. 당대의 문화로 만들어진 지적인 비계(scaffolding)는 새로 수용된 관념들보다 강력했다. 모레스는 새로운 영향들을 물리쳤다. 정의와 신성함에 대한 관념 대신에, '덕성'이라는 낡은 관념이 지배적이 되었다. "네 이웃을 너 자신처럼 사랑하라"는 법칙 대신에 낡은 덕목의 나열이 윤리적 반성의 내용을 이루었다. 교회

---

³⁹ (옮긴이 주) 교황 클레멘스 1세로 보인다. 『순결에 대한 서한』은 과거 클레멘스의 저작으로 간주되어 왔으나 최근의 연구에 따르면 이 작품은 다른 저자의 것으로 보는 것이 합당하다.

⁴⁰ Harnack, *Die Pseudoclementinischen Briefe de Virginitate und die Entstehung des Mönchthums*, 19, 21, 22.

⁴¹ Hatch, 122.

지도자들은 4세기 말에 이러한 변화를 감지했다.[42] 마니교 분파들은 정통파보다 더 열심히 금욕주의를 실천했다. '세상'을 등지는 것은 이기적 행동이었다. 그 시기는 동요의 시기였다. 국가가 지고 있는 부담은 과도했다. 훌륭한 사람들이 국가와 시민 사회의 의무를 거부하는 것은 죄악이었다. 사람들은 순결을 그리스도적이라고 찬양하고 그것을 사회와 가정에 대해서 가르쳤다. 결혼은 지극히 경시되긴 했지만 금지되지는 않았다. 그 대신에 어떻게 결혼이 존중될 수 있는지를 설명하고자 특별한 신비가 동원되었다. 그리스도의 신부(bride)가 되기를 원하는 영혼의 몸은 순결해야 한다.[43] 만약 누군가 가정과 가족에 몰두한다면 그는 저열하고 의심스러운 어떤 것으로 타락한 것이다. 로마 제국은 300년 동안 결혼을 권장하고 인구를 늘리려 노력해 왔다. 콘스탄티누스는 순결서약에 반대하여 관련 법률들을 폐기했다. 그 후의 황제들은 성직자들을 "제국의 심장을 파먹는 자율적인 부담"에서 해방시켰다.[44] 모든 사람이 성직자가 되려고 기를 썼다. 하지만 교구에 정주한 신부의 수는 제한되어 있었기에, 많은 사람은 수도사가 되었다. 또 교회의 부가 그들의 관심을 끌었다.[45] 그런 상황에서 위선자, 거짓 금욕수행자 그리고 사악한 성직자들이 생겨났다. 4세기 중반 이후에 교회는 서약을 한 사람은 그것을 지켜야 한다는 것을 법제화하기 시작했다. 신성한 처녀(즉 수녀)와 결혼하는 사람은 누구든 사형을 당해야 했다. 교황 시리키우스(Siricius)는 384년 서약을 위반하는 일에서 남녀의 후안무치한 방종을 기

---

[42] Hatch, 123.
[43] Harnack, *Dogmengeschichte*, I, 747.
[44] (옮긴이 주) 성직자가 자율적, 자발적으로 지켜야 하는 의무였던 순결의무를 폐지했다는 뜻.
[45] 위의 책, 59.

술했다.[46] 이러한 방종은 부분적으로 부정(negation) 특히 성(性)의 부정으로서의 순결함이라는 관념이 낳은 또 하나의 논리적 귀결에 기인한다. 남성과 여성은 자신을 감각적 흥분에 의한 유혹과 위험에 노출시키며, 그럼에도 만약 죄를 범하지 않는다면 자신의 순진함을 간직할 수 있다.[47] 인간의 마음이 스스로에게 행하는 이러한 트릭은 많은 종파의 역사 그리고 신앙부흥운동의 현상에서 자주 본 것이다. 의례(ritual)적인 금욕주의는 감각적인 방종과 만난다. 이 두 가지를 화해시키는 데 필요한 궤변은 쉽게 구성할 수 있다.

688. 이슬람에서의 금욕주의

이슬람은 처음에 금욕적 경향이 있었지만 곧 그것을 상실했다. 무함마드와 그의 동지들은 기도로 밤을 새우곤 했다.[48] 잭슨(Jackson)은 현대의 야지디 공동체(Yezidi community)에서 '파키리아(fakiriah)'라는 "여성에 대한 일종의 금욕 명령"을 발견했다. 이것은 남성들 사이에 통용되는 '파키르스(fakirs)'에 대응된다.[49] 데르비시(dervishes)[50]는 전문적으로 종교적인 이슬람교도. 이슬람의 역사에서는 고통을 가치 있는 것으로 간주

---

[46] 위의 책, 60.
[47] 이러한 전도는 매우 자주 있었다. Todd, *Life of St. Patrick*, 91과 Lea, *A History of the Inquisition of the Middle Ages*, III, 109에 실린 사례를 보라. 때때로 이 심문은 유혹이 무력했음을 보여주기 위한 것이었다. Lea, *A History of the Inquisition of the Middle Ages*, II, 357; *Sacerdotal Celibacy*, 167.
[48] Wellhausen, *Skizzen und Vorarbeiten*, III, 210.
[49] *History of Religions*, section of *Journal of American Oriental Society*, VII, 22.
[50] (옮긴이 주) 이슬람의 금욕주의 종파의 수도자를 말한다.

한 종파와 집단들이 자주 등장했다가 사라지곤 했다.

689. 순결

순결은 부정적이며 어쩌면 극기(renunciation)일 수도 있다. 그럴 경우 순결은 금욕적인 사고방식과 일치하며, 극기로서의 순결은 가치 있는 것이라는 생각이 곧 도출된다. 기독교 성직자들은 이러한 논리적 연역을 했고 그것을 극단으로 밀어붙였다. 극기는 기회와 유혹의 면전에서 이루어지면 더 가치 있다고 생각되었다. 그래서 금욕주의자들은 자신을 감각과 의무의 전쟁터 한가운데로 집어넣을 기회를 스스로 마련했다.[51]

690. 중세의 금욕주의

11세기와 12세기에는 금욕적 성향이 마치 지적인 태풍처럼 되살아났다. 이 운동은 4~5세기 교부들의 저작을 다시 읽는 데서 자양분을 획득했다. 그것은 중세의 모레스 안으로 들어갔다. 그것은 대중의 취향 속에 있었고 교회는 그것을 권장하고 발전시켰다. 그것은 9~10세기에 기독교 교회를 장악한 사신에 대한 믿음 및 물신주의와 연관되어 있다. 유물(relics)들은 물신이었다. 성배와 성지도 물신이었다. 즉 그것들은 위대한 망자의 정신 때문에 주술적인 힘을 지니고 있다고 생각되었다.

---

[51] Achelis, *Virgines Subintroductae*. 필자(옮긴이 주: 이 책의 저자 William G. Sumner 자신이다)는 그 관계가 플라톤적인 동지 관계와 같은 것이었다고 생각한다.

성체 변화는 주술적이고 물신적인 사상을 미사의 예식에 적용한 것이었다. 중세의 모든 종교성은 금욕주의와 주술을 핵심으로 하는 형식을 띠었다. 성당 건축은 금욕적 종교의 대중적인 열광이었다. 순례도 같은 성격이었다. 이제 우리는 확신을 가지고 말할 수 있다. 금욕주의, 이단자에 대한 잔인성, 광신 그리고 성의 광기는 인간 본성의 깊은 곳에서 얽혀 있어서 서로 결합된 또는 각기 독자적인 현상들을 만들어낸다. 고통을 경멸하고 심지어 좋은 것이라고 생각하는 금욕적인 인간이 타인을 고문하는 것은 이해하기 어렵지 않다. 하나의 시대가 성의 광포한 분출을 만들어내면서 동시에 성의 포기에 대한 열광을 만들어내는 것은 하나의 원인이 모순적인 결과를 야기하는 또 하나의 사례일 뿐이다. 인간 사회에서는 이런 사례를 많이 볼 수 있다. 동일한 시대가 감각적인 세속 인간과 광신적인 성직자를 만들어내는 것은 역설이 아니다.

691. 기독교 모레스에서의 금욕주의

금욕적인 기준과 교의들은 기독교의 모레스로 흘러들었고 그리하여 종교적, 시민적인 기독교 세계의 모레스로 흘러들었다. 대중적인 관념에서 보면 기독교를 구성한 것은 금기였고, 부귀와 영화, 쾌락 그리고 성에 관한 금기를 가장 극단적으로 구성하고 또 그것을 가장 엄격하게 준수한 사람들이 가장 훌륭한 기독교인이었다. 그런 사람들은 기적을 일으킬 수 있다고 생각되었다. 중세에 결의론자(決疑論者, casuist)[52]와 신

---

[52] (옮긴이 주) 결의론(casuistry)은 일반적으로 응용논리학이나 법학의 탐구방법으로서 원리론적인 접근을 비판하면서 사례로부터 출발하려는 입장을 가리킨다. 결의론은 특수한 사례들로부터 이론적 규칙을 도출하고 이 규칙을 새로운 사례

학자들은 성에 관한 다양한 구분법과 반대 테제를 만들어내는 일에서 지칠 줄 몰랐던 것 같다.[53] 사실 이들이 이 문제를 집요하게 연구한 것은 그 자체가 그 문제와 연관하여 가장 중요한 요구 사항인 삼감과 품위 유지에서 이탈한 최악의 사례였다.[54] 극단적 교리를 담은 문서 중 하나는 13세기에 나온 『할리 메이덴하드(Hali Meidenhad)』[55]이다. 이 책의 목적은 여성들에 결혼을 포기하도록 설득하는 데 있다. 결혼은 노예생활이다. 신은 그 제도를 만들지 않았다. 아담과 이브가 죄를 지어 그것이 처음 생겨났다. 우리의 몸은 우리의 적이다. 순결은 지상의 천국이다. 행복한 결혼은 드물다. 모성의 삶은 고통스럽다. 가정생활은 시련과 다툼으로 가득 차 있다. 순결은 신의 명령은 아니지만 숭고다. 결혼은 단지 양보일 뿐이다(코린토 신자들에게 보낸 첫째 서간 7장). 이것은 그 시대의 정통 교리였다. 이 시기의 종교적 영웅들 중에서 적지 않은 사람들은 음식과 잠의 결핍, 그리고 금욕적 실천을 통해 스스로에게 강요한 광적인 흥분에 책임을 질 필요가 없다.[56]

에 적용함으로써 도덕적 문제를 해결하려는 추론방법이다. 때로는 나쁜 의미로, 영리하지만 부당한 추론방법을 가리키기도 한다. 원래 아리스토텔레스로부터 연원하지만 16~17세기에 예수회 신부들에 의해서 크게 발전되었다. 파스칼은 고해성사에 관한 예수회 신부들의 결의론에 대하여 맹렬하게 비판했다.

[53] Peter Lombard, *Sententiae*, IV, 31을 보라.
[54] (옮긴이 주) 여기서 섬너는 금욕적인 태도가 역으로 성에 대한 집요한 관심을 만들어내고 유지한다는 억실에 내해서 논하고 있는 것이나. 금욕은 성에 내한 금지와 절제를 요구하는데, 그것은 역으로 성에 대한 끝없는 관심과 모색을 만들어낸다는 것이다.
[55] *Early English Text Society*, 1866.
[56] 순교자 베드로에 관해서는 Lea, *A History of the Inquisition of the Middle Ages*, II, 214도 참조.

692. 재산의 포기

금욕주의를 실천하지 않던 사람들도 그 기준을 받아들였고 또 적용했다. 특별한 사례이자 가장 중요한 것 중 하나는 13세기에 있었던 재산 포기에 대한 찬양 및 그에 따른 귀결로서 뒤이은 두 세기 동안 구걸 행위에 부여한 높은 평가였다. 이것의 사회적 귀결은 너무나 컸다. 그래서 빈곤과 구걸에 대한 긍정적인 견해는 아마도 금욕적인 삶의 철학과 관련된 모레스의 역사에서 가장 중요한 결과라고 할 수 있다.

693. 금욕적인 기준

교회와 종교에 무관심하거나 적대적인 사람은 모두 성직자에 대한 금욕적 기준을 가장 극단적인 형태로 적용했다. 중세의 모든 문학은 신부, 수도사, 탁발 수사에 대한 조롱을 포함하고 있다. 그들이 조롱받은 이유는 부분적으로는 조롱하는 이들이 요구하기로 선택한 금욕주의의 척도 그리고 성직자들이 가르쳤고 또 그래서 스스로 실천해야 하는 듯이 보이는 금욕주의의 척도에 충실히 따르지 못했기 때문이다.

694. 탁발 수사

빈곤이 그 자체로 칭찬할 만하고 좋은 것이라는 생각은 13세기 초에 널리 퍼져있었지만 정식화되어 있지는 않았다. 자크 드 비트리(Jacques de Vitry)는 1216년 이탈리아에 살았던 사람으로서 여행기를 하나 남겼다.⁵⁷ 이 여행기에 따르면 그는 롬바르디아에서 한 공동체와 만났다. 이 공동체의 이름은 후밀리아티(Umiliati)⁵⁸였는데, 그들은 나중에 프란체스코회가 내세운 교리들을 지니고 있었다. 그 당시 초대 교회에 대해 사람들이 지닌 생각은 전적으로 환상에 기초한 것이었다. 그것은 전혀 사실에 기초하지 않았다. 사실 그 생각은 금욕적 이념에서 연역된 것이었다. 13세기의 교회는 초대 교회의 모습이라고 상정된 것과 모든 면에서 반대였다. 아시시의 프란체스코와 친구 몇은 그들이 생각하기에 초대 교회의 원리였으리라 여긴 것에 따라 살기로 결심했다(1208년).⁵⁹ 이들은 성장에 우호적인 조건을 만난 유일한 집단임이 틀림없다. 그 당시에는 그와 유사한 집단이 여럿 있었음은 분명하다. 드 비트리(De Vitry)⁶⁰는 교황의 법정에서 자기가 본 것 때문에 깊은 슬픔을 느꼈다. 모두 왕과 왕국, 분쟁과 소송 등의 세속적인 일에 정신을 빼앗겨서 정신적 문제에 대해 이야기하기는 거의 불가능했다. 그는 초대 기독교인들처럼 살면서 영혼을 구제하려 하고, 고위 성직을 수치로 여기며, "짖지 않는 개들"이었던 프란체스코회 수사들을 존경했다. 복음의 말씀과

---

⁵⁷ *Nouveaux Mémoires de l'Académie Royale des Sciences, Lettres, et Beaux Arts de Belgique*, XXIII, 30.
⁵⁸ (옮긴이 주) Humiliati. '가난한 이들'로 번역되는 이탈리아에서 비롯된 수도회. 처음에는 교회의 개혁과 청빈 운동을 전개했으나, 점점 가톨릭교회에서 멀어지게 됨으로써 결국 이단 선고를 받았다.
⁵⁹ (옮긴이 주) 1208년 프란체스코는 한 미사에서 마태복음 10장 5~14절 말씀을 들었고 이것은 비유적 의미로가 아니라 문자 그대로 이해하고 또 실천하기로 마음먹었다. 그것은 예수가 사도들을 파견하면서 한 말씀이었다. "너희들은 금이나 은도 구리도 주머니에 갖지 말며, 여행 보따리도 지니지 말고, 두 개의 옷을 갖지 말며, 신이나 지팡이도 갖지 마라."
⁶⁰ (옮긴이 주) Philippe de Vitry(1291~1361). 프랑스의 작곡가, 음악이론가, 작가이자 가톨릭 주교. 비트리는 당대의 주도적 지식인으로 알려져 있다. 인문주의 작가인 페트라르카가 그를 칭송한 바 있다.

당시 교회 사이의 가장 극명한 대조는 부와 계층 질서에 의해 제시되었다. 프란체스코는 모든 재산을 거부했다. 빈곤은 이상화되었고 상징화되었다. 그는 물건을 생산하거나 소유하려 하지 않았기에 다른 사람들에게서 무엇인가를 구걸하거나 빌리지 않을 수 없었다. 이 무언가를 지닌 다른 사람들은 그가 보기에는 죄인이었다. 빈곤에 대한 찬양에서 가장 먼저 추론되는 것은 구걸을 미화하는 것이고, 구걸을 생산적인 노동보다 더 찬양하는 일이었다.[61] 『장미 이야기(Roman de la Rose)』 안에는 빈곤에 관한 서사시가 하나 있다. 부를 찬양하는 것이 비열하고 퇴폐적이라면, 빈곤을 찬양하는 것은 미친 짓이다. 그것은 폼 잡기나 겉치레 이상의 어떤 것이 될 수 없다. 키우시(Chiusi)의 백작은 프란체스코에게 라 베르나(La Verna) 산을 은둔하고 명상할 장소로 선사했다. 그런데 이 장소를 소유하려면 맹수와 도둑들 때문에 무장한 사람들이 필요했다.[62] 그렇다면 여기서 우리는 모든 범죄, 이기심 그리고 "소유"의 폭력을 볼 수 있다. 프란체스코의 전설적인 이야기는 우화에 불과하다. 그것은 당시의 대중적인 생각의 산물이다. 그는 기적을 행했다고 한다. 까마귀가 주위에 몰려들었다. 그의 명령은 별다른 노력 없이도 매우 빨리 퍼졌다. 분명 그것은 그 시대의 기질, 열망, 이상과 맞아떨어졌다. 그것의 강점은 당시의 모레스에 맞았다는 데 있었다. 무한한 돈과 재산이 그리로 쏠렸다. 프란체스코는 1226년에 죽었고 1228년에 성인의 반열에 올랐다. 도미니코(1170~1221)는 알비파(Albigeneses)와 다른 이단들에 대항하고자 설교자의 수도회를 만들려고 했다. 그는 설교하고 또 가르칠 수 있는 학식 있고 학문적인 수도회를 만들고 싶어 했다. 그는 이 수도회

---

[61] 프란체스코의 사상은 5세기의 디모테오파에 의해 널리 전파되었다. 그러나 얼마 지나지 않아 그들은 이단으로 지목되었다(Lea, *Sacerdotal Celibacy*, 377).
[62] Carmichael, *In Tuscany*, 224.

를 탁발 수도회로 만들었는데, 이는 당시 수도원의 삶에 만연해 있던 부패를 방지하기 위해서였다. 이 두 탁발 수도회는 서로 앙숙이 되었고 사사건건 싸움을 벌였다.[63] 이론과 교리에서 그들은 교회가 어떠해야 하는가에 대한 당대의 생각들을 정확히 충족했다. 그리고 "그들은 당시 교회가 거의 완전히 상실한 대중적 존경심을 회복했다."[64] 그 시대는 이상과 환상을 가지고 있었고 거기에 기초해서 사고했고 그것을 발전시켰다. 고난을 겪는 것은 선한 것으로 존경받았고 고난과 더불어 행하는 자기부정은 성인의 자격을 형성했다. 프란체스코와 그 동료들은 이 모든 이상을 가슴에 품었고 이런 사유 방식을 지니고 있었다. 프란체스코는 그 시대의 이상적인 인간이 되었다.[65]

695. 프란체스코회

다른 탁발 수도회들도 당시의 지배적인 생각들을 증명한다. 예를 들면 아우구스티누스파 은자들(1259년), 갈멜 수도회(1245년), 마리아의 종복들(약 1275년) 등이 있다. 탁발 수사들은 단 한 세대도 그들의 교리에

---

[63] Lea, *A History of the Inquisition of the Middle Ages*, I, 302.
[64] Lea, *Sacerdotal Celibacy*, 377.
[65] Little, *St. Francis of Assisi*, 138. 카마이클(Carmichael, *In Tuscany*, 228)은 프란체스코가 성흔(聖痕, stigmata)을 받았기 때문에 만족했다. 그는 이렇게 말한다. "어떤 진지한 사람도 이 사실을 더 이상 문제 삼을 수 없다." 이 성흔은 천사에 의해서 가해졌고, "검고, 단단하고 뭉툭한 실체의 긴 못들"에 의한 것이었다. "못의 둥근 대가리는 손바닥 가까이에 있었고, 손등에는 못의 뾰족한 쪽이 나와 있었으며 마치 나무를 통과해서 고정된 듯 다시 안으로 구부러져 있었다." 이 상처는 너무나 큰 고통을 초래해서 프란체스코는 걸을 수 없었다. Little은 성인의 삶에서 이 전설이 전달해주는 바의 모든 세세한 거짓말 같은 사실들을 거부하지 않는다.

따라서 살지 않았다. 13세기 중반에 이미 보나벤투라는 프란체스코회의 탐욕, 유산을 차지하려는 송사와 노력 그리고 수도원 건물의 위용과 사치스러움을 비판해야 했다.[66] 두 개의 거대한 탁발 수도회는 대중의 취향과 신앙을 거머쥠으로써 현실 권력이 되었다. 그들은 교황의 의용군이 되었고 교황의 절대권을 확립하는 데 도움을 주었다. 그들은 "당시 세계의 조건에 완벽하게 적응했다."[67] 빈곤의 교리는 교회의 성격, 목적 그리고 야심과 부딪혔다. 프란체스코회는 자신의 체계의 초대교회적 성격을 확실히 하고자 그리스도와 사도들은 재산을 완전히 포기하고 구걸로 살았다고 주장했다. 그것은 성서적이고 역사적인 주장이었으며 사실의 문제였다. 이 문제를 둘러싸고 격한 논쟁이 벌어졌다. 그 때문에 수도회는 수도원파와 영성파라는 두 개의 학파로 분열했다. 1275년 프란체스코의 원래 사상과 규칙에 집착한 영성파가 이단으로 취급되고 처형되었다. 그들은 프란체스코를 또 하나의 그리스도라고 간주했고 그의 규칙을 새로운 계시라고 생각했다. 그들은 이단적이라고 간주된 열광적인 종파들에게 쉽사리 공감했다.[68] 또한 프란체스코회는 그 기원에서 이미 위계적인 권위와 확립된 규율에서 어느 정도 독립적이었다. 그러므로 이 수도회는 현존하는 교계 제도 속으로 편입될 필요가 있었다. 13세기의 교황들은 보니파키우스 8세 때까지는 시대의 기준들을 수용했고 탁발 수사들을 인정했다. 1279년 교황의 칙서인 『엑시트 쿠이 세미나트(Exiit qui seminat)』에서 프란체스코회의 규칙은 성령의 계시에 기인하는 것이 되었고, 재산 포기는 승인되었다. 재산의 사용은 정당하지만, 소유는 잘못이었다.[69] 보니파키우스는 다른 학파에

---

[66] Lea, *A History of the Inquisition of the Middle Ages*, III, 29.
[67] Michael, *Geschichte des Deutschen Volkes*, II, 78.
[68] Lea, *A History of the Inquisition of the Middle Ages*, III, 33.

속했다. 그는 교계 제도의 힘을 키우고자 했던 실천적인 인물이었다. 무소유의 관념이 불합리하지만, 적어도 기독교인은 물질적 화려함과 허용 그리고 권력 투쟁을 거부해야 하며 또 검소, 단순함 그리고 서로의 봉사 속에서 살아야 한다는 것은 기독교의 교리에 근접한 것이었다. 교계 제도는 부귀와 영화를 추구했고 또 무엇보다도 권력과 지배를 추구했다. 보니파키우스는 영성파 프란체스코회 수사들에게 수도원파의 규칙을 따르라고 명령했다. 몇몇은 이 명령에 복종하려 하지 않았고, 이단자와 순교자가 되었다. 프란체스코의 사상과 규칙에 대한 이들의 열정은 너무도 강해서 이들은 자신의 믿는 바를 위해 기꺼이 순교를 택했다.[70] 영성파의 순교자 중 가장 뛰어난 사람은 베르나르 델리시외(Bernard Delicieux)였다. 그는 이단 심문소 및 교황과 싸웠고, 갖은 종류의 협박과 고문을 다 받은 후 사슬에 묶인 채 물과 빵으로 연명하다가 옥사했다.[71] 반대 측도 순교자를 냈다. 이들은 그리스도와 사도들이 구걸로 연명하지 않았다는 주장을 위해 기꺼이 목숨을 내놓았다.[72] 사도들이 가난 속에서 구걸하면서 살았다는 주장은 모두 그 당시의 위계적 교계 제도에 대한 비판이었다. 또 다른 냉철한 교황인 요한 22세는 그리스도와 사도들이 재산 없이 살았다는 주장은 이단이라고 선언했다. 그때 아시시의 프란체스코와 그와 견해가 동일했던 모든 사람은 이단자가 되었다.[73] 1368년에는 엄격한 프란체스코주의자들이 떨어져 나와 준수파(Oservantines) 수도회를, 그리고 1487년에는 회상파(Recollets)를 형성

---

[69] 위의 책, 30.
[70] 위의 책, 51.
[71] 위의 책, II, 75, 99.
[72] 위의 책, 59.
[73] Lea, *A History of the Inquisition of the Middle Ages*, I, 541.

했다. 회상파는 규칙을 엄격히 준수하는 사람들이 모여 만든 또 하나의 수도회로서 교황 인노켄티우스 8세의 재가를 얻어 스페인에 건립되었다. 엄격한 수도회일수록 언제나 그만큼 더 열정적으로 교황 제도를 섬기는 일에 전념했다.[74]

696. 가난은 선(善)인가

탁발 수도회의 역사는 잘못된 생각에 대한 – 매우 이해하기 힘든 – 이야기이다. 빈곤이 좋은 것이라는 주장은 상식을 뒤엎은 것이다. 사람들이 사는 데 필요한 것을 가지려 하지 않는다는 것은 모든 철학[75]에 대한 부정이다. 탁발 수사들이 이 교리를 만들어낸 것은 아니다. 그것은 모레스 안에 있었고 이로부터 탁발 수사들이 생겨났다. 탁발 수사들이 즉시 전제정치의 탐욕스럽고 사치스러운 선발대가 되었다는 것은 인간 본성의 무절제함에 대한 하나의 사례일 뿐이다.

697. 성직자의 독신주의

기독교적 기준에 따라 순결이 유일하게 올바른 규칙이고 결혼은 단지 용인된 것에 불과하다면, 성직자는 관습적인 용인이 아니라 참된

---

[74] 위의 책, III, 172, 179.
[75] (옮긴이 주) 여기서 철학은 넓은 의미의 학문으로 이해되어야 한다. 섬너는 모든 학문은 곧 인간의 삶의 개선을 위해서 존재한다는 전제에서 출발하고 있다. 그러므로 금욕주의는 결국 모든 학문을 필요성을 부정하는 셈이다.

기준에 따라 살아야 한다는 주장이 정당하게 제기될 것이다. 이것은 성직자의 독신 생활(celibacy)에 대한 최선의 논거였다. 독신주의가 교회의 규칙이지 그리스도나 복음서의 명령이 아니라는 것은 잘 알려져 있었고 또 논쟁거리도 아니었다. 그것은 성직자에게 부여되고 강요된 금욕적인 실천이다. 성직자들은 결코 그 의무에 따르지 않았다. 그 규칙은 죄와 악을 생산했고, 수천 명의 탁월한 중세인의 삶에 도덕적인 부조화와 비열함을 초래했다. 14~15세기의 좀 더 타락한 시기에는 서약했던 의무와 덕목을 위반하는 일이 금전적인 벌금과 참회 아래서 공공연하게 자행되었다. 그러나 성직자의 독신 생활이라는 관념은 규율에 의해 신부들의 용례와 기독교의 모레스에서 굳건히 확립되어 있었기 때문에 결혼한 신부라는 관념은 혐오스럽고 용인될 수 없는 것이었다. 동시에 용례는 모든 사람에게 신부와 고위 성직자의 축첩을 당연한 것으로 여기게 했고 또 모든 기독교 세계는 교황이 자신의 자식들과 함께 바티칸에서 살고 있으며, 거기서 그들은 결혼했고 또 마치 왕들이 궁정에서 그렇게 하듯 공공연하게 아버지에게서 재산을 물려받는다는 사실을 알고 있었다. 허위와 위선은 무엇이 잘못이고 또 해결책인가에 대한 판단은 차치하고 깊은 도덕적 타락을 초래했다. 교황 비오 2세는 성직자의 독신 의무를 폐지해야 할 이유가 지금까지 성직자에게 그것을 부여해온 이유보다 더 강력하다고 확신했다.[76] 그러나 그는 자신의 확신을 실행에 옮길 인물은 못 되었다. 인정하고 서약했던 금욕적 규칙을 위반하는 일이 인성에 미치는 영향은 십계명 중 하나를 위반하는 일이 인성에 미치는 영향과 같았다.[77]

---

[76] Burckhardt, *Die Kultur der Renaissance in Italien*, 465.
[77] (옮긴이 주) 여기서 섬너가 말하고자 하는 것은 기독교의 독신주의는 지킬 수 없는 규칙을 부과함으로써 결국 위선과 허위를 초래하게 되었다는 것이다.

698. 기독교 금욕주의는 어떻게 끝났는가

금욕적 관점과 취향은 16세기 초에 상업, 부, 생산력, 물질주의, 향락의 시기가 낳은 관념과 취향에 압도되어 모두 사라졌다. 새로운 시대에는 삶에 대한 이교적인 즐거움이 되살아났다. 욕망의 대상은 부귀, 영화, 아름다움, 쾌락이었다. 모두 금욕주의자들이 경멸하고 저주한 것이다. 그 반작용은 관능과 유물론 그리고 예술의 발전에 우호적인 것이었다. 근대라는 시대가 형성된 것은 노력과 결과의 직접적 관계에 대한 믿음을 가지고 합리적인 노력을 부지런히 경주함으로써 가능했다. 요행에 의존하는 요소는 여전히 남아 있었고, 그것은 여전히 비합리적이다. 그러나 그에 대한 인간의 태도는 바뀌었다. 금욕주의의 근거는 모두 사라졌다. 우리는 우리가 원하는 것을 위해 용기, 희망, 신념을 가지고 일하며 그 결과물을 정당한 것으로 향유한다. 만약 행운이 우리를 외면하면 우리는 다시 시도할 것이다. 우리는 결실 없는 노동의 증대나 고통을 매우 싫어한다. 근대 사회 전체의 모레스는 우연적 요행의 요소에 관해 중세와는 전혀 다른 방식으로 생각한다. 이러한 변화는 종교에 관한 느낌이 근대적으로 변한 데 대해 아주 많은 것을 설명해준다.

제19장 교육, 역사

교육의 미신 – 교육에서의 상실, "선교사가 만든 인간" – 학교는 인간을 모두 하나의 패턴에 따라 형성한다. 정설 – 비판 – 모레스와 교육의 상호 반작용 – 역사가의 한계 – 역사에 대한 과대평가 – 성공과 신의 가호 – 철학적 신념과 역사에 대한 연구 – 민주주의와 역사 – 역사에 대한 연구와 모레스에 대한 연구 – 교육의 가장 본질적인 요소 – 모레스의 역사학이 필요하다

서론

모든 아동을 대상으로 대중 교육을 해야 하는 이유 중 하나는 천재가 사회에 대해 지니는 거대한 가치 때문이다. 우리는 누가 천재인지를 어린 시절에 식별하고 인지할 수단이 없다. 만약 그럴 수 있다면 이들을 위해 거액을 투자하고 또 이들을 공공 비용으로 교육하는 것은 큰 이익을 가져다줄 것이다. 우리의 대중 교육은 천재를 선발하는 체계라고 해도 무방할 것이다. 학생들은 "그들이 우리를 더 이상 가르치기를 원하지 않는다"고 생각할 때 학교를 떠난다. 물론 학업을 계속하는 한 사람을 위해 수천 명이 물러난다. 그것은 매우 낭비적인 체계이며, 그 비용은 고스란히 납세자들에게 전가된다. 혜택을 받은 자들은 자신의 삶을 그들이 원하는 곳에서 자유롭게 보내도록 남겨진다. 만약 이 체계가 건전하고 공정하다면 그것은 미국 전역의 재능있고 천재적인 사람들의 사회적 공헌으로 인해 미국의 모든 사람이 얻는 공통의 이익 때문임이 틀림없다.

699. 교육의 미신

대중 교육과 그에 대한 몇몇 신념은 우리 시대의 모레스에 속한다. 우리는 문맹을 혐오스러운 것으로 간주한다. 우리는 기초적인 서적 학습[1]을 통해서 인성을 형성하고, 좋은 시민을 만들고, 가정 모레스를 순

---

[1] (옮긴이 주) book learning. 앞뒤 문맥으로 볼 때, 분명히 섬너는 교과서나 서적 위주의 교육에 대해서 비판하는 의미로 이 단어를 사용하고 있다.

수하게 유지하고, 도덕을 고양하며, 개성을 확립하고 야만을 문명화하고 또 사회적 악과 폐단을 치료할 수 있다고 믿는다. 우리는 학교 교육을 우리가 좋아하지 않는 모든 사회현상에 대한 치유책이라고 간주한다. 학교와 대학이 제공하는 정보, 교사가 동반하는 예절 연습, 학교에서 실천되는 모레스의 의례 그리고 학교에서의 연습을 통해 얻는 정신적 숙련은 개인에게 생존을 위한 투쟁을 훌륭하게 수행할 능력을 준다. 글을 읽을 줄 아는 사람은 그렇지 못한 사람보다 부를 더 잘 획득할 수 있다. 또한 학생이 학교에서 공부함으로써 마련되는 여러 길은 개인들에게 인성을 형성하는 데 필요한 이성과 양심을 갖도록 영향을 미칠 수 있다. 그러나 사실상 인성의 개선은 고사하고 더 많은 부를 생산한다는 것조차도 거기서는 보장되지 않는다. 서적 학습의 위력에 대한 우리의 신념은 과대 포장되어 있고 또 근거가 없는 것이다. 그것은 이 시대의 미신이다. 인성을 형성하고 건전한 삶의 원리에 대한 믿음을 심어주는 교육은 인격적인 영향과 본보기를 통해 실현된다. 그런 일은 모레스에 의존하는 것이며, 다시 말해 학교에서 가르치는 교과서가 아니라 학교의 습관과 분위기에서 달성된다. 학교에서의 공부는 어떤 것이 이루어질 기회를 열어 준다. 그러나 그것이 실제로 실현될 개연성은 사람에 따라 달라진다. 그리고 그것은 우리가 원하는 바에 대해 '무익'하거나 반대되는 것일 수 있다. 학교에서의 고도한 성취는 획득한 능력을 강화하지만, 이 능력의 윤리적 가치는 그것을 어떻게 사용하느냐에 달려 있다. 이런 사실은 종종 현대의 교육학 논쟁에서 오용되거나 과장되었지만, 그것이 현실임은 부인할 수 없다. 서적 학습은 지성에 호소할 뿐 감정에는 호소하지 않는다. 그러나 감정이야말로 행위의 원천인 것이다.

700. 교육에서의 상실, 선교사가 만든 인간(missionary-made men)

교육은 언제나 개인이 성공하고 집단의 힘을 증대하는 수단으로서 인정되어 왔다. 야만 시대에 어린이는 연장자가 교육했다. 아주 어린 아이는 좀 더 큰 아이들이 교육했다. 그리고 동시에 집단이 소유하는 정신적 능력 전체가 어린이에게 전달되며 모든 모레스도 이 전통에 따라 전달된다. 그러므로 현대 교육에서 교육이라는 용어는 서적 학습이나 학교 교육과 등치됨으로써 그 의미가 매우 협소해졌다는 사실에 주목해야 한다. 많은 교사는 열심히 그리고 야심적으로 예절과 모레스를 가르친다. 그리고 학교의 작업을 가정이나 교회가 적절히 보완한다. 그러나 이 제도들은 어떤 정해진 계획에 따라 협력하지 않으며, 종종 자신의 역할을 제대로 수행하지 못한다. 교육에 대한 현대의 미신은 큰 오류를 포함하고 있다. 즉 협소한 의미의 교육에는 어떤 상실이나 위축이 존재한다는 사실이 잊히고 있다.[2] 이집트 농부에 대한 관찰과 경험에서 페트리(Petrie)는 다음과 같이 말한다. "그것의 폐해는 바보를 만들어낸다는 데 있다. 어떤 농부들은 읽고 쓰기를 배우는 데 이러한 – 그의 아버지에게는 존재하지 않았던 – 부담스러운 과제의 결과는 그들이 바보가 된다는 데 있다. 이 사실은 너무도 분명하다. 내가 만났던 읽고 쓰기를 배워야 했던 이집트인들은 언제나 우둔하고 바보스럽거나 자신을 건사할 능력이 없다. 그의 지성과 건강은 교육을 강요받음으로써 손상되었다."[3] 페트리의 주장에 따르면 저급한 문명권의 각 세대는 단

---

[2] (옮긴이 주) 교육이 문화와 맺는 연관이 망각되고 있다는 지적이다. 그러므로 '교육에서의 상실'이라는 이 절의 제목은 교육에서 문화적 측면이 상실되었음을 의미하는 것이다.

[3] *Reports of the Smithsonian Institute*, 1895, 596.

지 아주 사소한 정도로만 이전 세대를 넘어서 진보할 수 있다. 그는 허영이나 거짓된 자부심을 자극하는 데 강세를 두지 않는다. 만약 페트리가 옳다면 그의 주장은 킹즐리 양과 다른 사람들이 불평하는 "선교사가 만든 인간(missionary-made men)"과 베케(Becke)가 묘사한 사회적 결과[4]가 왜 나왔는지를 설명한다. 또한 우리 사회의 광기, 정신병, 범죄, 자살의 증가 역시 무엇보다도 청소년기에 지속적이고 강력한 뇌의 긴장이 강요된다는 데 부분적인 원인이 있음이 틀림없다. 여성들도 더 많은 교육을 받아야 하는데, 왜냐하면 이들이 남자보다 더 많이 삶의 경쟁에 휘말리기 때문이다. 그래서 여성들도 질병에 시달린다. 아동 자살의 사례는 우리 교육방식에서 유래하는 가장 경악할 결과이다. 이러한 개인적이며 사회적인 병폐들은 우리가 '고도한 문명'을 위해 치러야 할 비용의 일부분이다. 그 병폐들은 교육의 귀결이며 교육과 더불어 움직인다. 이러한 반작용으로서의 병폐가 언제나 생겨날 수밖에 없음을 알지 못한다는 것은 아마도 사회적인 문제를 해결하려는 노력이 겪게 되는 경로(course)[5]에 대한 커다란 무지일 것이다.

701. 학교는 인간을 모두 하나의 패턴에 따라 형성한다, 정설

학교 교육은 최선의 지식과 좋은 감각에 의해 조절되지 않는 한 똑같

---

[4] *Pacific Tales.*
[5] (옮긴이 주) 여기서 섬너의 사회학적 입장이 잘 드러난다. 섬너는 사회적 문제를 해결하려는 어떤 적극적 노력은 항상 사회적 긴장과 병폐라는 부작용을 동반한다고 보고 있다. 이런 입장에서는 우리는 어떤 의도적인 정책적 개입에 대해서도 신중함을 기해야 한다는 주장이 가능하다.

은 패턴을 가진 남자와 여자를 만들어낼 것이다. 마치 녹로(lathe, 鹿盧)에 돌린 진흙처럼 말이다. 성직자들이 학교를 운영할 때 그들의 의도는 바로 이런 결과를 얻는 것이었다. 그들은 기독교인이라는 이상을 염두에 두었고 모든 사람을 이 모델로 교육하기를 원했다. 민주주의 사회의 공립학교도 똑같은 방식으로 움직일 수 있다. 동일한 사람이 오랜 기간 운영하는 기관은 그 어떤 기관이든 특정한 유형을 생산할 것이다. 시험지는 출제자가 애호하는 사상을 보여준다. 잊어서는 안 될 것은 학자들(scholars)은 성장한 사회의 구성원과 마찬가지로 스스로 습속을 만들어 내려고 노력한다는 것이다. 이윽고 그들은 규약, 기준, 선호하는 유형 그리고 유행을 채택한다. 그들은 자신의 지도자들을 선택하여 열정적으로 추종한다. 또 그들은 애호하는 영웅들을 만들어내고 자신을 그와 똑같이 치장한다. 그들의 전통은 유형화되고 권위적이 된다. 생산물의 유형은 고정된다. 이 유형은 교사 및 행정가들이 설정한 목적과 일종의 타협을 한다. 그리고 학교에서 배출되는 사람들은 이 유형의 특성에 따라 식별된다. 유럽에서 예수회 대학을 졸업한 사람은 그래서 금방 티가 난다고 말들을 한다. 영국에서 옥스퍼드와 케임브리지를 졸업한 사람은 다른 영국인들과 쉽게 구분된다. 대륙의 학교와 병영에서, 그리고 신문, 책 등등에서, 교육에 의해 계발되는 것은 왕조의 정서, 민족 정서, 군인 정서, 그리고 또 이런저런 기회 아래서는 종교적이며 성직적인 정서, 또한 다른 영향에 의해서는 계급 및 계층의 정서 등이다.[6] 민주주의 사회에서는 언제나 하나의 패턴에 따라 거대한 결과를 향해 가는 경향이 존재한다. 삶의 모든 위대한 교리에 관하여 어떤 정설이 만들어진다. 그것은 대중에게 통용되는 가장 닳아빠진 상식적인 견해

---

[6] Schallmeyer, *Vererbung und Auslese,* 265.

로 이루어진다. 그것은 신문과 대중문학에서 볼 수 있다. 그것은 매우 지방색이 강하고 속물적이다. 정설은 대중이 명시적으로 공표하지 않은 그런 일들로 확장되지 않는다. 그런 일들에 관해 정설은 자유롭고 탄력적으로 대응한다. 사람들은 정설의 일반적 특성에 대해 종종 잘못된 판단을 내린다. 대중적 의견은 언제나 광범한 오류, 사이비 진리 그리고 50년 전의 그럴듯한 일반화를 포함한다. 만약 교사가 자유무역론자 또는 중상주의자라서, 혹은 지배적인 집단이 일으킨 나라 전체의 명운이 걸린 전쟁을 비난해서, 혹은 해밀턴은 위대한 정치가였고 제퍼슨은 중요한 인물이 아니라고 생각해서, 또는 알코올이 국가 제도에 언제나 나쁜 것은 아니라는 증거를 찾았다고 말해서, 이사회에 의해 파면된다면, 우리는 차라리 신학자들이 교육을 지배하던 시대로 되돌아가는 편이 나을 것이다. 왜냐하면 신학자들은 신학에는 엄격했지만 다른 것에는 개입하지 않았기 때문이다. 학교 이사회가 거의 언제나 '실리적인 사람들'로 구성되고, 또 만약 이들의 신념, 사상 그리고 편견이 교육의 규준이 되어야 한다면 학교는 그런 패턴에 욱여넣은 소년과 소녀를 만들어낼 것이다. 어떤 내용이든 사심 없고 진지한 의견에는 사악함이 없다. 우리 모두 이런 사실을 받아들이는 척하고 있다. 하지만 그렇게 행동하는 사람은 별로 없다. 우리는 머지않아 정설의 역사학(특히 우리나라의 정설의 역사학), 정치학, 정치경제학 그리고 사회학을 교과로 도입할 것으로 보인다.[7] 그것은 부분적으로 정치인들로 구성된 학교 이사회에 의해 정해질 것이다. 물리, 화학, 지질학, 생물학, 상업 그리고 나머지가 이해관계와 충돌을 일으키자마자 그리고 금전적인

---

[7] 한 독일 신문에 따르면 바이에른 의회는 1897년 자신의 정부에 대해서 왕립대학들의 교수직을 더 이상 다원주의자들에게 주지 말라는 희망을 피력했다.

효과를 초래하는 결과를 낳자마자 (이런 일은 머지않아 일어날 것이다) 대중적인 정설은 그리로 확장될 것이고, '민주적'이라는 이름 아래 강요될 것이다. 그렇게 되는 유일한 이유는 아이들에게 지배층의 관점과 이익에서 볼 때 '올바른' 것을 가르쳐야 한다는 욕망이 거기에 있기 때문이다. 그 밖의 다른 이유는 없다. 그것은 과거 성직자들이 지배권이 있을 때 취한 것과 동일한 관점이다. 수학만이 그런 규칙 아래서도 가르칠 수 있을 유일한 교과목이다. 다른 교과에서 우리는 보편적으로 그리고 모든 시대에 타당한 '올바른 해답'을 알지 못한다. 우리는 지금 현재까지의 최선의 연구에 기초해서만 사물의 모습을 인식하며 그것이 바로 우리가 가르칠 수 있는 모든 것이다. 사실 바로 이런 이유 때문에 학교 이사회와 이사진의 정해진 대답은 해로운 것이다. 그들은 절대적이며 보편적인 지식이 있다고 가르친다. 그러나 사실 우리는 반대로 모든 지식은 무한한 검증과 개정의 과정에 종속되어 있다고 가르쳐야 한다. 기존의 체계에서 교육된 사람과 후자의 체계에서 교육된 사람은 철학, 시민성, 재정 그리고 산업의 모든 문제에 직면할 때 전혀 다른 주체가 되어 있을 것이다.

702. 비판[8]

비판은 승인을 받으려고 제출된 모든 종류의 명제를 검토하고 시험하여 이들이 현실에 부합하느냐 하지 않느냐를 알아내려는 활동이다.

---

[8] (옮긴이 주) 흥미롭게도 여기서 섬너는 이미 듀이의 비판적 사고 교육의 아이디어를 선취하고 있다. 이 절에서 그는 비판적 사고의 태도가 한 사회의 모레스가 되어야 비로소 그 사회가 실질적으로 개선될 수 있다는 점을 강조하고 있다.

비판적 능력은 교육과 훈련의 산물이다. 그것은 정신적 습관이며 힘이다. 남자나 여자나 그런 훈련을 받아야 한다는 것은 인간 복리의 기본 조건이다. 비판은 환상, 기만, 미신 그리고 자기 자신과 현실적 환경에 대한 오해에 대항하기 위한 유일무이한 무기이다. 비판은 우리를 모든 해로운 견해의 암시에서 보호해줄 능력이다. "우리는 모두 타인이 도달한 결과에는 비판적이면서 자신이 도달한 결과에는 무비판적이다."[9] 암시나 자기 암시에 따라 행동하는 것은 충동에 따라 행동하는 것이다. 교육은 우리에게 판단에 따라 행위하라고 가르친다. 우리의 교육은 잘 발달된 비판 능력을 길러주는 한에서 좋은 교육이다. 13세기는 비판적 능력을 갖추지 못했다. 그 시기는 어둠 속에서 헤매면서 오류를 저지르고 또 그리고 이후 수백 년 동안 실패와 불행을 야기한 움직임을 시작했다. 왜냐하면 그 시기는 환상을 다루었고, 인간 또는 세계 속에서의 인간의 지위를 알지 못했기 때문이다. 19세기는 비판적 능력의 획득과 사용으로 특징지어졌다. 종교적 교리문답은 결코 어린이에게 비판 능력을 훈련할 수 없다. '애국적' 역사와 열광적인 찬양문학도 결코 그럴 수 없다. 모든 과정과 방법의 정확성과 합리적 통제를 강조하는 교사 그리고 모든 것을 무한한 검증과 개선에 열어 두는 교사는 어느 교과를 가르치든 상관없이 학생들이 그 방법을 몸에 익히게 한다. 현대의 용어로 하면 이 방법은 '과학' 또는 '과학적'이라고 불린다. 비판적 사고 습관은 한 사회에 널리 퍼지면 그 사회의 모든 모레스에 스며들 것이다. 왜냐하면 그것은 삶의 문제를 다루는 방식이기 때문이다. 그런 사회에서 교육받은 사람은 감언이설의 웅변에 속아 넘어가지 않으며 열광적인 연설에 기만당하지 않는다. 그들이 무엇을 믿는 데는 시간이

---

[9] Friedmann, *Wahnideen im Völkerleben*, 219.

걸린다. 그들은 주어진 사태를 - 확신이 없이 그러면서도 고통 없이 - 다양한 정도의 가능성이나 개연성에 따라 받아들일 줄 안다. 그들은 어느 한쪽을 선택하고 단언하게 만드는 강조나 믿음에 영향을 받지 않은 채, 증거를 기다리고 증거의 경중을 평가할 줄 안다. 그들은 가장 친근한 편견과 모든 종류의 감언이설에 저항할 줄 안다. 비판 능력을 교육하는 것은 좋은 시민을 기르는 유일한 교육이라고 할 수 있다. 지배체제와 현존 법칙의 작동은 언제나 시민을 '교육'하고 있다. 그러나 그것은 종종 나쁜 시민을 만들고 있다. 현존하는 체제는 시민들로 하여금 정부와 더불어 전쟁을 하라고 가르치거나 상대방을 이용하기 위해 정부를 활용하라고 가르칠 수 있다. 법률은 소수가 다수를 크게 '등쳐먹는' 일을 조직화할 수 있다. 법률은 사람들로 하여금 부유해지는 길은 '등쳐먹는 일에 합류하는 것'이라고 교육할 수 있다. 법률에 의해 주어지는 해악과 기회에 모레스가 반작용하는 것은 '힘든(graft)' 일이다. 위대한 교육은 힘이 든다. 사회체제는 어떤 학교보다 빠르게 그리고 깊이 교육한다. 거대한 절도가 행해지고 있다고 믿고, 자신도 거기에 합류하거나 아니면 약탈을 당해야만 한다고 믿는 사람은 경제학이나 정치학에서 배울 것이 전혀 없다.

703. 모레스와 교육의 상호 반작용

교육이 원래 학교 교육이나 교과서 학습에 머물지 않는다는 것을 부인할 사람은 별로 없다. 교육은 학생이 지닌 모든 유용한 힘을 계발하고 훈련하는 것 그리고 그가 천성적으로 물려받은 모든 나쁜 성향을 억제하는 것을 의미한다. 이 명제에서 '유용한' 그리고 '나쁜'이라는 용어는 현재 인정되는 그리고 인정되지 않는 성향과 능력을 의미할 뿐이다. 즉 모레스에 의해 권장되거나 비난받는 것을 의미한다. 좋은 시민, 좋은 남편과 아버지, 좋은 사업가 등은 단지 그 시기에 유행하는 유형일 뿐이다. 뉴잉글랜드에서 그런 존재는 50년 전과 전혀 다르다. 모레스와 교육은 서로에게 반작용한다. 그것들은 새로운 나라에서는 오래된 나라에서 그렇듯 고정화되지 않을 것이다. 스페인과 포르투갈 그리고 좀 덜하지만 이탈리아와 러시아에서, 모레스는 경직된 형태를 취했고 학교와 대학을 통제해서 교육받은 사람의 유형이 세대에 따라 별로 변하지 않게 만들었다. 학교가 너무 엄격하게 정형화되지 않는다면 그들은 새로운 사유, 전통에 대한 비판 그리고 모레스를 재형성하는 새로운 사상의 보금자리가 될 것이다. 청년들은 그들 앞에 현존하는 전통적인 것에서 잘못된 것을 기꺼이 찾아내려고 한다. 모든 나라의 대학생은 열렬한 혁명가였다. 물론 그들은 실수를 하며 해악을 끼친다. 그러나 그 대안은 낡은 악습과 신성시되는 오류의 지배일 뿐이다. 습속은 지속적으로 쇄신되고 재생되지 않으면 현재 상황에 잘 맞지 않게 된다. 그리고 습속은 전통의 고정성에 종속되는 것보다는 혁신되는 편이 훨씬 더 좋다. 현대 사회의 조직에서 학교는 경험과 지식의 유산 – 종족의 정신적인 성취 전체 – 을 젊은이에게 전달하는 제도적 장치이다. 그러므로 사람들이 수용하고 승인한 모레스와 도덕성은 이 제도를 통해 후세로 전달된다. 전달은 충실해야 하지만 비판이 개입되어야 한다. 자유로운 판단과 취향의 반작용은 모레스를 신선하고 활동적으로 유지할 것이며 학교는 과거의 모레스가 어떻게 작동했는지에 대한 지적인 연구를 통해 모레스를 쇄신해야 하는 장소이다.

704. 역사가의 한계

만약 학교가 이런 연구를 수행해야 한다면, 역사는 이를 위한 주요한 영역이다. 어떤 역사가도 자기 사회에서 유래하는 모레스를 벗어나지 못한다. 그는 교회, 정치 또는 사회철학에서 어떤 당파적 입장을 채택할 수 있다. 만약 그렇게 한다면, 그의 관점은 정해질 것이고, 그것은 분명 분파적일 것이다. 설사 그가 분파의 한계를 넘어서 나아간다 해도 그는 자신이 교육받은 애국적이며 윤리적인 지평 밖으로 벗어나지 못한다. 특히 그가 다른 나라의 역사와 자신의 시대가 아닌 다른 시대를 다룰 때 더욱 그러하다. 모든 역사가는 자기 민족을 문명의 횃불을 전달하는 자로 간주한다. 그 민족의 모레스는 그에게 윤리적 관점을 제공하며, 이 관점에 따라 그는 다른 민족들에 대해서 알게 된 것을 평가한다. 우리의 고대사 및 고전 고대 민족들의 역사는 현대의 학자가 저술한 것이다. 현대 러시아의 문헌에서는 러시아의 '문명화의 사명'에 대한 구절을 찾을 수 있다. 이 구절들은 '적절히 변형하면'(mutatis mutandis) 영국, 프랑스 또는 독일의 문헌에 등장하는 영국, 프랑스, 독일의 문명화의 사명에 대한 구절에 의해 번역될 수 있을 것이다.[10] 심지어는 터키, 인도 그리고 중국의 문헌에서도 마찬가지일 것이다. 역사가의 애국주의는 그의 판단을 지배하며 특히 과거에 행한 일에 대한 변명이나 변호에서는 특히 그러하다. 현대의 개신교도와 로마가톨릭교도 또는 미국인과 유럽인은 중세에 대해 견해가 동일할 수 없다. 그들이 아무리 편견 없이 그리고 객관적으로 생각하려 노력한다 해도 말이다. 역사가는

---

[10] (옮긴이 주) 여기서 저자 섬너는 모든 나라의 역사 서술이 자문화중심주의적이라는 사실을 주장하고 있다.

그렇게 행동할 수밖에 없다. 왜냐하면 만약 다른 방식으로 즉 진정 편견 없이 글을 쓴다면 사람들은 그의 작품을 외면할 것이기 때문이다. 그러므로 완전하고 편견 없는 역사는 존재하기 힘들다. 그것은 도덕적으로 불가능할지 모른다. 모든 학생은 학창 시절에 오직 궁극적인 원천 자료에 근거해서 역사의 한 조각을 얻어냄으로써 '역사는 무엇이 아닌지'를 납득해야 한다. 대학의 역사에서 위기의 시대를 살았던 사람은 누구나 일어난 일, 각축하는 세력 그리고 개인의 참여 등에 대한 정확한 문헌적인 서사를 기억과 기록으로 확립하는 것이 얼마나 불가능한 일인지 배웠을 것이다. 기념물, 축제, 기본 신념, 연설 그리고 시는 광범위하게 모레스 안으로 들어갈 수 있다. 그것들은 역사에 도움이 되지 않는다. 오히려 역사를 불명확하게 만든다. 즉 오류를 보호하고 편견을 더욱 고착화한다. 대중적인 인기를 얻는 통속적인 문학도 마찬가지다. 미국에서 널리 통용되는 생각 중 하나는 러시아가 과거 언젠가 미국이 공감과 원조가 절실하게 필요했을 때 미국에 공감하고 또 많은 원조를 했다는 것이다. 그러나 이것은 전적으로 거짓이다. 그 사실 여부를 확인할 수 있는 구체적인 시기나 상황은 전혀 제시되지 않고 있다. 그럼에도 이런 대중적 신념은 교정할 수 없다.

705. 역사에 대한 과대평가

역사를 지금처럼 열심히 연구한 적은 없다. 학자들 사이에는 역사를 과대평가하는 경향 그리고 '역사주의'(historyism)[11]라고 불러야만 할 어떤

---

[11] (옮긴이 주) 여기서 역사주의는 섬너의 고유한 용어로 이해되어야 한다. 여기서

것을 만들어내는 경향이 있다. 사려 깊음은 이러한 경향이 지배적이 되면서 사라졌다. 정치경제학도 거기에서 길을 잃었다. 그러나 누군가가 철학하거나(phlosophizing) 법을 제정할 때 과연 '역사의 가르침'에 지배된 적이 한 번이라도 있었을까? 역사의 가르침은 그 내용이 장애가 되면 시대가 변했고 또 새로운 조건이 등장했다는 미명 아래 언제나 무시되었다. 이러한 주장은 참일 수 있다. 그리고 그것이 참일 가능성은 언제나 고려할 필요가 있다. 역사에서는 어떤 두 사건도 결코 동일한 적이 없었다.

706. 성공과 신의 가호

여러 분파와 당파는 신의 가호와 권능을 주장했다. 그들은 성공과 실패를 자신의 주의주장과 행동강령을 신이 인정 또는 거부했다는 증거로 받아들이겠다고 과감하게 선언했다. 그들 중 누구도 이 검증을 진정으로 수용한 적은 없다. 이슬람교도가 성공했기 때문에 올바르다고 주장한 몇몇 십자군이 있었다. 교회는 성전기사단이 이런 연역을 했다는 데서 이들을 화형시킬 근거를 찾았다. 그것은 이단이었다. 기독교가 성공을 했다면 연역은 이슬람에 반대해서 이루어질 수 있었을 것이다. 그러나 그 반대는 안 된다. 모든 민족은 초월적 권능이 무엇을 승인했는가에서 끌어내는 연역을 이런 식으로 수행했다. 역사에 개입하는 초월적 권능이 있다 해도, 사람들이 아직 그 권능의 방식과 인간

역사주의는 역사에서 미래의 교훈을 이끌어낼 수 있으며 또 그래야 한다는 식의 역사의 효용을 지나치게 과대평가하는 입장을 지칭한다.

의 방식이 서로 어떻게 반응하는지 알아내지 못했으며 또 그들의 방식을 해석하는 어떤 수단도 찾지 못했음은 확실하다.

707. 철학적 신념과 역사에 대한 연구

유사한 방식으로 다른 철학적 신념들이 역사에 대한 연구에 간섭한다. 모레스는 역사가에게 신념을 부여하며 신념은 그의 작업을 망가뜨린다. "세계가 환상이라는 생각에 물든 민족이 어째서 모든 역사적 탐구를 게을리했는지 이해하기는 어렵지 않다. 진정한 역사나 전기와 같은 것은 산스크리트 문헌에는 전혀 존재하지 않는다. 역사적인 탐구는 힌두교도들에게는 단지 어리석은 일일 뿐이다."[12]

708. 민주주의와 역사

민주주의는 거의 한결같이 역사에 무관심하다. 민주주의의 교의는 역사를 중요하지 않은 것으로 만든다. '인민(people)'이 언제나 올바르고 또 현명한 것을 안다면 최상의 신탁(oracle)은 항상 우리에게 있으며 언제나 현재에 있다. 공무원 시험에 대한 신문기사의 보고에 따르면 한 경찰직 공무원 지원자는 에이브러햄 링컨이 누구인가 하는 질문에 남북전쟁에서 남측에 속한 뛰어난 장군이라고 답했다고 한다. 그럼에도 그는 탁월한 경찰관이 될 수도 있을 것이다. 미국사에 대한 그의 우스

---

[12] Monier-Williams, *Brahmanism and Hinduism*, 39.

황스러운 무지는 그의 채용에 대한 반대 논거가 될 수 없다. 그 질문은 시험관의 지능을 의심하게 한다. 만약 모든 경찰관이 미국사 시험을 본다면, 아마도 엄청난 무지와 오류가 나타날 것이다. 미국사 연구는 아무리 많이 해도 더 좋은 경찰관이 되게 하지는 못한다. 이것은 전체 대중에 대해서도 마찬가지로 타당하다. 역사에 대한 지식은 세련된 성취이다. 그러나 그에 대한 무지는 사람들이 자신의 직업 전선에서 성공하는 데 방해가 되지는 않는다. 그러므로 그들은 역사에 신경 쓰지 않으며 또 역사를 중요하게 생각하지 않는다. 학교의 교육과정에서 역사 교과가 위치한 높은 지위는 유럽 전통의 유산이다. 대중적 의견은 역사 교과의 지위가 올바르고 정당한 것이라고 인정하지 않는다. 학생의 마음과 모레스에 대한 역사의 효과는 만약 역사가 모레스를 직접적으로 다루지 않는다면 거의 무에 가깝다.

709. 역사에 대한 연구와 모레스에 대한 연구

그러므로 역사에 대한 연구와 모레스에 대한 연구 간의 관계를 명확하게 이해할 필요가 절실하다. 에이브러햄 링컨의 경력은 여러 측면에서 그의 시대의 모레스를 예증했다. 그리고 이 모레스에 대한 몇몇 사실적인 지식은 결코 경찰관에게 불필요하거나 부적절한 것이 아니다. 마찬가지로 우리의 학교에서 추구하는 다른 학습 분과도 가치 있는 교훈과 훈육을 포함한다. 그러나 이것들은 표면에 드러나 있지 않다. 이것을 드러내어 학생들의 관심이 거기에 쏠리게 하는 것이 기술이다.

710. 교육의 가장 본질적인 요소

한 인간의 교육은 그가 살아있는 한 결코 중단되지 않는다. 인생의 모든 경험이 그를 교육한다. 학창 시절 그는 삶의 접촉에 의해 그리고 그가 행하고 또 겪는 것에 의해 교육을 받는다. 이 교육은 모레스를 그에게 전한다. 그는 어떤 행동이 인정받는지 인정받지 못하는지를 배운다. 더 나아가 어떤 종류의 인간이 가장 존경받는지, 모든 경우에서 어떻게 행동해야 하는지, 또 무엇을 믿고 또 거부해야 하는지를 배운다. 이 교육은 세심한 단계에 따라 진행되며 종종 반복된다. 그 영향들이 인간을 형성한다. 이 모든 것은 명백히 가장 본질적이고 중요한 교육을 구성한다. 만약 우리가 모레스가 무엇인지를 이해하고 동료 인간과의 접촉이 언제나 모레스를 전한다는 사실을 이해한다면, 우리는 이 교육을 더 잘 이해하고 또 아마도 어느 정도 조절할 수 있을 것이다.

711. 모레스의 역사학이 필요하다

현대 역사가들은 전쟁, 음모, 왕가 간의 결혼을 연구하는 것을 어느 정도 경멸하며 그런 것에는 관심을 기울이지 않는다. 이것들은 전통적인 역사가들이 주된 관심을 기울였던 것이다. 다수의 현대 역사가는 '인민'의 역사를 쓰는 일에 관심이 있다. 이들은 현재 필요한 것이 모레스의 역사라는 것을 분명히 인식하고 있다. 이 일을 성취한다면 그들은 역사에서 가장 보편적이고 영구적인 것을 추출해낼 수 있다.

제20장 생활방식, 덕성 대 성공

생활방식 - 맹세, 진실성 대 성공 - 현명한 영웅 - 오디세우스, 로테르, 니알 - 게르만 서사시에서의 현명한 영웅 - 기독교인들 사이에서 역사적 감각의 결핍 - 이탈리아 르네상스에서의 성공 방책 - 확신과 행동 간의 괴리 - 고전학습에의 열중 - 인문주의자들 - 개인주의 - 말의 왜곡된 사용 - 정념과 행동의 무절제함 - 양성 사이 관계와 여성의 지위 - 성공 숭배 - 모레스에 대한 문헌 - 도덕적 무정부 상태

712. 생활방식

어떤 원시 부족이나 야만인 집단은 이야기를 할 때나 약속과 맹세를 할 때 매우 진지하다. 다른 집단들은 진실성을 완전히 무시하는 특성을 지닌다. 거짓과 기만은 이익의 관점에서 성공을 달성하는 수단으로 간주된다. 북아메리카 인디언은 일반적으로 적을 속여 넘긴 기만술책을 높이 평가한다. 사실 그것은 전쟁 기술의 일부였다. 그리고 사실 현대의 문명화된 전쟁에서도 그것은 마찬가지이다. 그러나 그것은 여러 도덕적 규칙을 통해서 제한된다. 아귀날도(Arguinaldo)[1]를 체포할 때 쓴 속임수가 그런 한계 내에 있는지는 의문이 있었다. 일종의 모방 전쟁인 스포츠에서도 기만과 '속임수'는 어느 정도 합법적이라고 인정된다. 사모아섬 아이들은 진실을 말하는 것은 "사모아인답지 못하다"고 배운다. 진실을 말하는 것은 자신의 이익을 희생하므로 어리석다.[2] 모든 저급한 단계에서 삶의 경험은 진실성을 가르치지 않는 것 같다. 진지한 민족은 일반적으로 고립되어 있고 평화적이며 단순하다. 전쟁과 무력은 술수와 책략을 만들어낸다. 기만을 경멸하고 또 이득이 되지 못한다고 간주하는 것은 가장 고도한 문명 단계에서만 나타난다. 정직이 최선의 방책이라는 것은 요즘 통용되는 교의이지만 실제로 확립되어 있지는 않다. 그것은 덕성 방책의 일부분으로서 정당하고 필요한 것으로 간주된다. 하지만 그것이 성공 방책[3]인지는 논란의 여지가 있다.

---

[1] (옮긴이 주) Emilio Arguinaldo(1869~1964). 필리핀의 독립을 추구한 군인이자 정치인으로서 1899~1902년에 진행된 미국-필리핀 전쟁을 주도했다. 미군 측의 교묘한 속임수에 의해서 1901년 미국의 장군 Frederick Funston에 의해서 체포되었다.

[2] *Globus*, LXXXIII, 374.

[3] (옮긴이 주) 섬너는 '성공 방책(a success policy)'이라는 용어를 만들어 쓰고 있

713. 맹세, 진실성 대 성공

진실성과 비진실성이 어떤 집단의 특성으로 나타나는 것은 사회적 복리를 가져오는 것이 무엇인가에 대한 그 집단의 신념에 기인함이 틀림없다. 그러므로 진실성은 원래 근원적으로 모레스에 내재한다. 그것은 종교에서 나온 것이 아니다. 오히려 종교는 모레스에서 통용되는 관점을 승인하고 재가한다. 맹세(oath)와 서약(imprecation)은 약속과 계약에서 종교적 승인을 불러오는 수단이다. 이 수단은 만약 맹세한 사람이 자신의 말을 어기면 초월적 권능이 어떤 미리 알려진 방식으로 인간의 일에 개입하리라는 것을 함축한다. 그러나 이러한 함축은 보통 실패로 돌아갔으므로 맹세에 대한 믿음은 결코 유지될 수 없었을 것이다. 맹세가 부분적으로 폐기된 이래로, 진실성의 중요성이 지각되었고, 그와 더불어 비로소 믿을 만하다는 평판의 가치가 인정되었다. 따라서 참된 성공 방책이 진리에 기초해야 하는지 아니면 허위에 기초해야 하는지가 문제로 되었다. 각 집단의 모레스가 그 대답을 포함하고 있고, 각 집단은 이 대답을 젊은이들에게 가르친다.

714. 현명한 영웅, 크리슈나(Krishna)[4]

꾀 많고 현명한 영웅은 난국에서 벗어나거나 목적을 달성하려면 무

다. 의미는 성공을 보장하는 방책, 행동방침 정도를 뜻한다.
[4] (옮긴이 주) 산스크리트어로 "검은색", "어둠"을 뜻한다. 힌두교의 신이며, 추종자들에 견해에 따르면 가장 높은 존재의 현현이다. 경전은 크리슈나의 몸의 색을 검은 먹구름에 비견할 만하다고 묘사한다. 크리슈나는 언제나 대나무 피리 '반수리(bansuri)'를 들고 다니며 머리에는 공작새의 깃털을 꽂고 있다.

엇을 해야 하는지 잘 안다. 이런 영웅은 위대한 서사시에 항상 나오는 인물에 속한다. 마하바라타(Mahabharata)에서 크리슈나는 바로 그런 영웅이다. 그는 판두잉족(Panduings)이 쿠루잉족(Kuruings)과 싸울 때 필요한 술책과 방책을 만들어낸다. 쿠루잉족 왕은 임종의 자리에서 이렇게 선언한다. 판두잉족은 언제나 비열하고 교활했던 반면 자신과 자신의 종족은 언제나 영예로운 방법을 고수했다고. 그러나 그는 죽고 그의 종족은 거의 몰살당한다. 승리자들은 크리슈나의 착상과 제안을 비난한 그 왕의 조롱에 얼마간 공감을 느낀다. 그러자 크리슈나는 이들에게 전리품을 보여주며 말한다. "하지만 나의 전략이 없었다면 너희는 이 귀한 것들을 얻지 못했을 것이다. 계략으로 그것을 얻었다는 것이 도대체 무슨 문제가 된다는 말인가? 너희는 이것을 원하지 않는가?" 사람들은 그에게 환호를 보내고 찬양한다. 그러자 살아남은 쿠루잉족은 덕성과 패배에 염증을 느낀 나머지 밤중에 판두잉족을 습격하여 살해한다. 그것은 영예로운 전쟁의 규칙에 반하는 것이었다. 덕성 방책과 성공 방책 간의 길항관계가 이보다 더 강력하게 표현될 수는 없을 것이다.[5] 같은 시가에서 사마리쉬타(Samarishta)는 생명 또는 재산이 위험에 처했을 때 거짓말은 다섯 개까지 할 수 있다고 말한다. 사악한 거짓말은 어떤 심각한 문제에 대해 입회인들 앞에서 한 거짓말이고 유일하게 현실적인 거짓말은 개인적 이익을 위한 목적으로 한 거짓말이다. 그러나 야야티(Yayati)는 이렇게 말한다. "내가 비록 극단적인 위험에 처해 있다 해도 거짓되게 행동해서는 안 된다."[6] 영웅들은 속이는 것을 두려워하며, 옛 인도의 성경인 베다에는 거짓말은 가장 커다란 죄라는 말이 나온다.[7]

---

[5] Holzmann, *Indische Sagen*, I, 170.
[6] Holzmann, *Indische Sagen*, I, 105.
[7] 위의 책, 23, 37, 119.

현명한 영웅은 대중적인 영웅으로 남았다. 오늘날 우리는 가네샤(Ganesa)[8] 또는 가나파티(Gana-pati) 즉 시바(Siva)의 아들은 진정으로 "명민함, 총명함, 인내심의 복합적인 인격화"를 대변하고 있다는 말을 듣는다. 그는 "이 모든 특성, 즉 종교적 활동을 수행하거나 책을 저술하거나 건물을 짓거나, 여행을 하거나 또는 그 밖의 다른 어떤 일을 할 때 장애물과 어려움을 극복하는 특성을 지니고 있다. 그는 무엇보다도 삶에서 이루는 성공의 전형적인 화신이다. 좋은 삶에 따라오는 윤택함, 번영 그리고 평화가 모두 거기에 있다."[9] 아주 오랜 고대부터 페르시아인은 유명한 거짓말쟁이다. 그들은 진실과 허위를 성공의 도구로 사용했다. 그들 사이에서 왕과 신하 그리고 남편과 아내의 관계는 거짓된 것이었다. 이 관계는 어떤 목적을 위해 만들어지고 또 유지되었다.[10]

715. 오디세우스

그리스인은 교활하고 성공적인 술책을 존경한다. 오디세우스는 꾀가 많은 사람이었다. 그는 현명한 영웅이다. 그의 외조부 아우톨리코스(Autolykos)는 헤르메스(거짓말과 절도의 신)가 부여한 재능으로 최고의 거짓말쟁이이자 도둑이 되었다.[11]

---

[8] (옮긴이 주) 힌두교의 신 중 가장 사랑받는 신으로 가나파티라는 이름으로도 등장한다. 시바와 파르바티 사이에서 태어난 아들이다. 긴 코끼리의 코에 하나의 상아를 가지고 있는 어린아이 또는 작고 빨간색인 남자의 모습으로 묘사된다.
[9] Monier-Williams, *Brahmanism and Hinduism*, 216.
[10] Hartmann, *Zeitschrift des Vereins für Volkskunde*, XI, 247.
[11] *Odýsseia*, XIX, 394.

716. 게르만 서사시에서의 현명한 영웅

12세기 게르만족 시가에서 로테르(Rother)는 자신의 목적을 책략으로 달성한 왕이다. 『니벨룽겐(Nibelungen)』에서 하겐(Hagen)은 어떤 위기에서도 무엇을 해야 할지 알고 또 책략과 힘을 동시에 써서 그 일을 해내는 유능한 사람이다. 영웅들은 술책과 책략, 계략 그리고 배신으로 유명하다.[12] 모든 서사시에서 왕은 지략과 술수가 풍부하고 현명하게 행동하는 모사(謀士)가 옆에 있다.[13] 아이슬란드 영웅전설인 부른트 니알(Burnt Njal)[14]에서 니알은 평화적이고 친절하며 해박한 사람이다. 그의 교묘한 방책은 주로 임시방편으로 가득한 그리고 다른 사람들에게는 별로 알려지지 않은 법칙에 대한 지식에 근거한다. 이 현명한 영웅들은 한 시대의 모레스에서 발전했고 또 서사시에서 고정 인물이 됨으로써 나중 시대의 모레스의 기준과 가이드가 되었다. 여기서 그들은 모든 사람이 되고 싶어 하는 유형으로서 찬양받았다.

717. 기독교인들 사이에서의 역사적 감각의 결핍

초기 기독교 시대의 수백 년 동안 모든 종교 및 철학 학파는 교화적인 저작을 위조해서 만들어내고 거기에 이전 세기의 위대한 권위를 부

---

[12] Lichtenberger, *Nibelungen*, 334, 354.
[13] Uhland, *Dichtung und Sage*, 232.
[14] (옮긴이 주) 니알 영웅전설은 아이슬란드의 영웅전설 중에서 가장 사랑받고 또 잘 알려진 전설이다. '부른트'는 방화를 통한 살인의 양식을 표현하는 단어이며, 다른 아이슬란드 영웅전설에서도 등장한다. 니알 전설은 아이슬란드 영웅전설 중에서 가장 길다.

여하는 일 또는 어떤 주장을 내세우거나 어떤 분파의 주장을 지지하려 역사적 문헌을 날조해내는 일을 허용할 수 있다고 생각했다. 이런 생각은 중세로 이어졌다. 역사적인 감성의 결핍은 십자군에서 잘 드러난다. 그들은 안티오크를 점령한 후 며칠 만에 그리고 바로 그 자리에서 존경스러운 지휘관들의 업적에 대해 이야기를 쓰기 시작했다. 물론 이 이야기는 과장되었고, 낭만적이고, 상상에 의한 것이다. 그것은 사실을 관찰해서 나온 것이 아니라, 기사도 소설을 본뜬 것이었다.[15] 이것은 신화 만들기는 아니었다. 그것은 지배적인 문학 유형에 따라 시적 창조를 함으로써 이루어지는 의식적인 축하연이었다. 그것은 기만은 아니었지만, 역사적 진리에 대한 전적인 무감각만을 보여줄 뿐이었다. 교회법의 경우에 "교황의 칙서는 교황의 우선권이라는 신성한 제도에 그리고 주교의 가르치는 직분에 사도 시대[16]부터 내려오는 문서적 권위를 부여하기 위해 만든 것이었다. 그것은 실제로는 존재하지 않은 권위였던 것이다."[17] 아마도 교황의 칙서들을 조작하고 날조한 사람들의 마음에는 사실과 자신이 만든 문헌 간의 대립에 대해 아무런 의식도 없었을 것이다. 만약 그들이 그것이 과연 윤리적인가 하는 물음을 받았다면, 그들은 이렇게 대답했을 것이다. 문제의 교리는 진리이며, 만약 과거의 교황들이 그에 대해 말할 기회가 있었더라면 아마도 자신들이 조작한 대로 그렇게 말했을 것임이 분명하다고. 중세의 역사 서술은 진리 또는 취향 어느 쪽에도 종속되지 않았다. 그것은 신과 교회의 영광을 위하여 사람들을 교화하는 내용을 포함했다. 전설과 역사는 모두 교화를 위해

---

[15] Kugler, *Kreuzzüge*, 52.
[16] (옮긴이 주) 사도 시대(apostolic times)는 열두 사도의 시대로서 예수의 죽음 이후 기원후 100년경 사도 요한이 죽을 때까지의 시기를 말한다.
[17] Eicken, *Geschichte und System der mittelalterlichen Weltanschauung*, 656.

사용되었기에 동등한 가치가 있었다. 그들의 진리 여부는 어느 경우든 중요하지 않았다.

718. 이탈리아 르네상스에서의 성공 방책

성공 방책을 가장 공개적으로 그리고 엄격하게 추구한 시기는 이탈리아 르네상스였다. 그것이 모든 덕성, 특히 말과 성격의 진실성에 미친 영향은 파괴적이었다. 그리고 이 시기의 모든 모레스는 진리를 무시하는 행위 규칙을 선택하는 것으로 특징지어진다. 사회적 변화의 가장 깊고 광범위한 원인은 자본의 축적과 자본주의적 계급의 발전이었다. 예술에서의 새로운 발전은 희망과 모험심을 일깨웠고 모든 방향에서 "발견을 향한 한없는 열정"을 만들어냈다.[18] 중세의 교회 제도는 이탈리아에서는 다른 나라와 같은 정도로 몽매하지 않았다. 그리고 이탈리아인의 이해관계는 여러 면에서 로마 교계 제도의 이해관계와 깊이 얽혀 있었다. 이런 사실은 이탈리아인의 자부심을 부채질했고, 로마가 기독교 세계의 중심이어야 한다는 이탈리아인의 이해관계에 봉사했다. 모든 사람은 교회의 확립과 직접 또는 간접적으로 연결되어 있었다. 철학적 사고의 자유 또는 성직자에 대한 경멸에도 불구하고 "교회를 지지하는 것은 좋은 사회 및 세련된 취향의 핵심이었다." "독일인이나 영국인에게는 교황의 교계 제도를 무력화하는 것을 차분히 생각하는 일이 그리 어렵지 않았다. 그러나 이탈리아인들은 아무리 교회의 정치적인 권력 행사를 증오한다 해도 문명화된 세계의 정신적 우위를 기꺼

---

[18] Symonds, *Renaissance*, III, 320.

이 포기하려 할 수는 없었을 것이다." 그래서 르네상스는 자신의 목적, 명백히 세속적이었던 그 목적을 교회 제도와의 표면적인 동료 관계 안에서 추구한 것이다.[19] "르네상스가 극성기였을 때, 이탈리아 중·상류 계층의 교회에 대한 태도는 현실적 삶과 깊이 얽혀 있는 몸체로서의 교계 제도에 대한 수용 그리고 성사와 의례에의 의존감과 더불어 경멸과 증오를 동시에 지니고 있었다. 그리고 이 모든 것은 또한 당시의 위대하고 성스러운 설교자들의 영향에 의해서 승인되었다."[20]

719. 확신과 행동 간의 괴리

이것은 기독교 교리에 대한 신념이 사라졌지만, 여전히 교계 제도는 많은 이해관계에 기여하는 용인된 허구였음을 뜻한다. 부르크하르트는 귀차르디니(Guicciardini)의 말을 인용[21]하는데, 거기서 귀차르디니[22]는 많은 교황을 모셨는데 이 때문에 자신의 이익을 위해 교황들이 위대한 사람이기를 바라지 않을 수 없었다고 말한다. 그렇지 않았다면 그는 마르틴 루터를 사랑했을 것이라고 말한다. 당시 교회가 내세운 교리의 제한과 억압에서 벗어나려는 것이 아니라, 동료 사제들의 타락을 고치고 그래서 그들이 권력 없이 또는 악덕을 저지르지 않고 사는 법을 배우게 하려고 그렇게 했을 것이라고 말한다. 따라서 인간의 행위는 이해관심과 편익 때문에 종종 자신의 가장 진지한 확신에서 분리되었다.

---

[19] 위의 책, I, 390~405.
[20] Burckhardt, *Die Kultur der Renaissance in Italien*, 458.
[21] Burckhardt, *Die Kultur der Renaissance in Italien*, 465.
[22] (옮긴이 주) Francesco Guicciardini(1483~1540). 이탈리아의 역사가이자 정치가.

그리고 인성에서 도덕적 비일관성이 발전한다. 교회가 설립되었고 기금은 몇 배로 늘어났다. 그래서 대중은 교황들보다 더 열광적인 것처럼 보였다. 그러나 16세기 초에는 숭배의 타락과 교회의 태만에 대한 통렬한 비판이 일어났다.[23] 낡은 모레스가 대대적으로 붕괴하고 새로운 것이 시작되는 현상을 거기서 목도할 수 있다. "상승하는 상업적 에너지를 해방하는 데는 15세기의 불신앙이 필요했고, 금욕적인 사제 제도(sacerdotalism)의 전복을 예비한 것은 물질적 개선에 대한 열망이었다."[24] 자본을 가진 새로운 시민 계급은 귀족과 성직자의 자유라는 중세적 사상에 대항해 새로운 자유의 사상을 만들어냈다. 이 새로운 계급이 근대 국가의 설립자가 되었다.

720. 고전 학습에의 열중

후기 중세에 불거진 고전 연구에 대한 열망의 근원이 무엇이었든, 그것은 유행이 되고 또 모레스에 강력한 영향을 미친 집단적 열중(fad)의 특이한 사례였다. 그것은 교회의 권위에 대한 항거에 의해 더 강화되었다. 그리고 그것이 만들어낸 인문주의는 교회가 제공한 정신적 자산을 대체했다. "인문주의는 문화에 의한 지성의 해방을 이루어냈다. 그것은 자연의 아름다움과 즐거움에 대한 관심을 환기했고 인간의 존엄에 대한 감각을 회복시켰고 또 인간을 신학적 권위에서 해방시켰다. 그러나 어쨌든 이탈리아에서 그것은 인간의 양심, 종교, 사회사상, 인간과 우주의 관계에 대한 심각한 질문들, 인간이 살고 있는 세계의 난

---

[23] 위의 책, 490.
[24] Lea, *Sacerdotal Celibacy*, 364.

해한 비밀들을 손도 대지 않고 그대로 남겨두었다."[25] 그러므로 그것은 일시적인 열중이었고 철저하지 못한 것이었다. 인문주의의 기준에 따라 위대한 학자였던 사람들이 있었다. 그러나 예술에 대한 열광, 라틴어 및 그리스어 문헌에 대한 열정, 발굴과 표본 채취를 위한 협동적 노력은 그 열중의 지배적인 특징이었다. 르네상스는 중·상류 계층의 관심사였다. 그것은 결코 대중에까지 퍼질 수 없었다. 고전 학습은 신분적인 표식으로서 간주되게 되었다. 그러자 그것은 더욱더 외적인 장식처럼 되었고 비진리의 색채를 띠게 되었다. 이에 반해 대중은 자신의 모레스에 대한 진지성이나 진실성에서 중·상류 계층보다 더 우월했다. 인문주의자들은 이단적이고 불경스러웠다. 그러나 그들은 자신의 주의주장을 교회 개혁에까지 넓히지 않았다. 그들은 고대의 지식과 고전적 견해의 명성을 과장하여 마침내 고대적인 것은 무엇이든 참되고 권위 있는 것이라고 생각하게 되었다. 그들은 한때는 교회의 교리에 부여된 것과 같은 비합리적인 경외심을 이제 고대적인 것으로 옮겨갔고, 성자에게 바쳤던 존경심을 위대한 고전 저자들에 바쳤다.[26] 16세기에 그들은 그 오만함, 수치스러운 산만함 그리고 불신앙 때문에 평가절하되었다.[27]

721. 인문주의자들

이탈리아의 인문주의자들은 서로 역사적인 관계가 없이 뿔뿔이 활동

---

[25] Symonds, *Catholic Reaction*, II, 137.
[26] Burckhardt, 184.
[27] 위의 책, 267.

했던 계층이다. 그들은 아무런 생업이나 직업이 없었고, 인정받는 커리어를 만들 수도 없었다. 그들의 논쟁은 대부분 개인적인 요인에 기초했다. 그들은 서로를 제거하려 했다. 이들에 대해 세 가지로 변호할 수 있다. 행운을 얻으면 누리게 되는 엄청난 사랑과 이득, 후원자의 변덕과 경쟁자의 악의에 좌우되는 불안정한 지위, 고대 또는 고대에 대한 그들의 관념이 그들에게 미친 기만적인 영향. 특히 마지막 요인은 인문주의자들의 기독교 도덕성을 파괴했을 뿐 그 대체물을 주지는 않았다. 그들의 생애는 일반적으로 말하면 가장 강력한 도덕적 본성을 가진 사람만이 무사히 견딜 수 있을 그런 것이었다. 그들은 변화무쌍하고 피곤한 삶에 뛰어들었다. 철저한 연구, 가정교사로서의 임무, 비서, 교수, 국왕을 보좌하는 업무, 생명이 걸린 적의와 위험, 열렬한 존경과 가차없는 경멸, 사치와 빈곤 등이 혼란스럽게 교차했다. 인문주의자들은 어떻게 위대한 학식을 지닐 것인지, 그리고 다양한 직위와 업무를 연이어 수행해야 하는 상황을 어떻게 감당할 것인지 알아야 했다. 그리고 여기에 때에 따라 얼을 빼는 난잡한 쾌락이 더해졌다. 그리고 가장 저열한 요구를 받았을 때, 그는 모든 도덕에 무관심해져야만 했다. 오만함은 인성에 나타난 어떤 결과였다. 인문주의자들은 자신을 유지하려면 오만이 필요했다. 그들은 주관성의 희생자였다. 고전 고대에 대한 찬탄은 너무 과도하고 잘못된 것이었다. 그래서 모든 인문주의자는 그들의 판단력을 파괴할 정도로 과도한 암시에 종속되었다.[28]

---

[28] Burckhardt, *Die Kultur der Renaissance in Italien*, 268~271.

722. '개인주의'

이 시기를 다루는 최근의 저술가들은 당시 등장한 개인주의를 강조했다. 이 말로서 의미하는 것은 재능 있는 인간이 전통적 도덕성에서 해방되었다는 것과 누구든 자신의 목적을 성취하기 위해 필요한 무엇이든 할 수 있다는 생각이다. 인간을 맷돌로 갈 듯이 갈아서 평균으로 만든다는 것은 불가능했다.[29] 이러한 개인주의적 입장은 정치와 사회적 다툼에서 매우 광범위하게 적용되었다. 플루타르코스, 플라톤 그리고 베르길리우스에 대한 수박 겉핥기식 지식은 어떤 것도 정당화할 수 있는 영웅적 사례들을 제공했다.[30] 마키아벨리의 『군주론』은 정치가를 위한 실무학교의 교과서일 뿐이었다. 이탈리아의 당시 조건에서 보면 마키아벨리는 어떤 능력 있는 사람을 가정했고 그가 어떻게 하면 가장 잘 행동하게 되는지를 물었다. "그는 말하기를, 그런 사람, 그런 과업을 떠맡은 사람에게 도덕적 고려사항은 부차적으로 중요할 뿐이며 오직 성공만이 그를 판단하는 기준이라고 했다. 이러한 생각은 그 당시 이탈리아의 현실이 그에게 강요한 생각이다. 그가 정식화한 방법들은 현실에서 실제로 사용하던 것이었다."[31] 고비노(Gobineau)[32]는 프랑수아 1세, 헨리 8세, 카를 5세, 레오 10세에 대한 미켈란젤로, 마키아벨리 그리고

---

[29] Symonds, *Renaissance*, I, 423.
[30] Gauthiez, *Lorenzaccio*, 71.
[31] Creighton, *Historical Essays and Reviews*, 336.
[32] (옮긴이 주) Joseph Arthur de Gobineau(1816~1882). 프랑스의 외교관이자 작가이다. 그를 유명하게 만든 것은 인종 간 불평등을 주장하는 책이다. 그는 인종주의적 사고의 기초를 놓은 사람으로 간주된다. 그는 또한 후기 낭만주의 시와 논쟁적인 수필의 저자이며, 고대 페르시아에 대한 역사적이고 서지학적인 연구를 했다.

그라나치(Granacci)³³의 대화를 가정한다.³⁴ 이 대화에서 화자들은 사건의 전개과정을 예견하려 시도한다. 그들은 왕의 인성을 올바로 평가하지 못하며, 종교개혁도 예측하지 못하고, 미래를 정확하게 판단하지도 못한다. 사실 미래에 대한 정확한 판단은 그 당시 누구도 할 수 없었을 것이다. 그 시기는 거대한 역사적 운동과 개인적인 허영과 욕망에서 오는 노력이 세계사를 좌지우지하려는 장대한 투쟁 속에 뒤섞이는 시대였기 때문이다. 이탈리아는 개인적 야망에 비해 협소한 경기장을 제공했다. 크레이튼(Creighton)³⁵은 리미니(Rimini)의 지스몬도 말라테스타(Gismondo Malatesta)³⁶에 대해 기술한다. 이 사람은 "인간에게는 어떤 일도 가능하다는 교훈을 철저히 몸에 익혔다. 그는 자신을 믿었고 또 오직 자신만을 믿었다. 그는 그 무엇이 되었든 자신의 욕망을 추구했다. 그의 육체적 욕망, 야망, 문화에 대한 사랑이 차례로 그의 마음을 뒤흔들었고 그는 그 각각 모두 완전히 발현하려 했다. 그는 잔악한 건달이자, 지략이 뛰어난 장군이며, 모험적인 정치인이며, 세심한 행정가이고, 문학자이자 세련된 교양인이었다. 아무도 그보다 더 완전히 해방되어 있을 수 없었고 또 편견에서 더 자유로울 수 없었다. 그는 르네상스 시대 전형적인 이탈리아인으로서 중세의 잔인성, 이탈리아가 일찍이 발전시킨 정치적인 역량 그리고 새로운 학문에 의해 야기된 해방을 결합해서

---

³³ (옮긴이 주) Francesco Granacci(1469~1543). 르네상스 시대 이탈리아의 화가이며 미켈란젤로와 평생 친분을 유지했다.
³⁴ *La Renaissance*, 377.
³⁵ *Historical Essays and Reviews*, 138.
³⁶ (옮긴이 주) Sigismondo Pandolfo Malatesta (1417~1468). 리미니의 늑대라는 별명을 가진 이탈리아의 귀족이며 말라테스타 의회의 의원이고 1432년부터 리미니, 파노 그리고 케세나의 지배자였다. 그는 당시 사람들에게 이탈리아에서 가장 용감한 군사지도자로 평가되었다. 1465년에는 오스만 제국과의 전쟁에서 베네치아 군대를 지휘했다. 그는 또한 시인이면서도 예술 후원자였다.

갖고 있었다." 이것은 어쩌면 이 시기의 위대한 세속인에 대한 보편적인 기술로 간주될 수 있을 것이다. "재능은 가장 비천한 승려를 성 베드로 성당의 보좌에 올릴 수 있고, 가장 비열한 병사를 밀라노 공작으로 올릴 수 있다. 뻔뻔함, 활력, 냉혹한 범죄 등은 성공에 필요한 필수 요소이다."[37] "이탈리아에는 유서 깊은 계층적 위계질서가 없고 또 특정 주권자에게 고귀함의 원천이 있는 것도 아니다. 사람은 자신을 주장할 줄 안다면 언제나 다른 사람에 대해 호적수였다. … 권력 투쟁에서, 불법적 권위를 유지하는 데서 언제나 선발된 경기자들이 전면에 등장했다."[38]

723. 말의 왜곡된 사용

이 시기에 많은 말은 특수하고 전문적인 의미를 얻었다. '트리스테차(Tristezza)'[39]는 종종 장난기를 의미했다. 쾌활하고 즐거워하는 것은 의무였다.[40] "끔찍함(Terribleness)은 미켈란젤로의 위대한 방식을 기술하는 데 자주 사용되었다. 그것은 과감한 상상력, 씩씩한 붓놀림, 장대한 스케일, 실행 수법에서의 악마적이고 결단력 있는 어떤 것을 함축했다."[41] '덕'은 성공을 얻는 능력을 의미했다. 마키아벨리는 이 말을 힘, 교활, 용기, 유능함 그리고 사내다움을 의미하는 말로 사용했다. "그것은 술

---

[37] Symonds, *Renaissance*, I, 52.
[38] 위의 책, 53.
[39] (옮긴이 주) 원래는 이탈리아어로 '슬픔', '우울함' 등을 뜻하는 단어이다.
[40] Gauthiez, *Lorenzaccio*, 92.
[41] Symonds, *Catholic Reaction*, II, 392.

책이나 의뭉한 시치미 떼기 또는 감각적 악덕에 빠지는 것과 양립할 수 없는 것이 아니었다."[42] 첼리니(Cellini)는 '숙련(virtuoso)'이라는 말을 천재성, 예술적 능력 그리고 남성적 힘을 의미하는 말로 사용했다.[43] "이탈리아어 '명예(onore)'는 한편으로 공적인 탁월함에 부여된 신뢰와 다른 한편으로 위에 말한 의미에서의 '덕'에 대한 평판으로 구성되었다."[44] "평판, 영광, 특이한 칭호 또는 신뢰받는 직위처럼 밖에서 부여된 직함"[45]은 객관적이었다. "결혼한 여자의 '오네스타(onesta)'[46]는 만약 그녀가 자신의 사랑을 들키지 않아서 조롱이나 비난에 노출되지만 않는다면 은밀한 부정(不貞)과도 양립할 수 있다."[47] '비라고(virago)'는 원래 '학자인 체하는 여자'를 뜻했는데, 학식 있는 여자에 대한 존중을 표현하는 용어가 되었다. 단정함은 "교육과 사교로 더해진, 재능 있는 여자의 자연적인 우아함"[48]이었다. 말이 이렇게 특별한 의미로 사용되는 경향은 어떤 시대 모레스의 특징을 드러내는 지표이다. 전통적 도덕성의 제한이 사라질 때, 평등의 발전이 간과되어서는 안 된다.

724. 정념과 행동의 무절제함

이것은 인간이 "물리적인 재난, 지속적인 전염병과 전쟁, 도덕적 타

---

[42] Symonds, *Renaissance*, I, 416.
[43] Symonds, *Autobiography of Cellini*, I, 74.
[44] Symonds, *Renaissance*, I, 416.
[45] 위의 책, 420.
[46] (옮긴이 주) 원래는 이탈리아어로 '진지함', '정직함'을 뜻하는 단어이다.
[47] 위의 책, 420.
[48] Gregorovius, *Lucrezia Borgia*, 28.

락, 종교 분쟁 그리고 불충분하게 이해된 고대적 사상의 침입 때문에" "타락했던" 시기의 "생활방식"에서 유래했다. 인간은 젊은 나이에 죽었고, 늙어서는 악덕 속에서 죽었다. 청년의 나이를 넘어서지 않았어도 이미 노쇠했고 만신창이가 되었다.[49] 무절제한 야심과 욕망을 지닌 인간의 해방은 죄악을 범할 가능성이 매우 커졌음을 의미한다. 교황 바오로 3세(Farness)는 첼리니(Cellini)[50] 같은 사람은 "그 소명에서 독특하며 법률의 구애를 받지 않는다"고 말했다. 첼리니는 살인을 저질렀다. 또한 작은 죄는 차치하고도 큰 범죄를 많이 저질렀다. 그는 성 안젤로(St. Angelo)[51]에서 탈주한 후 코르나로 추기경(Cardinal Cornaro)[52] 수하에 있었고 또 보호를 받았다. 교황 클레멘스 7세는 첼리니를 체포하고자 했고 코르나로는 자신의 어떤 친구에게 줄 주교 자리를 원했다. 그래서 교황과 추기경은 거래를 했고 첼리니는 인도되었다.[53] "이탈리아 사회는 이 희대의 범죄자를 마치 로마 제국이 검투사들을 찬양한 것처럼 찬양했다. 또한 강한 인성과 결합된 천재성은 인간을 통상적인 도덕성의 족쇄에서 풀어준다는 생각이 퍼져있었다."[54] 첼리니는 그 시대의 표본과 같은

---

[49] Gauthiez, *Lorenzaccio*, 230.
[50] (옮긴이 주) Benvenuto Cellini(1500~1571). 르네상스 시대 이탈리아에서 세상을 주름잡던 독특한 인물. 뛰어난 조각가, 금세공 기술자, 작가, 군인이면서 동시에 건달이며 복수를 위한 살인도 불사했다. 그의 삶은 그의 비망록을 모아서 사후에 출간된 『벤베누토 첼리니 자서전』을 통해서 우리에게 잘 알려져 있다.
[51] (옮긴이 주) 이탈리아 로마에 있는 원통 모양의 성. 우리말로 하면 '천사의 성'이라고 번역될 수 있다. 로마 황제 하드리아누스가 가족 묘원으로서 처음 짓기 시작했다. 그 후 기독교를 호위하는 군사적인 요새로 사용되었다가 현재는 박물관으로 이용되고 있다. 조각가이자 금세공 기술자인 첼리니는 한때 이곳에 절도죄로 감금되었다. 그는 이 삼엄한 요새에서 탈출할 수 있었던 유일한 인물로 기억되기도 한다.
[52] (옮긴이 주) 코르나로는 베네치아에 살았던 귀족 가문의 이름이다. 이 가문에서 4명의 제후와 16명의 주교가 나왔는데, 주교 중 9명이 추기경이 되었다.
[53] Symonds, *Renaissance*, III, 467.

인물이었다. 그는 종교와 도덕을 서로 멀리 떨어진 것으로 만들었다.[55] 바르치(Varchi)[56]는 사실과 형식에서 거짓된 시를 지어 그에게 바쳤다. 이 시(소네트)는 그 시대의 기술적이고 관습적인 불성실과 위선을 잘 보여준다.[57] 로렌차치오(Lorenzaccio)[58]라는 이름에 포함된 의미의 확대[59]는 그가 위대하고, 두렵고, 악하다는 생각을 표현한다.[60] 그의 전기 작가는 그를 "정신병자(mattoid)"라고 말한다.[61] 그는 적대자들이 더 강했기에 성공에 이르지 못했다. 그러나 그의 경력은 그 시대에 전형적인 것이었다. 그는 부분적으로 고전적인 암시의 희생자였다. 즉, 그는 참주 살해자로서 칭송받기를 기대했다. 상상적 요소에 대한 이러한 취향은 이탈리아 르네상스의 중요한 특징이었고, 르네상스를 극적이면서 거짓된 것으로 만드는 데 기여했다. "그의 복수에 대한 갈증을 인정할 때, (이탈리아인들은) 결코 단순한 살인에 만족하지 않았다. 그가 추구한 결말은 교묘한 술책을 써서, 적을 웃음거리로 만들고, 적이 정신적 육

---

[54] Symonds, *Autobiography of Cellini*, I, XI, 196.
[55] 위의 책, XIV.
[56] (옮긴이 주) Benedetto Varchi(1501~1565). 피렌체의 시인이자 역사학자. 법률가의 아들로 태어나 피사에서 법학을 공부했다. 그는 공화주의적 신념을 지키기 위해 메디치 가와 황제 군대의 피렌체 점령에 대항하여 싸웠다.
[57] 위의 책, 227.
[58] (옮긴이 주) 본명은 Lorenzo di Pierfrancesco de' Medici(1514~1548)이고 종종 Lorenzino(작은 로렌초) 또는 Lorenzaccio(사악한 로렌초)불린다. 그는 1537년 피렌체를 지배하던 친척 알레산드로 데 메디치를 살해했다. 살해 동기는 권력승계를 둘러싼 불만이었다. 2년 후인 1539년 그는 『변론』이라는 책에서 자신의 참주 살해를 정당화하려 했다. 그 11년 후 이번에는 그가 알레산드로의 후계자인 코시모 1세가 보냈을 것으로 추정되는 자객에 의해 암살당했다. 그의 참주 살해는 예술의 역사에 큰 반향을 남겼다.
[59] (옮긴이 주) 어미 변화를 통해 '사악한'이라는 뜻이 추가되었음을 가리킨다.
[60] Gauthiez, *Lorenzaccio*, 104.
[61] 위의 책, 79.

체적 고통을 겪게 하며, 적이 가장 사랑하는 것 또는 그의 자존심을 손상시킴으로써, 즉 적을 철저한 희생물로 삼아 개인적 승리를 얻는 것이었다."[62] "민중이 아무리 방탕한 사람들이었다 해도 그들은 기지(奇智)가 가미되지 않은 천박함에는 만족하지 않았다. 환상이 주는 동일한 흥분이 이탈리아인들에게 기지를 발휘하고, 위험을 모면하고, 쾌감을 증대할 수 있도록 해주었다. 이것은 어쩌면 왜 르네상스의 모든 상상적인 저작이, 특히 '노벨라에(novelllae)'[63]가, 어째서 간통을 주제로 하는지 설명해준다."[64] 잘못된 기준, 목표, 규약 그리고 교의들은 자신의 가치 있음을 가장하려면 이러한 환상의 놀이가 필요했다. 환상적인 요소는 모든 것에 풍미를 더한다. 중세의 상상적인 요소가 실패했을 때, 고전의 학습은 새로운 요소를 제공했다. 그것은 모방을 위한 여러 가지 제안과 사례 그리고 무제한적인 준칙과 교의를 제공했다. 그래서 정열은 난폭해졌고 때로는 범죄적인 것이 되었다.[65] 즉 그것들은 모든 시대에 모든 사람에게 인정받는 규약을 위반했다. "통치에 의해서 법으로 대체되었던 무력은 말하자면 사회에서는 주요한 행동 동기가 되었다. 살인, 독살, 강간 그리고 반역은 공공생활이나 사생활에서나 통상적인 사건이 되었다. 나폴리 같은 도시에서는 살인범을 위시한 중죄인도 매우 적은 금액만 내도 처벌을 면할 수 있었다. 인간의 생명은 말 한 마리

---

[62] Symonds, *Renaissance*, I, 413.
[63] (옮긴이 주) novelle의 이탈리아어 표현. 어떤 개별 사건에 대한 상대적으로 짧은 이야기이다. 신문으로 쓰여 있고 어떤 목표를 향해 나아가는 사건 선개를 식선적으로 서술한다. 이 장르는 이탈리아에서 르네상스 시기(14~16세기)에 생겨났고, 근대의 사실적 문학의 효시를 이루었다. 그 원형은 보카치오의 데카메론이다.
[64] 위의 책, 410.
[65] Burckhardt, 175, 432, 445.

가격과 비슷했다. 귀족의 궁정은 전문적 암살자로 득실거렸고 고위 성직자들은 그들의 거처를 치외법권 지역으로 해달라고 요구했다. 교황은 가장 잔인무도한 행위도 돈을 받고 사면해 주었으며, 욕망과 폭력의 범죄를 저지르기도 전에 미리 발부되는 면죄부를 팔았다. 성공은 행위를 판정하는 기준이었다. 자기의 친구를 도울 수 있고 적을 위협할 수 있으며 자기가 선택한 어떤 수단으로든 스스로 운명을 만들 수 있는 사람은 영웅으로 간주되었다."[66] 만약 우리가 이 시대의 예절과 도덕을 세세하게 추적한다면 아마도 그것은 모두 똑같은 허구와 용례적인 가장(假裝) 그리고 똑같은 고삐 풀린 정열로 특징지어질 것이다. 카테리나 스포르차(Caterina Sforza)가 그녀의 애인을 살해한 자에게 어찌나 잔인하게 보복했는지, 보르자 교황(Borgia pope)[67]은 큰 충격을 받았다.[68] 후기 르네상스 예술가들은 육체의 아름다움을 찬탄하는 데 몰두했다. 그들의 가장 세련된 작품에서조차 통속성과 음탕함이 느껴진다. 첼리니의 작품은 "순전한 동물성"[69]으로 특징지어진다. 거기에는 모든 감성이 결핍되어 있었다. "부모와 자식은 그들의 감정을 억제하는 것을 당연하게 여겼다." "어떤 시대도 이때보다 더 감정적인 것 또는 감동적인 것을

---

[66] Symonds, *Renaissance*, I, 101.
[67] (옮긴이 주) 교황 알렉산데르 6세를 말한다. 본명은 로드리고 보르자. 1431년 스페인 자비타에서 태어났다. 볼로냐 대학에서 법학을 공부했고, 그의 삼촌이 교황 칼리스토 3세로 선출되면서 명성을 얻기 시작했다. 그리고 이름을 이탈리아식으로 Borjia로 바꿨다. 1492년 61세의 나이로 교황으로 선출되었고 알렉산데르 6세로 명명되었다. 그는 르네상스 시대의 교황 중에서 가장 방탕하고 세속적인 삶을 산 교황으로 간주된다. 그는 영적인 지배보다는 정치적인 지배를 선호했고 여러 아이를 낳은 뒤에 자신의 권력을 이용해 아이들의 뒤를 봐주었으며 수많은 스페인 출신 친척들을 후원했다. 그러나 당시의 도덕적 풍조에 비추어 볼 때 그가 특별히 비도덕적인 사람이라고는 말할 수 없다.
[68] Creighton, *Essays*, 344.
[69] Symonds, *Renaissance*, III, 453~455.

명확하게 혐오한 적은 없었다."⁷⁰ 배반이나 언행 불일치에는 아무런 수치심을 느끼지 않았고 충성에 대한 개념은 매우 미약했다. 이사벨라 데스테(Isabella d'Este)는 가장 친한 친구의 예술품이 장물로 시장에 나왔을 때 열심히 그것을 구입했으며, 이복형제인 루도비코 일 모로(Ludovico il Moro)가 몰락할 때까지는 그에게 은근히 집착했다가 그 후에는 승리자에게 구혼을 했다.⁷¹ 이런 것은 현대의 취향에서 보면 충격적이다. 그 시대는 공적이며 사적인 도덕의 완전한 결핍으로 특징지어지고, 위대한 사람은 성격이나 목적에서 불가해한 인물이며 또 악마적으로 행동한다는 것은 이상한 일이 아니었다. 로마의 약탈(sack of Rome)⁷²은 어떤 사람이든, 그의 영혼이 아무리 강하다고 해도, 공포를 일으킬 정도로 거대한 파국으로 한 시대의 종말을 고한 것이다.⁷³ 그 사건은 한 시대의 삶의 방식을 야만적인 병사들이 실행하면 어떻게 나타나게 되는지 보여주는 듯하다.

725. 양성 사이 관계와 여성의 지위

그런 시기에 양성 사이 관계는 분명 타락하며 여성의 지위는 분명 타협을 거친다. 양성 사이 관계나 여성의 지위는 준수하거나 강요당하

---

[70] Müntz, *Leonardo da Vinci*, I, 12.
[71] Cartwright, *Isabella d'Este*, I, 145.
[72] (옮긴이 주) 1527년 5월 6일에 발발한 신성로마제국 황제 카를 5세 수하 군사들의 군사행동을 말한다. 그것은 카를 황제와 코냑 동맹(1526~1529) 간의 갈등에서 황제 편에게 결정적 승리를 안겨주었다. 군사들의 야만적인 행동은 황제 자신의 통제를 벗어나서 자행되었다.
[73] Geiger, *Renaissance*, 318.

는 제약들로만 정의할 수 있다. 모든 제약이 사라지면, 관능은 해방된다. 여성들은 억압받지 않았다. 그들의 위치는 남성에 의해 정해졌고 단지 남성이 차지하는 것과 동등한 자유를 자신에게 달라고 요구했을 뿐이다. 이사벨라 데스테(Isabella d'Este)[74]는 "어쩌면 르네상스적 여성상의 가장 빛나는 실현으로 간주될 수 있다"[75]는 의견도 제기되었다. 비토리아 콜론나(Vittoria Colonna)[76]는 이사벨라보다도 더 보편적으로 그런 지위를 인정받았다. 그녀는 자신보다 15년 연상의 미켈란젤로와 플라토닉 러브 관계를 맺었기에[77] 그리고 또 그녀의 개인적인 성격 때문에 흥미를 끈다. "사생아(bastard)"라는 칭호는 종종 자부심의 뉘앙스를 띠고 있었다. 왕가에서 서자가 적자를 물리치고 왕권을 쥐는 일이 종종 일어났다. 그래서 서자라는 사실은 인정받을 수 있었고 또 유용했다. 그것은 부끄러운 일이 아니었다.[78] 여성이 "남성의 곁에서 특정한 지위를 차지했고 남성과 지적인 성취를 겨루었으며 모든 정신적인 운동"에 참여했음이 사실이라 해도, 또한 그들 중 여럿은 인문학적 성취로 찬양을 받았

---

[74] (옮긴이 주) 이탈리아 르네상스의 문화와 정치에서 가장 중요한 인물 중 한 사람으로서 당대 사람들에게 "세계의 프리마돈나"로 칭송받았다. 그녀는 페라라 공국의 공주로 태어나 최상의 교육을 받았고, 16세에 곤차가 공작 프란체스코 2세와 결혼하여 정치에도 깊이 관여했다. 이사벨라는 예술가들과 수많은 편지를 교환했으며, 또 르네상스 시대 최고의 예술 후원자로 인정된다. 미켈란젤로가 그린 초상화가 지금도 남아 있다.
[75] Opdyke, trans. of Castiglione, *Courtier*, 398.
[76] (옮긴이 주) 비토리아 콜론나는 가장 유명한 이탈리아 여성 시인이다. 당대의 르네상스 교양인들에게 그녀는 모범적인 이상이었다. 유명한 귀족 가문인 콜론나 가문 출신이고 신성로마제국 영토였던 이탈리아 페스카라(Pescara)의 후작과 결혼했다. 남편 페스카라 후작이 전쟁에서 부상당해 죽은 후에는 자식도 없이 오로지 문화와 종교의 발전에 헌신했다. 그녀는 위대한 인문주의자, 예술가, 성직자들과 교류했고 특히 미켈란젤로와 친밀한 관계를 유지한 것으로 유명하다.
[77] Lannau-Rolland, *Michel Ange et Vittoria Colonna*, Chap. VI.
[78] Heyck, *Die Mediceer*, 70; Symonds, *Renaissance*, I, 37.

고 또 국가의 통치를 위임[79]받기도 했다 해도 여성이 남편의 첩들과 서자들과 함께 살면서 여성으로서의 명예와 존엄성을 유지하는 것은 불가능했다. 남성 간의 연애는 종종 나타나는 악덕으로서 억지로 은폐 되었고 성적인 관계를 타락시켰다.[80] 이 시기의 개인주의는 타인의 부인 즉 완전히 성숙한 다른 개인과 연애를 하려는 동기가 되었다고 해석된다.[81] 간통도 역시 계략에 대한 애호 그리고 상상적 요소에 대한 높은 평가에 호소했다. 음란한 이야기와 희곡이 많이 만들어졌다. 거기서는 간통의 계략과 기만이 갖가지 상황의 조합 속에서 전개되었다. 현실의 삶에서 여성의 친척들은 그녀의 행동거지에 모든 통상적인 관습을 강요하려고 어떤 일도 서슴지 않았다. 왜냐하면 그녀가 하층 계급과 결혼해 자신들이 명예를 깎고 조롱받게 할 수도 있었고 또 간통을 저질렀다 발각되어 남편에게 보복을 당할 수도 있었기 때문이다. 남편 암살은 그런 경우 동원할 수 있는 그리 대수롭지 않은 필요한 조치일 뿐이었다.[82] 한 의사는 본래 아라곤(Aragon)의 공주로 태어났다가 나중에 미망인이 된 공작부인과 결혼했다. 그녀의 형제들은 자신의 누이와 조카들을 살해했고, 의사마저 자객을 고용하여 암살했다.[83] 희극에서 결혼은 조롱의 대상이었고 결혼의 정절은 경멸당했다. 노골적인 외설도 드물지 않았다. 어떤 희극은 성인 남자만으로 이루어진 현대의 관객 앞에서 상연한다 해도 관용될 수 없을 것이다.[84] 미켈란젤로의 "최후의 심판"에 나오는 몇몇 인물의 나체 모습에 반론이 제기되었다는 것은 사소한 일로

---

[79] Gregorovius, *Lucrezia Borgia*, 27.
[80] Gauthiez, *Lorenzaccio*, 65.
[81] Burckhardt, *Die Kultur der Renaissance in Italien*, 455.
[82] 위의 책, 441.
[83] 위의 책, 442.
[84] Gregorovius, *Lucrezia Borgia*, 96.

보인다. "사회가 악해지면 악해질수록 사회는 더 유쾌한 곳이 된다."[85]

726. 성공 숭배

성공이 그 자체로 정당화되는 동기로 격상됨으로써 진행된 모든 사회적 관심사의 타락은 실험(experiment)의 특성을 갖는다. 오늘날 우리 사이에서도 정치, 재정, 산업에서 유능한 사람은 사회적 영웅이 되며 그의 성공은 다른 모든 고려사항을 초월한다. 이러한 규약(code)을 채택한 곳에서는 자의적인 정의(定義), 잘못된 관례 그리고 거짓된 인성이 당연시된다.

727. 문헌

르네상스 시대에는 모레스에 영향을 미치고자 저술된 책이 많이 출판되었다. 15세기 중반에는 판돌피니(Pandolfini)[86]의 『가정의 지배(Governo della Famiglia)』가 저술되었다. 이 책에서는 한 노인이 두 아들과 손자 셋에게 삶의 철학과 방책에 대해 충고한다. 그는 검소함을 강조하고 공적인 삶에서 멀리 떨어져 살라고 조언한다. 그것은 "모욕, 증오, 허위 그리고 의심의 삶"이라고 그는 말한다. 또 고위 귀족들과 친밀하게 지내

---

[85] Symonds, *Renaissance*, III, 425.
[86] (옮긴이 주) Agnolo Pandolfini(1360~1446). 피렌체의 정치가, 상인 그리고 르네상스 인문주의자. 라틴어에 정통했고, 피렌체의 지식인들과 폭넓은 교류를 했었다고 한다.

지 말고 그들에게 돈을 빌려주지도 말라고 조언한다. 노인은 모든 여성을 얕잡아 보며, 부인에게 비밀을 말하지 않으려 한다. 16세기 전반에 델라 카사(Della Casa)[87]는 예의범절에 관한 논문인 『격식(Il Galateo)』을 썼다. 그는 차림새와 집안의 깨끗함을 매우 강조하며 모든 잘못된 행실을 금한다. 모든 잘못된 행실에 대해 그는 매우 단호한 규약을 가지고 있다. 카스틸리오네(Castiglione)[88]의 『궁정인(Courtier)』은 그 시대에 모든 사회적 관계, 법률 그리고 의무에 대해 건전한 것이라고 간주한 것을 가르친다. 서로 다른 견해가 대화체 속에서 제시되고 논의된다. 이런 서술방식 때문에, 결과적으로 올바른 것으로 간주되어야 할 견해가 무엇인지는 종종 명확하지 않다. 시먼즈(Symonds)는 거기서 인정되는 유형은 현대의 신사와 별로 다르지 않다고 생각한다.[89] 코르나로(Cornaro)[90]는 83세의 나이에 『건전한 삶에 대한 논고(Discorsi della Vita sobria)』를 썼다. 이 책은 특히 저자가 육체적 허약함을 극복하고 정정한 노년을 맞을 수 있게 한 식이요법을 상세하게 소개했다. 95세에 그는 이 책의 성공을 자랑하기 위해 다른 책을 썼다. 그는 100세가 넘은 1565년에 죽었다.[91]

---

[87] (옮긴이 주) Giovanni Della Casa(1503~1556). 피렌체의 심문관으로서 뒤에 소개된 예절과 예의에 관한 책으로 유명하다.

[88] (옮긴이 주) Baldassare Castiglione(1478~1529). 이탈리아의 궁정 대신, 외교관, 군인이었으며 르네상스 시대의 문필가였다. 뒤에 소개된 책에서 그는 궁정 예절과 에티켓을 상세하게 다루고 있다.

[89] *Renaissance*, I, 118.

[90] (옮긴이 주) Luigi Cornaro(1467 또는 1464~1566). 베네치아의 귀족이자 예술 후원자이며 섭생과 장수에 관련된 일련의 책을 저술한 것으로 유명하다.

[91] Burckhardt, 335, 338.

728. 도덕적 무정부 상태

덕성 방책과 성공 방책 간의 적대 관계는 영속적인 윤리적 문제이다. 이탈리아의 르네상스는 도덕적 전통이 편협하고 잘못된 길로 들어섰다 해도, 그나마 도덕성이 있는 것이 도덕적 무정부 상태보다 낫다는 것을 보여준다. 도덕적 전통은 아무도 무시할 수 없는 지침이다. 그것은 모레스 안에 있으며, 모레스의 거대한 혁명 속에서 사라져간다. 그때 사람들은 도덕적으로 길을 잃는다. 그들의 관념, 욕망, 목적 그리고 수단은 거짓이 되며, 죄의 관념조차 자의적이며 거짓되게 된다. 그리하여 만약 모두가 부정직이라는 방책을 취한다면 그 결과는 정직이 최선의 방책이라는 가장 확고한 신념이 될 것이다. 모레스는 언제나 덕성에 대한 올바른 관념에 도달하는 것을 목표로 삼는다. 모레스가 올바른 결과에 도달하는 한에서 덕성 방책은 유일무이한 성공 방책임이 입증된다.

참고문헌

Aarbøger for Nordisk Oldkyndighed
Abdallatif, *Relation de l'Egypte* (trad. de Sacy) (Paris, 1810)
Abel, C. W., *Savage Life in New Guinea* (London, 1902)
Abercromby, J., *The Pre- and Proto-historic Finns, Eastern and Western, with Magic Songs of the West Finns* (2 vols. London, 1898)
Achelis, H., *Virgines Subintroductae* (1 Cor. vii) (Leipzig, 1902)
Achelis, T., *Die Ekstase in ihrer kulturellen Bedeutung* (Berlin, 1902)
Aelian, *Variae Historiae*
Æneas Silvius. → Piccolomini를 볼 것.
Alanus ab Insulis, *De Planctu Naturae* (Migne, *Patrologia Latina*, V, 210)
Alberi, E., *Relazione degli Ambasciatori Veneti al Senato* (Firenze, 1840): Letter of D. Barbaro, sent to England for the Accession of Edward VI (Series I, Tome II, 230)
Alec-Tweedie, Mrs., *Sunny Sicily* (New York, no date)
Am Urquell
Ameer Ali, *The Influence of Woman in Islam* (Nineteenth Century, XLV, 755)
American Anthropologist
American Journal of Semite Languages and Literature
American Journal of Sociology
Ammianus Marcellinus, *Rerum Gestarum* (libri 18, out of 31)
Ammon, O., *Die Gesellschaftsordnung und ihre natürlichen Grundlagen* (Jena, 1896)
d'Ancona, A., *Le Origini del Teatro in Italia* (2 tomes. Firenze, 1877 e 1891)
Andree, R., *Die Anthropophagie* (Leipzig, 1887)
Andree, R., *Ethnographische Parallele und Vergleiche* (2 Folgen. Leipzig, 1889)
Angerstein, W., *Volkstänze im Deutschen Mittelalter* (2te Aufl. Berlin, 1874)
l'Année Sociologique. → Durkheim를 볼 것.
l'Anthropologie. → Bulletins를 볼 것.
Apostolic Constitutions. Die Syrischen Didaskalia übersetzt und erklärt von A. Achelis und J. Fleming (Leipzig, 1904) contains the "Two Ways"
Appianus, *Historia Romana*

Apuleius, *Metamorphoses*

Arabian Nights. → Lane을 볼 것.

Archiv für Anthropologie

Archiv für Kunde der Œsterreichischen Geschichtsquellen

Archiv für Religionswissenschaft

Ashton, J., *Social Life in the Reign of Queen Anne* (London, 1883)

Athenæus, *Deipnosophistorum libri*

Athenagoras, *Apologia* (on the resurrection of the dead)

Augustine, *Opera* (Paris, 1635)

d'Aussy. → Legrand을 볼 것.

Australian Association for the Advancement of Science: Fourth Meeting, at Hobart, Tasmania, January, 1892 (Sydney, 1892)

d'Avenel, G., *Histoire Economique de la Propriété, des Salaires, des Denrées, et de tous les Prix en général, depuis l'an 1200 jusqu'en l'an 1800* (2 tomes. Paris, 1894~1898)

Babelon, E. C. F., *Les Origines de la Monnaie* (Paris, 1897)

Bancroft, H. H., *The Native Races of the Pacific States of North America* (New York, 1875~1876)

Barthold, F. W., *Die Geschichte der Hansa* (Leipzig, 1862)

Barthold, F. W., *Jürgen Wüllenweber von Lübeck* (Räumer, *Historisches Taschenbuch*, VI)

Barton, G. A., *Semitic Origins* (New York, 1902)

Bastian, A., *Die Deutsche Expedition an der Loango-Küste* (Jena, 1874)

Bebel, A., *Die Frau* (Zurich, 1883)

Becke, L., *Pacific Tales* (New York)

Becker, W. A., und Hermann, K. F., *Charikles* (3 Bände. Leipzig, 1854)

Beloch, J., *Die Bevölkerung der Griechisch-Römischen Welt* (Leipzig, 1886)

Beloch, J., *Griechische Geschichte* (4 Bände. Strassburg, 1904)

Bender, H., *Rom und Römisches Leben im Alterthum geschildert* (Tübingen, 1880)

Bent, J. T., *The Sacred City of the Ethiopians* (London, 1893)

Bergel, J., *Die Eheverhältnisse der alten Juden im Vergleiche mit den Griechischen und Römischen* (Leipzig, 1881)

Berlin Museum
Bernardin, N-M., *La Comédie Italienne en France, 1570~1791* (Paris, 1902)
Bethe, E., *Die Geschichte des Theaters im Alterthume* (Leipzig, 1896)
de Bethencourt, J., *Le Canarien livre de la Conquête et Conversion des Canaries (1402~1422)* (ed. G. Gravier Rouen, 1874)
Bijdragen tot de Taal-Land-en Volkenkunde van Nederlandsch Indië
Binet, A., *La Suggestibilité* (Paris, 1900)
Biot, E. C., *De l'Abolition de l'Esclavage ancien en Occident* (Paris, 1840)
Bishop, Mrs. (Isabella Bird), *Among the Thibetans* (New York, 1894)
Bishop, Mrs., *Korea and her Neighbors* (New York, 1898)
Blair, W., *Slavery amongst the Romans* (Edinburgh, 1833)
Bock, C., *Reis in Oost-en Zuid-Borneo* (s'Gravenhage, 1887)
Bodin, J., *Les Six livres de la République* (7a ed. Frankfort, 1641)
Boggiani, G., *I Caduvei* (Roma, 1895)
Boissier, G., *La Religion Romaine d'Auguste aux Antonins* (2 tomes. Paris, 1874)
Bourquelot, *Foires de Champagne* (Acad. de Belles Lettres et d'Inscriptions, 1865)
Bousset, D. W., *Die Religion des Judenthums im neutestamentlichen Zeitalter* (Berlin, 1903)
Bridges, T., *Manners and Customs of the Firelanders* (*A Voice for South America*, XIII, 201~114)
Brinton, G., *Nagualism* (Philadelphia, 1894)
Brunache, P., *Le Centre de l'Afrique* (Paris, 1894)
Bücher, K. W., *Die Aufstände der Unfreien Arbeiter* (Frankfurt, 1874)
Buchholz, E. A. W., *Homerische Realien* (3 Bände. Leipzig, 1871~1885)
Budge, E. A. W., *The Gods of the Egyptians* (Chicago, 1904)
Buhl, F. P. W., *Die Socialen Verhältnisse der Israeliten* (Berlin, 1899)
Bühler, G., *The Laws of Manu* (trans.) (Oxford, 1886)
B[ulletins] et M[émoires] de la Société d'Anthropologie de Paris (Paris, 1901): Art. by Guyot on Les Indigènes de l'Afrique du Sud, based on the Report of the South African Committee (Pres. J. Macdonell) on the Natives of South Africa (Series V, Tome II, 362)
Burchard, J., *Diarium sive verum urbanarum commentarii, 1483~1506* (ed. Thusane) (3 tomes. Paris, 1885)
Burckhardt, J., *Griechische Kulturgeschichte* (3 Bände. 2te Aufl. Stuttgart, 1898)

Burckhardt, J., *Die Kultur der Renaissance in Italien* (Basel, 1860)
Burckhardt, J. L., *Arabic Proverbs* (London, 1830)
Bureau of Ethnology, Washington, Annual Reports
Burnaby, A., *Travels through the Middle Settlements of North America in 1759 and 1760* (London, 1775)
Burrows, G., *The Land of the Pigmies* (London, 1898)
Büttner, C. G., *Das Hinterland von Walfischbai und Angra Pequena* (Heidelberg, 1884)

Cambridge History of Modern Europe, (ed. by A. W. Ward and G. W. Prothero) (New York, 1902, etc.)
Cameron, V. L., *Across Africa* (2 vols. London, 1877)
Campbell, H., *Differences in the Nervous Organization of Man and Woman* (London, 1891)
Cantacuzene, J., *Romana Historia* (Bonn, 1832)
Carey, B. S., and Tuck, H. N., *The Chin Hills* (Rangoon, 1896)
Carmichael, M., *In Tuscany* (3rd ed. New York, 1902)
Cartwright, J., *Isabella d'Este, Marchioness of Mantua, 1474~1539* (2 vols. New York, 1903)
Castiglione, B., *The Book of the Courtier [1528]* (trans. by L. E. Opdyke) (New York, 1903)
Cato Major, *De Agri Cultura*
Cator, Dorothy, *Everyday Life among the Head-hunters* (New York, 1905)
Cayley-Webster, H., *Through New Guinea and the Cannibal Countries* (London, 1898)
Cellini. → Symonds를 볼 것.
Celestina. → Mabbe를 볼 것.
Century Magazine
Ch. Br. R. A. S. = China Branch, Royal Asiatic Society
Chandler, F. W., *Romance of Roguery: I. The Picaresque Novel in Spain* (New York, 1899)
Charles, R. H., *The Book of Enoch* (trans.) (Oxford, 1893)
Charles, R. H., *The Book of Jubilees or the Little Genesis* (trans.) (London, 1902)
Christian, F. W., *The Caroline Islands* (London, 1899)

Chrysostom, *Opera* (Migne, *Patrologia Graeca*, XLVII-LXIV. *Homily on Matthew in LVIII*, 591)

Churchman, The

Cibrario, G. A. L., *Della Politica Economia del Medio Evo* (2ª ed. 3 tomes) (Torino, 1841~1842)

Cicero, *Orations*

Cicero, *Tusculan Disputations*

Clement, K. J., *Das Recht der Salischen Franken* (Berlin, 1876)

Clement, P., *Jacques Cœur et Charles VII, France au XV siècle* (Paris, 1853)

Cockayne, O., *Hali Maidenhad* (*Early English Text Society*, London, 1866)

Codrington, R. H., *The Melanesians* (Oxford, 1891)

Cook, K. R., *The Fathers of Jesus: a Study of the Lineage of the Christian Doctrines and Traditions* (2 vols. London, 1886)

Corpus Juris Canonici (Colon. Munat., 1717)

Corpus Juris Civilis (Lipsiae, 1858)

Corpus Poeticum Boreale, the Poetry of the Old Northern Tongue (Oxford, 1883)

Coryate, T., *Crudities* (New York, 1905)

Cranz, D., *Historie von Grönland bis 1779* (Leipzig, 1780)

Crawford, J., *History of the Indian Archipelago* (2 vols. London, 1820)

Crawley, A. E., *Sexual Taboo* (JAI, XXIV, 116, 219)

Creighton, M., *Historical Essays and Reviews* (New York, 1902)

Cunningham, A., *Ladak* (London, 1854)

Cunow, H., *Verwandtschaftsorganization der Australneger* (Stuttgart, 1894)

Curr, E. M., *The Australian Race* (Melbourne, 1886)

Curtius Rufus, Quintus, *De Rebus Gestis Alexandri*

Cyprian, *Epistolae*

Daniel, H. A., *Codex Liturgicus Ecclesiae Universae in Epitomen Redactus* (Lipsiae, 1851)

Darmsteter, J., *Translation of the Zend Avesta* (Oxford, 1880)

Darinsky (*Zeitschrift für vergleichende Rechtswissenschaft*, XIV)

Darwin, Charles, *Descent of Man* (New York, 1886)

Dasent, Sir G. W., *The Story of Burnt Njal* (New York, 1900)

Dawson, J., *Australian Aborigines in the Western District of Victoria* (Melbourne, 1881)

Degroot, J. J. M., *The Religious System of China* (Leyden, 1892)

Denecke, A., *Entwickelungsgeschichte des gesellschaftlichen Anstandsgefühls in Deutschland* (Dresden, 1891)

Deutsch, S. M., *Peter Abälard* (Leipzig, 1883)

Dezobry, C. L., *Rome au Siècle d'Auguste* (4me ed. 4 tomes.) (Paris, 1875)

Dialogue of the Exchequer. → Henderson을 볼 것.

Dill, S., *Roman Society from Nero to Marcus Aurelius* (London, 1904)

Dill, S., *Roman Society in the Last Century of the Western Empire* (2nd ed. London, 1899)

Dio Cassius Coccejanus, *Historia Romana*

Dio Chrysostom, *Orations*

Diodorus Siculus, *Bibliotheca Historica*

Dionysus Halicarnessensis, Antiquitatum Romanorum quae supersunt

Dozy, R., *Musulmans d'Espagne, 711~1110* (4 tomes. Leyde, 1861)

Drumann, W. K. A., *Die Arbeiter und Communisten in Griechenland und Rom* (Königsberg, 1860)

Dubois, J. A., *Mœurs Institutions et Ceremonies des Peuples de l'Inde* (2 tomes. Paris, 1825)

Du Camp, M., *Paris dans la Seconde Moitié du dixneuvième Siècle* (Paris, 1873~1875)

Du Cange, C. du Fresne, *Glossarium mediae et infimae Latinitatis* (Paris, 1840~1850)

Dulaure, J. A., *Paris et ses Monuments* (Paris, 1865)

Durkheim, E., *La Prohibition de l'Inceste et ses Origines* (l'Année Sociologique, Tome I. Paris, 1898)

Duveyrier, H., *Les Touaregs du Nord* (Paris, 1864)

van Duyl, C. F., *Beschavingsgeschiedenis van het Nederlandsche Volk* (Groningen, 1895)

l'École d'Anthropologie de Paris, Revue de
Economics of Aristotle
Economicus of Xenophon
Edda, the

Ehrenreich, P., *Völkerkunde Brasiliens* (Veröffentlichungen des Berliner Museums, Band II)

von Eicken, H., *Geschichte und System der mittelalterlichen Weltanschauung* (Stuttgart, 1887)

Ellis, A. B., *The Ewe-speaking Peoples* (London, 1890)

Ellis, A. B., *The Tshi-speaking Peoples* (London, 1887)

von Elsberg, R. A., *Elizabeth Bathory* (die Blutgräfin) (Breslau, 1904)

Endemann, W., *Studien in der Romanischkanonischen Wirthschafts-und Rechtslehre* (2 Bände. Berlin, 1883)

Erasmus, D., *Colloquia* (Rotterdam, 1664)

Erasmus, D., *Colloquy of the Beggars [Franciscans]* (Opera, I, 739)

Erasmus, D., *Libellus Aureus de Civilitate Morum Puerilium* (Aboae, 1670)

Erman, A., *Aegypten und Aegyptisches Leben im Alterthume* (Tübingen, 1885)

Estrup, H. F. J., *Samlede Skrifter* (Kjøbenhavn, 1842)

Ethnography of India. → Risley를 볼 것.

Ethnological Society of London, Journal of the (New Series)

Euripides

Evans, J., *British Coins* (London, 1864)

Evarnitzky, D. I., *The Zaporoge Kossacks* (in Russian) (2 vols. St. Petersburg, 1888)

Eyre, E. J., *Expeditions into Central Australia in 1840~1841* (2 vols. London, 1845)

Farnell, L. R. (Archiv für Religionsgeschichte, VII)

Farnell, L. R., *The Cults of the Greek States* (2 vols. Oxford, 1896)

Farr, W., *Vital Statistics* (London, 1885)

Fauriel, C. C., *The Last Days of the Consulate* (London, 1885)

Fawcett, F., *On Basivis* (JASB, II, 322)

Felkin. → Wilson을 볼 것.

Finsch, O., *Ethnologische Erfahrungen* (Wien, 1893)

Finsch, O., *Samoafahrten* (Leipzig, 1888)

Fioretti di San Francisco (Torino, 1882)

von Fircks A., *Bevölkerungslehre und Bevölkerungspolitik* (Leipzig, 1898)

First Three English Books about America, The (Arber. Birmingham, 1885)

Flade, P., *Das Römische Inquisitionsverfahren in Deutschland bis zu den*

  Hexenprocessen (Leipzig, 1902)
Forbes, H. O., *The Kubus of Sumatra* (JAI, XIV, 121)
Foureau, F., *D'Alger au Congo par le Tchad* (Paris, 1902)
Freeman, E. A., *Western Europe in the Eighth Century* (New York, 1904)
Freeman, E. A., *Western Europe in the Fifth Century* (New York, 1904)
Freie Wort, Das
Freisen, J., *Geschichte des kanonischen Eherechts* (Tübingen, 1888)
Friedberg, E., *Das Recht der Eheschliessung* (Leipzig, 1865)
Friedberg, E., *Verlobung und Trauung* (Leipzig, 1876)
Friedländer, L., *Sittengeschichte* (3 Bände. Leipzig, 1862~1871)
Friedmann, M., *Ueber Wahnideen im Völkerleben* (Wiesbaden, 1901)
Fries, T. M., *Grönland dess Natur och Innevånare* (Upsala, 1872)
Fritsch, G., *Die Eingeborenen Süd-Afrikas* (Breslau, 1872)
Funck-Brentano, T., *La Science Sociale; subtitle, le Suicide* (Paris, 1897)
Furnival, F. J., *Child-marriages, Divorces, etc., 1561~1566* (*Early English Text Society*, No. 108) (London, 1897)

Gaius, *Institutiones* (Berlin, 1884)
Galton, F., *Hereditary Genius* (New York, 1870)
Galton, F., *Inquiries into Human Faculty* (New York, 1883)
Garnier, R. M., *The English Landed Interest* (London, 1892~1893)
Gauthiez, P., *Lorenzaccio, 1514~1548* (Paris, 1904)
Gehring, H., *Süd-Indien* (Gütersloh, 1899)
Geiger, Ludwig, *Renaissance und Humanismus in Italien und Deutschland. Allgemeine Geschichte in Einzeldarstellungen* (Berlin, 1882)
Geiger, W., *Ostiranische Kultur* (Erlangen, 1882)
Geijer, E. G , *Svenska Folkets Historia* (Stokholm, 1851)
Geiseler, *Oster-Inseln* (Berlin, 1883)
Gibbon, E., *Decline and Fall of the Roman Empire*
Gjessing, *Traeldom i Norge* (*Annaler for Nordisk Oldkyndighed*, 1862, p. 85)
Globus, der
de Gobineau, J. A., *La Renaissance* (Paris, 1877)
Goetz, W., *Ideale des Heiligen Francis* (*Historisches Vierteljahrschrift*, VI)

von Götzen, G. A., *Durch Afrika von Ost nach West* (Berlin, 1895)
Gomme, G. L., *Ethnology in Folklore* (New York, 1892)
Goodrich-Frear, A., *Inner Jerusalem* (New York, 1904)
Gower, J., *Vox Clamantis* (London, 1850)
Gozzi, Memoirs of (trans. by J. A. Symonds) (2 vols. London, 1890)
Graetz, H., *Geschichte der Juden* (Leipzig, 1888~1897)
Graphic, the London
Gregorovius, F., *Lucrezia Borgia* (trans. by J. L. Garner) (New York, 1903)
Grimm, J. L. C., *Deutsche Rechtsalterthümer* (Cited D. R. A.) (2te Ausg. Göttingen, 1854)
Grimm, J. L. C., *Teutonic Mythology* (trans. by Stallybrass) (4 vols. London, 1883)
Grinnell, G. B., *Cheyenne Woman Customs* (*American Anthropologist*, IV)
Grinnell, G. B., *Pawnee Hero Stories and Folktales* (New York, 1899)
Grupp, G., *Kulturgeschichte der Römischen Kaiserzeit* (Münden, 1903)
Gubernatis, A., *Usi Nuziali in Italia e presso gli altri Popoli Indo-Europei* (2a ed. Milano, 1878)
Guhl und Koner, *Das Leben der Griechen und Römer* (5te Aufl. Berlin, 1882)
Gumplowicz, L., *Grundriss der Sociologie* (Wien, 1885)
Gumplowicz, L., *Sociologie und Politik* (Leipzig, 1892)
Gunkel, H., *Zum religionsgeschichtlichen Verständniss des Neuen Testaments* (Göttingen, 1903)

Haeckel, E., *Aus Insulinde* (Bonn, 1901)
Hagelstange, A., *Bauernleben im Mittelalter* (Erfurt, 1897)
Hagen, B., *Unter den Papuas* (Wiesbaden, 1899)
Haimensfeld, M. G., editor of the Collectio Constitutionum Imperialium (Frankfurt, 1615)
Hale, H., *The Iroquois Book of Rites* (Philadelphia, 1883)
Hall, H., *Society in the Elizabethan Age* (London, 1887)
Hamilton, *The Panis: An Historical Outline of Canadian Indian Slavery in the Eighteenth Century* (Toronto, 1897)
Hanoteau, A., et Letourneux, A., La Kabylie (2e ed. 3 tomes. Paris, 1893)
Hansen, J., *Zauberwahn Inquisition und Hexenprocess im Mittelalter* (Leipzig, 1900)

Hardy, T., *Tess*

Harnack, A., *Die Pseudoclementinischen Briefe de Virginitate und die Entstehung des Mönchthums* (Sitzungsberichte der k. Preuss. Akad. der Wissenschaften, XXI, 1891)

Harnack, A., *Dogmengeschichte* (3te Ausg. 3 Bände. Leipzig, 1894)

Harper, R. F., *The Code of Hammurabi* (Chicago, 1904)

von Hartmann, K. R. E., *Phänomenologie des sittlichen Bewusstseins* (Berlin, 1879)

Hartmann (*Zeitschrift des Vereins für Volkskunde*, XI, 247)

Hastings, J., *Dictionary of the Bible* (New York, 1898)

Hatch, E., *Griechenthum und Christenthum* (trans.) (Freiburg, 1892)

Hauréau, B., *Bernard Délicieux et l'Inquisition Albegeoise, 1300~1320* (Paris, 1877)

Hauri, J., *Der Islam in seinem Einfluss auf das Leben seiner Bekenner* (Leyden, 1881)

Hausrath, A., *Peter Abälard* (Leipzig, 1893)

von Haxthausen, A., *Transkaukasia* (2 Bände. Leipzig, 1856)

Hearn, L., *Japan* (New York, 1904)

Hefele, C. J., *Conciliengeschichte* (Freiburg, 1858)

Heimskringla. → Laing를 볼 것.

Heisterberg, B., *Die Entstehung des Colonats* (Leipzig, 1876)

Henderson, E. F., *Translation of Select Documents of the Middle Ages* (London, 1892), contains the Dialogue of the Exchequer

Herodianus

Herodotus

Heusler, A., *Deutsches Privatrecht* (2 Bände. Leipzig, 1885)

Heyck, E., *Die Mediceer* (Leipzig, 1897)

Heyd, W., *Levanthandel im Mittelalter* (2 Bände. Stuttgart, 1879)

Heydemann, *Phlyakendarstellungen* (*Jahrbuch des kaiserlich Deutschen Archäologischen Instituts*, 1886)

Heyer, F., *Priesterschaft und Inquisition* (Berlin, 1877)

Hiekisch, C., *Die Tungusen* (St. Petersburg, 1879)

Hildebrands Zeitschrift. → Jahrbücher를 볼 것.

Hildreth, R., *History of the United States* (New York, 1849)

Hoensbroech, Graf von, *Das Papstthum* (Band I. Leipzig, 1901)

Holm, G., *Angmagslikerne* (Kjøbenhavn, 1887)

Holub, E., *Sieben Jahre in Süd-Afrika, 1872~1879* (2 Bände. Wien, 1881)
Holub, E., *Von der Capstadt ins Land der Maschukalumbe, 1883~1887* (2 Bände. Wien, 1890)
Holzmann, A., *Indische Sagen* (2 Bände. Stuttgart, 1854)
Hontan. → Lahontan를 볼 것.
Hopkins, E. W., *The Religions of India* (Boston, 1895)
Horn, F. W., *Mennesket i den forhistoriske Tid* (Kjøbenhavn, 1874)
Hostmann, F. W., *De Beschaving van Negers in Amerika* (Amsterdam, 1850)
Howitt, A. W., *Native Tribes of South Eastern Australia* (London, 1904)
Hubbard, G. G., *The Japanese Nation* (Smithsonian Report, 1895)
Humbert, A., *Japan and the Japanese* (New York, 1874)
Hutchinson, H. N., *The Living Races of Mankind* (New York, 1902)

Ibn Batuta. → Batuta를 볼 것.
Ibrahim Ibn Jakub, *Sklavenlände* (Geschichtschreiber der Deutschen Vorzeit, XXXIII)
von Ihering, R., *The Evolution of the Aryan* (trans.) (London, 1897)
Inderwyck, F. A., *The King's Peace* (London, 1895)
International Archiv für Ethnologie
International Congress of Anthropologists (Chicago, 1893)
Iphigenia among the Taurians
Iphigenia in Aulis
Isidore of Seville, *Sententiae* (in Part IV of Institutiones Theologicae Antiquorum Patrum of Cardinal Tomasius)

Jackson, A. V. W., *Zoroaster* (London, 1899)
Jaeger, C., *Ulms Leben im Mittelalter* (Stuttgart, 1831)
Jahrbuch des Deutschen Archäologischen Instituts
Jahrbücher fur Nationalökonomie und Statistik, gegründet von B. Hildebrand
JAI = *Journal of the Anthropological Institute of Great Britain*
Janssen, J., *Geschichte des Deutschen Volkes* (8 Bände. Freiburg, 1892~1894)
JASB = *Journal of the Anthropological Society of Bombay*
Jastrow, M., *Religion of the Assyrians and Babylonians* (in the supplementary volume

of Hastings's *Dictionary of the Bible*)
Jastrow, I., and Winter, G., *Deutsche Geschichte im Zeitalter der Hohenstaufen, 1125~1273* (2 Bände. Stuttgart, 1897~1901)
Jenks, E., *Law and Politics of the Middle Ages* (New York, 1898)
Jewish Encyclopedia (New York, 1905)
Johnston, Sir H., *The Uganda Protectorate* (2 vols. New York, 1902)
Jolly, J., *Les Seconds Mariages* (Paris, 1896)

Jolly, J., *Recht und Sitte der Indo-Aryer* (Strassburg, 1896)
Jolly, J., *Ueber die Rechtliche Stellung der Frauen bei den alten Indern* (Akademie der Wissenschaften zu München, 1876)
Josephus, F., *Opera* (Berlin, 1885~1895)
Journal of American Oriental Society
Journal of the Ethnological Society
Journal of Philology
Journal of the Royal Asiatic Society
Journal of the Society of Comparative Legislation
Julius Capitolinus, *Life of Marcus Aurelius* (in Scriptores Aug. Historiae) (Lipsiae, 1865)
Julleville, L. Petit de, *La Comédie et les Mœurs en France au Moyen Age* (Paris, 1886)
Junker, W., *Reisen in Afrika, 1875~1886* (3 Bände. Wien, 1875~1886)
Justi, F., *Geschichte des alten Persiens* (Berlin, 1879)
Juvenal, *Satires*
Juynboll, T. W., *Mohammedaansche Wet volgens de leer der Sjafi-itische School* (Leiden, 1903)

Keane, A. H., *Ethnology* (Cambridge, 1896)
Keller, A. G., *Homeric Society* (New York, 1902)
Kingsley, M. H., *Travels in West Africa* (New York, 1897)
Kingsley, M. H., *West African Studies* (New York, 1899)
Klein, J. L., *Geschichte des Dramas* (Leipzig, 1866)

Klose, H., *Togo* (Berlin, 1899)
Klugmann, N., *Die Frau im Talmud* (Wien, 1898)
Knight, Mrs. S. K., *Journey from Boston to New York in 1704* (New York, 1825)
Kohler, J., *Zur Urgeschichte der Ehe* (Stuttgart, 1897)
Kohler und Peiser, *Aus dem Babylonischen Rechtsleben*
Kolb [or Kolben], P., *Voyage to the Cape of Good Hope* (Mayor's Voyages, IV)
Kostomarow, H., *Domestic Life and Mores of the Great Russians in the Sixteenth and Seventeenth Centuries* (in Russian) (3rd ed. St. Petersburg, 1887)
Krasinski, *Cossacks of the Ukrain* (London, 1848)
Krauss, *Volksglaube und Religiöser Brauch der Süd-Slaven* (Münster, 1890)
von Kremer, A., *Kulturgeschichte des Orients unter den Chalifen* (2 Bände. Wien, 1875~1877)
Krieger, M., *Neu-Guinea* (Berlin, 1899)
Kubary, J., *Die Socialen Einrichtungen der Pelauer* (Berlin, 1885)
Kubary, J., *Nukuoro* (Hamburg, 1900)
Kubary, J. S., *Der Karolinen Archipel* (Leiden, 1895)
Kugler, B., *Die Kreuzzüge* (Berlin, 1880)

Lacroix, P., *Manners, Customs, and Dress during the Middle Ages and during the Renaissance Period* (London, 1876)
Lacroix, P., et Seré, F., *Le Moyen Age et la Renaissance* (5 tomes. Paris, 1848~1851)
Lafitau, J. F., *De Zeden der Wilden van Amerika, from the French* (Amsteldam, 1751)
de Lahontan, Baron L. A., *Nouveaux Voyages dans l'Amérique Septentrionale* (2 tomes. A la Haye, 1703; new edition by R. G. Thwaites, from the English edition of 1703, Chicago, 1905)
Laing, S., *The Heimskringla or Sagas of the Norse Kings, from the Icelandic of Snorre Sturlason* (4 vols. London, 1889)
Lane, E. W., *Manners and Customs of the Modern Egyptians* (2 vols. London, 1842)
Lane, E. W., *The Thousand and One Nights* (London, 1841)
von Langsdorff, G. H., *Voyages and Travels in Various Parts of the World, 1803~1807* (Carlisle, 1817)
Lazarus (in *Zeitschrift für Völkerpsychologie*, I)

Lea, H. C., *A History of the Inquisition of the Middle Ages* (3 vols. New York, 1888)

Lea, H. C., *History of the Inquisition of Spain* (4 Bände, New York/London 1906~1907)

Lea, H. C., *Sacerdotal Celibacy* (Philadelphia, 1867)

Lecky, W. E. H., *History of European Morals from Augustus to Charlemagne* (3rd ed. New York, 1877)

Lecky, W. E. H., *History of Rationalism in Europe* (New York)

Lefèvre, *Les Phénomènes de Suggestion et d'Autosuggestion* (Paris, 1903)

Lefèvre, A., *Race and Language* (New York, 1894)

Legrand d'Aussy, P. J., *Fabliaux ou Contes Fables et Romans du XIIme et du XIIIme Siècle* (Paris, 1829)

Lehmann, K., *Verlobung und Hochzeit* (München, 1882)

Leland, C. G., and Prince, J. D. *Kuloskap the Master* (New York, 1902)

Lenient, C., *La Satire en France au Moyen Age* (Paris, 1883)

Lewin, T. H., *Wild Races of Southeastern India* (London, 1870)

Libri-Carrucci, G. B., *Sciences Mathematiques en Italie depuis la Renaissance* (Paris, 1835)

Lichtenberger, H., *Le Poème et la Légende des Nibelungen* (Paris, 1891)

Lichtenstein, H., *Reisen im Südlichen Afrika, 1803~1806* (2 Bände. Berlin, 1811~1812)

Ling Roth. → Roth를 볼 것.

Lintilhac, E., *Théâtre Sérieux du Moyen Age* (Paris, no date)

Lippert, J., *Kulturgeschichte der Menschheit* (2 Bände. Stuttgart, 1887)

Little, W. J. K., *St. Francis of Assisi* (New York, 1897)

Livingstone, D., *Travels in South Africa* (2 vols. New York, 1858)

Livy

Lloyd, A. B., *In Dwarf Land and Cannibal Country* (New York, 1899)

Lope de Vega

Lorris, G. de, and Meung, J. de, *The Romant de la Rose* (trans. by F. S. Ellis) (London, 1900)

Lubbock, J., *Prehistoric Times* (London, 1872)

Lucian, *De Dea Syria*

Lucian, *Demonax*

Lucianus Samosatensis (Rostok, 1860) [I, Part II, 68, "End of the Wanderer"]

Lucius, P. E., *Der Essenismus* (Strassburg, 1881)

Lumholtz on the Tarahumari (*Scribner's Magazine*, October, 1894)
Lund, T., *Norges Historie* (Kjobenhavn, 1885)

Mabbe, J., *Celestina, or the Tragicke-Comedy of Calisto and Melibe, englished from the Spanish of Fernando de Rojas* (London, 1894)
Machiavelli, *Mandragore*. → Rousseau를 볼 것.
Macrobius, *Saturnalia*
Madras Government Museum
Magnin, C., *Histoire des Marionettes* (Paris, 1862)
Magnin, C., *Les Origines du Théâtre Moderne* (Paris, 1838)
Magnin, C., *Théâtre de Hrotsvitha* (Paris, 1845)
Mahaffy, J. P., *Egypt under the Ptolemaic Dynasty* (London, 1899)
Mahaffy, J. P., *Social Life in Greece* (London, 1874)
Mahaffy, J. P., *The Greek World under Roman Sway* (New York, 1890)
Maine, Sir H. S., *Ancient Law* (New York, 1871)
Maine, Sir H. S., *Early Law and Custom* (New York, 1883)
Mantegazza, P., *Gli Amori degli Uomini* (Milano, 1886)
Manu. → Bühler를 볼 것.
March, O. S. von der, *Völkerideale* (Leipzig, 1901)
Marco Polo. → Yule을 볼 것.
Margry, P., *Les Navigations Françaises* (Paris, 1867)
Marquardt, J., und Mommsen, T., *Römische Alterthümer* (Band I, Die Magistratur) (Leipzig, 1876)
Marsden, W., *Sumatra* (London, 1811)
von Martius, C. F. P., *Ethnographie und Sprachenkunde Amerikas zumal Brasiliens* (3 Bände. Band I, *Ethnographie Brasiliens*) (Leipzig, 1867)
Martins, J. P. Oliveira, *As Raças humanas e a Civilisação Primitiva* (Lisboa, 1881)
Martins, J. P. Oliveira, *Civilisação Iberica* (Lisboa, 1885)
Masi, E., *Storia del Teatro Italiano nel Secolo XVIII* (Firenze, 1891)
Mason, O. T. (*American Anthropologist*, IX)
Mason, O. T., *The Origin of Invention* (New York, 1895)
Maspero, G., *Peuples de l'Orient Classique* (3 tomes. Paris, 1899)
Masson, C., *Balochistan* (London, 1844)

de Maulde la Clavière, A. K., *Les Femmes de la Renaissance* (Paris, 1898)
Maurer, F., *Völkerkunde Bibel und Christenthum* (Leipzig, 1905)
Mauthner, F., *Kritik der Sprache* (3 Bände. Stuttgart, 1901~1902)
Mayer, F. M., *Geschichte Oesterreichs* (2 Bände. Leipzig, 1901)
McCabe, J., *St. Augustine and his Age* (London, 1903)
Medhurst, *Laws of Marriage Affinity and Inheritance in China* (China Branch of the Royal Asiatic Society, IV)
Meltzer, C., *Geschichte der Karthager* (2 Bände. Berlin, 1896)
Meyer, E., *Geschichte des alten Aegyptens* (Berlin, 1887)
Michael, E., *Geschichte des Deutschen Volkes* (2 Bände. Freiburg, 1899)
Middendorff, A. F., *Reisen in Siberien in 1843~1844* (4 Bände. St. Petersburg, 1847~1875)
Migne, J. P., *Patrologia Latina*
Migne, J. P., *Patrologia Graeca*
Mittheilungen der Anthropologischen Gesellschaft in Wien
Molmenti, P. G., *La Storia di Venezia nella Vita Privata* (Torino, 1885)
Mommsen, T, *Römische Strafrecht* (Duncker and Humboldt, 1899)
Monier-Williams, Sir M., *Brahmanism and Hinduism* (New York, 1891)
More, Sir T., *Utopia* (trans.) (London, 1899)
Moreau-Christophe, L. M., *Du Droit à l'Oisiveté* (Paris, 1849)
Morgan, L. H., *Ancient Society* (New York, 1877)
Müller, D. H., *Die Gesetze des Hammurabi* (Wien, 1903)
Müntz, E., *Leonardo da Vinci* (from the French) (New York, 1898)
Muratori, L. A., *Dissertazioni sopra le Antichità Italiane* (Vol. I, 267, Dissertazione XV, Delle Manumissioni de' servi) (Firenze, 1833)
Muratori, L. A., *Rerum Italicarum Scriptores Mediolani, 1723~1738* (→ Vol. IX, 134, on the cruelties of Ezzelino da Romano를 볼 것.)

Nachtigal, G., *Sahara und Sudan* (2 Bände. Berlin, 1879~1881)
Nadaillac, Marquis de, *Prehistoric America* (trans.) (New York, 1884)
Nansen, F., *Eskimo Life* (trans.) (London, 1893)
Nassau, R. H., *Fetichism in West Africa* (New York, 1904)
National Museum of the United States, Reports of the

Nekrassow, N. A., *Poems* (2 vols. 6 ed. St. Petersburg, 1895) (in Russ.). (In the second volume the poem "Who Lives Happily in Russia?"; German version in the Universal Bibliothek, 2447)
Nelson on the Eskimo (*Bureau of Ethnology*, XVIII, Part I)
Neumann, K., *Geschichte Roms während des Verfalls der Republik* (2 Bände. Breslau, 1881~1884)
Nieuwenhuis, A. W., *In Centraal Borneo* (2 tomes. Leiden, 1900)
Nilsson, S., *Les Habitants Primitifs de la Scandinavie* (Paris, 1868)
Nineteenth Century
Nivedita (Margaret E. Noble), *Web of Indian Life* (New York, 1904)
Novara Reise. → Wüllestorff를 볼 것.

Oliphant, L., *The Earl of Elgin's Mission to China and Japan* (London, 1859)
Opdyke. → Castiglione을 볼 것.
Otto, W., *Priester und Tempel im Hellenischen Aegypten* (Leipzig, 1905)

Pallas, P. S., *Voyages en Russie* (5 tomes. Paris, 1793)
Pandolfini, A., *Trattato del Governo della Famiglia* (Milano, 1902)
Parkinson, R., *Die Ethnographie der nordwestlichen Salomo Inseln* (Museum zu Dresden)
Pater, W. H., *Marius the Epicurean* (London, 1885)
Patrick, Psychology of Language (Expletives) (*Psychological Review*, VIII, 113)
Patursson, S. O., *Sibirien i vore Dage* (Kjøbenhavn, 1901)
Paulitschke, P., *Ethnographie Nordost Afrikas* (2 Bände. Berlin, 1896)
Peel, C. V. A., *Somaliland* (London, 1900)
Pellison, M., *Roman Life in Pliny's Time* (trans.) (Meadville, Pennsylvania, 1897)
Pereiro, A. C., *La Isla de Ponape* (Manila, 1895)
Perelaer, M. T. H., *Ethnographische Beschrijving der Dyaks* (Zalthommel, 1870)
Peschel, O., *The Races of Man* (New York, 1876)
Petermann's Mittheilungen
[Peters, S.], *A History of Connecticut* (London, 1781)
Petri, E., *Anthropologie* (in Russ.) (St. Petersburg, 1890)

Petri, E., *Exceptiones Legum Romanorum* (in Appendix to Vol. II of Savigny, F. C., *Geschichte des Römischen Rechts im Mittelalter*, Heidelberg, 1834)

Petrie, W. M., *Flinders, Race and Civilization* (Smithsonian Report, 1895)

Pfeil, J., *Studien aus der Südsee* (Braunschweig, 1899)

Philo Judæus, The Contemplative Life

Philology, The Journal of (Cambridge, England)

Piccolomini, Æneas Silvius (Pope Pius II), *Die Geschichte Kaiser Friedrichs des Dritten* (übersetzt von Ilgen) (Leipzig, 1899)

Pickering, W. A., *Formosa* (London, 1898)

Pietschmann, R., *Die Phönizier* (Berlin, 1899)

Pike, L. O., *Crime in England* (London, 1873~1876)

Pinkerton, J., *Collection of Voyages* (17 vols. 1808~1814)

Pischon, C. N., *Der Einfluss des Islam auf das Leben seiner Bekenner* (Leipzig, 1881)

Pliny, *Naturalis Historia*

Plutarch, *Lives of Illustrious Men*

Pöhlmann, R., *Die Uebervölkerung der Antiquen Grossstädte* (Leipzig, 1884)

Politisch-Anthropologische Revue

Pollock, Sir F., and Maitland, F. W., *History of English Law* (Cambridge, 1895)

Polyptique de l'Abbé Irminon (ed. Guerard) (Paris, 1844)

Pommerol, J., *Une Femme chez les Sahariennes* (Paris)

Porphyrius, *De Abstinentia*

Portman, L., *Vacation Studies* (New York, 1902)

Powers, S., *The Tribes of California* (Washington, 1877)

Prescott, W. H., *The Conquest of Peru* (Philadelphia, no date)

Preuss, *Die Feuergötter* (Mitt. der Anthrop. Gesellschaft in Wien, XXXIII, 156)

Proceedings of the Society of Biblical Archeology

Proksch, O., *Die Blutrache bei den vorislamischen Arabern und Mohammeds Stellung zu ihr* (Leipzig, 1899)

von Prschewalsky, N., *Reisen in der Mongolei, 1870~1873* (Jena, 1881)

Prutz, H., *Kulturgeschichte der Kreuzzüge* (Berlin, 1883)

Przewalsky, H. M., *Travels in Central Asia* (in Russ.) (St. Petersburg, 1883; also 1900)

PSM = *Political Science Monthly*

Puini, C., *Le Origine della Civiltà* (Firenze, 1891)
Pullan, L., *History of the Book of Common Prayer* (New York, 1900)

Quintus Curtius Rufus. → Curtius를 볼 것.

Ralston, W. R. S., *Songs of the Russian People* (London, 1872)
Ranke, J., *Der Mensch* (Leipzig, 1894)
RAS = Royal Asiatic Society
Ratzel, F., *Anthropogeographie* (Stuttgart, 1882~1891)
Ratzel, F., *History of Mankind* (trans. of Völkerkunde) (New York, 1896)
Ratzel, F., *Völkerkunde* (3 Bände. Leipzig, 1885)
Rau, *Prehistoric fishing in Europe and North America.* (Washington: Smithsonian Institution, 1884)
von Räumer, F. L. G., *Historisches Taschenbuch* (Leipzig, 1te Folge, 1830~1839)
Reclus, E., *Primitive Folk* (New York, 1891)
Regnard, P., *Les Maladies epidémiques de l'esprit* (Paris, 1887)
Reich, H., *Der Mimus* (Berlin, 1903)
Reichel, O. J., *Canon Law: I. Sacraments* (London, 1896)
Renan, E., *Averroes et l'Averroisme* (Paris, 1861)
Rerum Script. Ital. → Muratori를 볼 것.
Retzius, G., *Finska Kranier* (Stokholm, 1878)
Revue de l'École d'Anthropologie de Paris
Rheinisches Museum
Ridgeway, W., *The Origin of Metallic Currency and Weight Standards* (Cambridge, 1892)
Risley, H. H., *Census of India*, 1901: I, *Ethnographic Appendices* (Calcutta, 1903)
Rockhill, W. W., *Mongolia and Thibet in 1891~1892* (Washington, 1894, and Smithsonian Report for 1892, p 659)
Rockhill, W. W., trans. of William of Rubruck's Journey to the Eastern Parts of the World, 1253~1255 (Hakluyt Society, 2nd Series, No. 4. London, 1900)
Rodbertus, *Die agrarische Entwickelung Roms unter den Kaisern* (Hildebrand's Jahrbücher, II, 206, and following articles)

Rogers, R. W., *Babylonia and Assyria* (New York, 1901)
Rohde, E., *Psyche* (2te Ausg. Freiburg, 1898)
Rohlfs, G., *Reise durch Nord-Afrika von Tripoli nach Kuka* (Gotha, 1868) *Petermann's Geographischen Mitteilungen*, Ergaenzungsheft, XXV.
de Rojas. → Mabbe를 볼 것.
Romaunt de la Rose. → Lorris를 볼 것.
Rosenbaum, J., *Die Lustseuche* (Halle, 1892)
von Rosenberg, S. B. H., *Reistochten naar de Geelvinkbaai op Nieuw Guinea, 1869~1870* ('s Gravenhage, 1875)
Rossbach, A., *Römische Hochzeits- und Ehe-Denkmäler* (Leipzig, 1871)
Rossbach, G. A. W., *Die Römische Ehe* (Stuttgart, 1853)
Rossbach, J. J., *Geschichte der Familie* (Nordlingen, 1859)
Roth, H. Ling, *Natives of Sarawak and British North Borneo* (New York, 1896)
Roth, H. Ling, *The Aborigines of Tasmania* (London, 1890)
Roth, W. E., *The Northwest Central Queensland Aborigines* (Brisbane, 1897)
Rothe, T., *Nordens Staatsverfassung vor der Lehnszeit* (aus dem Dänischen. Leipzig, 1784~1789, 296)
Rousseau, J. B., Œuvres (IV, 305, trans. of Machiavelli's "Mandragore") (Paris, 1820)
Rubruck. → Rockhill을 볼 것.
Rudeck, W., *Geschichte der oeffentlichen Sittlichkeit in Deutschland* (Jena, 1897)
Russian Ethnography: The Peoples of Russia (published by the Journal "Nations and Peoples," St. Petersburg, 1878) (in Russ.)

de Saint Genois, J., *Sur des Lettres Inédites de Jacques de Vitry écrites en 1216* (in *Nouveaux Mémoires de l'Académie Royale des Sciences, Lettres, et Beaux Arts de Belgique*, XXIII, 1849)
Salviani Opera Omnia (Vindobonae, 1883) (Corpus Script. Ecclesiast., VIII)
Sarassin, P. and F., *Die Weddahs* (Wiesbaden, 1893)
Sarpi, Fra Paolo, *Della Inquisizione di Venezia* (in Vol. IV of his Opere)
Savigny. → Petri를 볼 것.
Schaafhausen, *Menschenfresserei und das Menschenopfer* (*Archiv für Anthropologie*, IV, 245)
von Schack, A. F., *Geschichte der Dramatische Literatur und Kunst in Spanien*

(Frankfurt, 1854)

Schallmeyer, W., *Vererbung und Auslese* (Jena, 1903)

Scheltema, J., *Volksgebruiken der Nederlanders bij het Vrijen en Trouwen* (Utrecht, 1832)

Scherillo, M., *La Commedia dell'Arte in Italia* (Torino, 1884)

Scherr, J., *Deutsche Frauenwelt* (Leipzig, 1898)

Scherr, J., *Deutsche Kultur- und Sittengeschichte* (Leipzig, 1879)

Schmidt, C., *La Société Civile dans le Monde Romain et sa Transformation par le Christianisme* (Strassbourg, 1853)

Schmidt, E., *Ceylon* (Berlin, 1897)

Schoemann, G. F., *Griechische Alterthümer* (Berlin, 1897)

Schomburgk, R., *Britisch Guiana in 1840~1844* (Leipzig, 1847)

Schotel, G. D. J., *Het Oud-Hollandsch Huisgezin der Zeventiende Eeuw* (Haarlem, 1867)

Schotmüller, K., *Untergang des Templer-Ordens* (Berlin, 1887)

Schrader, E., *The Prehistoric Antiquities of the Aryan Peoples* (trans.) (London, 1890)

Schultz, A., *Das Höfische Leben zur Zeit der Minnesinger* (Leipzig, 1879~1880)

Schultz, A., *Deutsches Leben in XIVten und XVten Jahrhundert* (Cited D. L.) (Leipzig, 1892)

Schultze, *Psychologie der Naturvölker*

Schurz, H., *Entstehungsgeschichte des Geldes* (*Deutsche Geographische Blätter*, XX, Bremen, 1897)

Schwaner, C. A. L. M., *Borneo* (Amsterdam, 1853)

Schweinfurth, G., *The Heart of Africa* (trans.) (New York, 1874)

Scientific American

Scribner's Magazine

Scripta Historica Islandorum: II. Historiae Olavi Trygvii (Hafniae, 1827)

Seeck, G., *Untergang der antiquen Welt* (Berlin, 1895)

Selenka, E., *Der Schmuck des Menschen* (Berlin, 1900)

Semon, R., *In the Australian Bush* (New York, 1899)

Semper, K., *Die Palau Inseln* (Leipzig, 1873)

Seneca, *De Ira*

Seneca, *Letters*

Seneca, *Opera*

Serpa Pinto, *Como eu atravassei Africa* (London, 1881)
Seuberlich. → Nekrassow를 볼 것.
Sibree, J., jr., *The Great African Island* (London, 1880)
Sieroshevski, V. L., *Jakuty* (in Russ.) (St. Petersburg, 1896)
Sieroshevski, V. L., *Twelve Years in the Country of the Yakuts* (Polish version of the last with revision and additions) (Warsaw, 1900)
Simkhovitsch, W. G., *Die Feldgemeinschaft in Russland* (Jena, 1898)
Simrock, K., *Das Nibelungen Lied* (Stuttgart, 1890)
Smith, A. H., *Chinese Characteristics* (New York, 1894)
Smith, W. Robertson, *Kinship and Marriage in early Arabia* (Cambridge, 1885)
Smith, W. Robertson, *Religion of the Semites* (London, 1894)
Smith, William (ed.). *Dictionary of Greek and Roman Antiquities* (London: John Murray)
Smithsonian Institute, Reports of the,
Smithsonian Contributions to Knowledge
Smyth, R. B., *The Aborigines of Victoria* (Melbourne, 1878)
Snouck-Hurgronje, C., *De Atjehers* (Leyden, 1894~1895)
Snouck-Hurgronje, C., *Mekka* (Haag, 1889)
Snyder, W. L., *The Geography of Marriage* (New York, 1889)
Sohm, R., *Trauung und Verlobung* (Weimar, 1876)
Southey, R., *History of Brazil* (London, 1822)
Spencer, B., and Gillen, F. J., *Native Tribes of Central Australia* (New York, 1899)
Spencer, H., *Principles of Sociology* (New York, 1905)
Spiegel, F., *Eranische Alterthumskunde* (Leipzig, 1871~1878)
Spix, J. B., und Martius, C. F. P., Reise in Bras*ilien, 1817~1820* (München, 1831)
Sprenger, A., *Die Alte Geographie Arabiens* (Berlin, 1875)
Sprenger, F. J., *Malleus Maleficarum* (Venici, 1576)
Stammler, C., *Stellung der Frauen* (Berlin, 1877)
Starcke, C. N., *The Primitive Family* (New York, 1889)
von den Steinen, K., *Naturvölker Zentral Brasiliens* (Berlin, 1894). Shingu Tribes (Berlin Mus., 1888)
Steinmetz, S. R., *Endo-Kannibalismus, Mitteilungen der Anthropologischen Gesellschaft in Wien*, XXVI
Stengel, P., *Die Griechischen Kultusalterthümer* (München, 1898)

Stevens, H. V., *Frauenleben der Orang Belendas, etc.* (*Zeitschrift für Ethnologie*, XXVIII, 163)

Stieda, L., *Die Infibulation* (Wiesbaden, 1902)

Stiles, H. M., *Bundling in America* (Albany, 1869)

Stoll, O., *Suggestion und Hypnotismus in der Völkerpsychologie* (Leipzig, 1904)

Strabo, *Geographica*

Strange, Sir W. T., *Hindu Law* (London, 1830)

Strauss, A., *Die Bulgaren* (Leipzig, 1898)

Strong, J. C., *Wakeenah and her People* (New York, 1893)

Stubbs, W., *Constitutional History of England* (Oxford, 1874)

Stubbs, W., *Select Charters* (Oxford, 1874)

Stuhlmann, F., *Mit Emin Pascha ins Herz von Afrika* (Berlin, 1894)

Suetonius, *De XII Caesaribus*

Surtees Society (Vols. LIX and LX), *Manuale et Processionale ad usam insignis Ecclesiae Eboracensis* (Edinburgh, 1875)

Susemihl, F. K. E., *Geschichte der Griechischen Literatur in der Alexandriner Zeit* (Leipzig, 1891~1892)

Symonds, J. A. → Gozzi를 볼 것.

Symonds, J. A., *The Catholic Reaction* (London, 1886)

Symonds, J. A., *The Renaissance in Italy* (London, 1875)

Symonds, J. A., *Autobiography of Cellini* (New York, 1888)

Tacitus, *Germania*

Tacitus, *Annals*

Temesvary, R., *Volksbräuche und Aberglaube in der Geburtshilfe* (Leipzig, 1900)

Tertullian, *de Anima*

Tertullian, *Apologia*

Tertullian, *de Spectaculis*

Tertullian, *ad Nationes*

Thayer, W. M., *Marvels of the New West* (Norwich, Conn., 1888)

Thomae Aquinatis Opera Omnia jussu impensaque Leonis XIII, P. M. (Rome, 1892)

Thomae Aquinatis Opuscula Omnia (Paris, 1534)

Thomson, J., *Illustrations of China* (London, 1873)

Thruston, Gates Phillips, *The Antiquities of Tennessee and the Adjacent States and the State of Aboriginal Society in the Scale of Civilization Represented by Them*. (Cincinnati, Ohio: The R. Clarke Company, 1897)
Tiele, C. P., *Geschichte der Religion im Alterthume* (Gotha, 1896)
Times, The New York
Todd, J. H., *Life of St. Patrick* (Dublin, 1864)
Tornauw, *Das Moslimische Recht* (Leipzig, 1855)
Trevelyan, G. M., *England in the Age of Wycliffe* (New York, 1899)
Two Ways, The. → Apostolic Constitutions를 볼 것.
Tylor, E. B., *Anthropology* (New York, 1881)
Tylor, E. B., *Early History of Mankind* (London, 1865)

Ueberweg, F., *History of Philosophy* (trans.) (New York, 1873)
Uhland, *Geschichte der Dichtung und Sage* (Stuttgart, 1865)
Umschau, Die

Valerius Maximus, *Factorum et Dictorum Memorabilium libri novem*
Vambery, H., *Sittenbilder aus dem Morgenlande* (Berlin, 1877)
Vanutelli, L., e Citerni, C., *L'Omo* (Milano, 1899)
de Varnhagen, F. A., *Historia Geral do Brazil* (Rio de Janeiro, 1854~1857)
Venetian Ambassadors. → Alberi를 볼 것.
Veth, P. J., *Borneo's Wester-Afdeeling* (Zaltbommel, 1856)
Vinogradoff, P. G., *Villainage in England* (Oxford, 1892)
Vissering, W., *On Chinese Currency* (Leiden, 1877)
Vitry. → Saint Genois를 볼 것.
Volkens, G., *Der Kilimandscharo* (Berlin, 1897)

Wachsmuth, *Bauernkriege* (Räumer, *Historisches Taschenbuch*, V)
Waitz, F. T., *Anthropologie* (1859~1872)
Wallon, H. A., *L'Esclavage dans l'Antiquité* (Paris, 1847)
Weinhold, K., *Die Deutschen Frauen in dem Mittelalter* (Wien, 1882)

Wellhausen, J., *Die Ehe bei den Arabern* (Göttingen, 1893)

Wellhausen, J., *Skizzen und Vorarbeiten* (Berlin, 1887)

Wellsted, J. R., *Travels in Arabia* (London, 1837)

Westerhout, R. A., *Het Geslachtsleven onzer Voorouders in de Middeleeuwen* (Amsterdam, no date)

Westermarck, E., *Human Marriage* (London, 1891)

Whitmarsh, H. P., *The World's Rough Hand* (New York, 1898)

Whitney, W. D., *Language and the Study of Language* (New York, 1867)

Wiklund, K. B., *Om Lapparna i Sverige* (Stockholm, 1899)

Wilken, G. A., *Huwelijks- en Erfrecht bei de Volken van Zuid Sumatra* (Bijdragen tot T. L. en V.- kunde van Indie, XL)

Wilkins, D., *Concilia Magnae Britanniae et Hiberniae, 446~1717* (London, 1737)

Wilkins, W. J., *Modern Hinduism* (London, 1887)

Williams, S. W., *The Middle Kingdom* (New York, 1883)

Wilson, C. T., and Felkin, R. W., *Uganda and the Egyptian Sudan* (London, 1882)

Wilutsky, P., *Mann und Weib* (Breslau, 1903)

Winckler, H., *Die Gesetze Hammurabis* (Leipzig, 1902)

Winter, E. → Jastrow, J.를 볼 것.

Wisen, T., *Om Qvinnan i Nordens Forntid* (Lund, 1870)

Wissowa, G., *Religion und Kultus der Römer* (München, 1892)

Wobbermin, G., *Beeinflussung des Urchristenthums durch das Mysterienwesen* (Berlin, 1896)

Woodford, C. M., *A Naturalist among the Headhunters* (London, 1890)

Wüllestorff und Urbair, *Reise der Novara um die Erde, 1857~1859* (Wien, 1861~1865)

Wundt, W., *Ethik* (Stuttgart, 1892)

Xenophon, *Economicus*

Xenophon, *Symposium*

Xiphilin, *The History of Dio Cassius abridged* (trans. by Dr. Manning) (London, 1704)

Yriarte, C., *La Vie d'un Patricien de Venise* (Paris, 1874)

Yule, H., *Mission to Ava in 1855* (London, 1858)
Yule, H., *The Book of Ser Marco Polo* (London, 1903)

Zappert, G., *Das Badewesen* (*Archiv für Kunde oesterreichischer Geschichtsquellen*, XXI)
de Zarate, A. Gil, *Literatura Española* (Madrid, 1874)
Zay, E., *Histoire Monétaire des Colonies Françaises* (Paris, 1892)
Zeitschrift für Ethnologie
Zeitschrift für Vergleichende Rechtswissenschaft
Zeitschrift für Völkerpsychologie
Zeitschrift für Volkskunde
Zimmer, H., *Altindisches Leben* (Berlin, 1879)

찾아보기

ㄱ

가정 / 159, 176
간통 / 209, 213
갈멜 수도회 / 167
감옥 / 4
감정 / 175
개성 / 175
개인주의 / 203, 213
거들 / 17
거짓말 / 194
검투사 / 77, 78, 79, 81, 100
게임 / 78, 102, 104
겐트 / 6
견유학파 / 151, 158
결의론 / 162
결혼 / 72, 155, 159, 163, 213
경험 / 140
고문 / 4, 100, 162
고전 / 200
고치(Gozzi) / 132
고통 / 140, 142, 145, 146, 160, 162
고행자 / 117
곡예 / 83
곤충 / 55
공창 / 14, 17
과학 / 181
관능 / 62, 143, 145, 154, 172
관례화 / 44, 50, 51
관용 / 69
광기 / 146
교리문답 / 181
교사 / 179
교육 / 19, 94, 134, 135, 174, 175, 176, 177, 181, 182, 189
교육과정 / 188
교육학 / 175
교황 / 171, 197, 198, 210
교회 / 8, 15, 64, 98, 102, 111, 112, 117, 157, 165, 176
교회법 / 111, 197
교훈극 / 120
구걸 / 164, 166
구애자 / 11
구약성서 / 61
구원 / 148
권태 / 99
규약 / 214
그라치오소 / 118
그레고리오(Gregory of Nazianz) / 97
그리스 / 11, 82, 92, 195
그리스도 / 156
그림자 연극 / 107
극장 / 94

근대 / 172
근대국가 / 200
근친상간 / 42, 49
금기 / 28, 84
금욕 / 156
금욕주의 / 139, 142, 144, 145, 148, 158, 162, 172
기독교 / 98, 154, 196
기예 / 143
기적 / 113, 166
길가메시 / 26

ㄴ

나무 / 25
나바테아인 / 35
나사렛 사람들 / 152
난교파티 / 42, 75
남근 숭배 / 23
냉소주의 / 77
노동 / 144, 166
니콜라스 다마스쿠스 / 95

ㄷ

다이달로스 / 79
단정함 / 206
대중 / 83, 94, 99, 101, 111, 179
대중 공연 / 86
대중 교육 / 174
대지 / 68
대학 / 178, 185
덕성 / 158, 216

던드레리 / 88
데우칼리온 / 151
도그마 / 140
도덕 / 148, 175, 202, 211
도덕극 / 118
도덕성 / 216
도미니코회 / 166
도시 / 16
독신주의 / 171
돈키호테 / 83
동기감응 / 25
동물 희생 / 53
드라마 / 71, 88, 92, 97, 104, 113
디에고 후르타도 데 멘도사 / 124
디오니소스 / 74
디킨스 / 94

ㄹ

라이네케 푹스 / 69
라치 / 131
라틴어 / 114
런던 / 5
레갑 사람들 / 152
레키(Lecky) / 100
로데(Rohde) / 147
로마 / 57, 79, 80, 95, 100, 104, 106, 154, 198
로크리에피제피리 / 37
로페 드 베가 / 122
루도비코 일 모로 / 211
루크레치아 보르자 / 125

루파나스 / 14
르네상스 / 199, 201
르호보암 / 36
리비우스 안드로니쿠스 / 76
링감 / 43

ㅁ

마녀재판 / 18
마누 법전 / 40
마리아의 충복들 / 167
마술 / 83
마스크 / 89
마이우마 / 101
마쿠스 / 96
마키아벨리 / 122, 203
만담 / 130
만취 / 46
매음 신녀 / 28
매춘 / 14, 29
매춘부 / 16, 17, 41
맹세 / 58, 193
맹트농 부인 / 131
먼로주의 / 93
메레트릭스 / 102
메피스토 / 90
멕시코 / 55, 67
면죄부 / 210
모세 / 152
몰레크 / 31
무소유 / 169

무언극 / 67, 77, 88, 89, 104, 109, 111, 115
무함마드 / 106, 160
문맹 / 174
문명화 / 143
문학 / 136
문화 드라마 / 105
미메스 / 92
미무스 / 88, 95, 98, 106
미사 예식 / 72, 112
미신 / 175
미켈란젤로 / 213
민수기 / 75
민습연구(ethology) / 65
민주주의 / 94, 178, 187

ㅂ

바댕 / 118
바빌론 / 30
바스티유 / 3
바시비 / 42
바알 페오 / 36
바울(사도 바울) / 158
바이올로그 / 92, 93, 97, 108, 121
바젤 공의회 / 120
방종 / 49, 68
배우 / 88, 89, 101
번들링 / 7, 13
번제 / 57
범죄 / 3
법률 / 182

베네치아 / 126
베다 / 40
베르나르 델리시외
    (Bernard Delicieux) / 169
베스파시아누스 / 100
보나벤투라 / 168
보니파키우스 / 169
보호관세 / 93
복리 / 141
본능 / 68
부르크하르트 / 199
부활 / 67
불렌베버 / 6
불멸성 / 74
불임 / 40, 58
비극 / 87
비너스 / 45
비잔틴 / 81, 107
비판 / 180, 181
비판적 사고 / 181
빈곤 / 103, 164, 168, 170

ㅅ

사무엘(상) / 38
사신(邪神)에 대한 믿음(demonism)
    / 18
사실주의 / 85, 99
사원 / 34
사치 / 143, 151
사투라에 / 76
사투르날리아 / 86, 112

사회체제 / 182
살비아누스 / 59
삶의 방식 / 138
삶의 철학 / 214
생식 / 32, 48
생활철학 / 144
샤를마뉴 / 106
서사시 / 196
서자 / 212
서적 학습 / 174
선교사가 만든 인간 / 177
성 카를로 보로메오 / 126
성공 / 192, 195, 214
성공 방책 / 193, 198, 216
성교 / 40, 154
성모 마리아 / 97, 125
성병 / 27
성욕 / 148
성인 / 156, 166, 167
성전기사단 / 186
성직자 / 170, 178
세거 vs. 슬링어랜드 재판 / 13
세계철학 / 145
셰릴로(Scherillo) / 133
소극 / 76, 118
소유권 / 50
수난극 / 120
수도사 / 8
수도원파 / 168
수도회 / 8
수정(受精) / 24
수학 / 180

순결 / 160, 161, 163
순결서약 / 158, 159
순결의무 / 150
순교 / 98
순례 / 162
순회악단 / 91
스위스 / 11
스토아학파 / 151
스포츠 / 82, 100, 192
습관 / 181
습속 / 183
시민 / 174, 182
시민 계급 / 200
시바 / 43
식량 공급 / 24, 68
신 / 73, 163, 186
신녀 / 26
신비 의식 / 65, 70, 72
신비극 / 118
신비적 종교 / 74
신비주의 / 74, 148
신성한 매음 / 23, 29, 33
신약성서 / 62
신플라톤학파 / 151
신피타고라스학파 / 151
신학 / 58
실레누스 / 87
실험 / 214
십자군 / 197
쌀 / 25

ㅇ

아도니스 / 35
아동 / 174
아동 자살 / 177
아동 희생 / 23, 52
아람인 / 56
아리스토파네스 / 69
아몬 / 34
아브라함 / 53
아스타르테 / 35
아우구스티누스 / 15, 103
아우토스 사크라멘탈레스 / 121
아테네 / 71, 86
아텔라 / 77
악당 / 123
악당 소설 / 122
알레퀴노 / 118
암살 / 213
앙팡 상 수시 / 118
애디투스 / 38
야만인 / 192
야훼 / 60
어릿광대 / 91, 118
에라스뮈스 / 92
에세네파 / 152
에제키엘 / 38, 95
에첼리노 다 로마노 / 5
에톨로그 / 92
에티켓 / 2
에피쿠로스학파 / 157
에픽테토스 / 156

엘레우시스 / 71
여론 / 14
여성 숭배 / 10
여신 / 51
여호수아 / 38
역사 / 184, 187, 188, 197
역사주의 / 185
연극 / 69, 75, 91, 94, 99, 112, 130, 132
연예 / 64
영겁회귀 / 148
영성파 / 168
영웅 / 83, 89, 193, 195, 196, 210, 214
영혼 / 74, 148, 153
예레미아 / 61
예수의 수난 / 119
예수회 / 131
예술 / 84, 136, 198
예언자 / 60
예의범절 / 2
오디세우스 / 195
오락 / 64, 82, 99, 101, 134, 135
오르페우스 / 74, 147, 148
오스칸 소극 / 90
와장-포에르바 / 107
외설 / 77, 96
요니 / 43
요행 / 53, 141, 144, 172
우상숭배 / 60, 62, 155
원시인 / 51
위조 / 196
유물론 / 172

육식 / 148, 149
육신 / 153
육체 / 147, 210
윤리적 가치 / 61
윤리적 판단 / 18
이교도 / 98
이단 / 60, 186
이사벨라 데스테 / 125, 211
이슈타르 / 26, 31, 32, 67
이스라엘 / 59
이슬람 / 60, 160
이탈리아 / 198
인간 희생 / 53
인노켄티우스 3세 / 119
인도 / 108, 147
인문주의 / 200
인문주의자 / 202
인민 / 187, 189
인성 / 174, 175
인형극 / 89, 107, 110
일본 / 47, 142
임질 / 17

ㅈ

자기보존 / 146
자기부정 / 140
자기통제 / 140
자바 / 107
자본 / 198
자본주의 / 198
자연 / 66, 84

자크 드 비트리 / 164
잔혹 / 4
장글러 / 114
장난광대극 / 109
재산 / 164
재생산 / 32
전례 / 73, 148
전통 / 183
절제 / 146, 149
정설 / 178
정신 / 147
정직 / 192, 216
정치경제학 / 186
제국주의 / 93
조상 / 66
조안나 여왕 / 16
종교 / 31, 33, 48, 51, 56, 172, 193
주가나타 / 41
줄레비유 / 116, 128
중국 / 48
중세 / 161
증거 / 182
지성 / 175
지식 / 180
지참금 / 23
지하 감옥 / 3
진리 / 197
진보 / 136
진흙 마차 / 108
질병 / 58, 177

ㅊ

창세기 / 53
처녀성 / 150, 154
천재 / 174
철학 / 187
첩 / 50, 213
청교도 / 2
청소년기 / 177
체사레 보르자 / 125
첼리니 / 207
초야의 피 / 34
초자연적인 존재에 대한 믿음 / 141
축제 / 66, 67, 102, 103
축첩 / 171
춤 / 23, 46, 64, 109, 111, 127
취향 / 83
친족 관계 / 73

ㅋ

카니발 / 127
카르타고인 / 57
카타르시스 / 73
카토 / 77
칸티카 / 104
칼데아 / 67
칼차(calza)의 친구들 / 126
케데심 / 38
케루빔 / 25
코메디아 델 아르테 / 128, 129, 131
코미디 / 84, 85
코친차이나 / 39

콘라드(Conrad of Marburg) / 146
콘스탄티누스 / 81, 101
콜론나(Vittoria Colonna) / 212
쾌락 / 140
쿠비스테테레스 / 69
퀘롤루스 / 97
퀴스텐 / 10
크레타 / 86
크리소스토무스 / 98
크리슈나 / 41, 194
키벨레 / 70
키케로 / 79
킹즐리(Miss Kingsley) / 177

ㅌ

타르겔리아 / 86
타블로 / 111, 115
탁발 수도회 / 167
탁발 수사 / 170
태링 / 12
태양신 / 27, 68
테라포이트 / 9
테르툴리아누스 / 57, 78
테테오이난 / 27, 39
토마스 아퀴나스 / 119
티베리우스 / 57, 90
틸 오일렌슈피겔 / 123

ㅍ

파리 / 94
파우스트 / 110

판탈레오네 / 96, 133
팔군 / 41
펀치 / 90, 96, 107, 109
펀치와 주디 / 89, 110
페니키아 / 56
페데라스티 / 45
편견 / 185
폴리치네유 / 109
품위 / 2
풍자 / 83, 85, 93, 94, 118, 120
프란체스코 / 166
프란체스코회 / 165
프뤼기아 / 70
플로랄리아 / 76
플루타르코스 / 80
플리악스 / 91
피에로 / 85
피카레스크 소설 / 123, 124
피타고라스학파 / 149, 153
필리스티온 / 90

ㅎ

하드리아누스 / 101
학교 / 175, 177, 183
학생 / 188
한스부어스트 / 118
할레의 아담 / 116
할례 / 55
할리퀸 / 96
함무라비 / 49
행복 / 138

행진 / 75, 114, 115, 117
헤로데스 아티쿠스 / 95
헤로도토스 / 29
헬레니즘 / 81
헴멜라인 / 123
혁신 / 183
형벌 / 3
형법 / 5
호세아 / 36
혼전순결 / 150

환상 / 99
흐로츠비타 / 113
희극 / 116, 122, 130
희생제물 / 30, 52
히브리인 / 56
히에라폴리스 / 54
히포테시스 / 90
힌두교 / 41
힌두스탄 / 44

절번호 찾아보기

1권

절번호	쪽
1.	2
2.	3
3.	5
4.	6
5.	8
6.	9
7.	11
8.	11
9.	12
10.	15
11.	17
12.	19
13.	19
14.	20
15.	21
16.	22
17.	23
18.	24
19.	25
20.	27
21.	27
22.	32
23.	33
24.	34
25.	37
26.	40
27.	41
28.	42
29.	45
30.	48
31.	49
32.	50
33.	51
34.	52
35.	52
36.	54
37.	55
38.	56
39.	57
40.	58
41.	60
42.	62
43.	63
44.	64
45.	65
46.	66
47.	67
48.	68
49.	68
50.	71
51.	72
52.	75
53.	78
54.	78
55.	80
56.	81
57.	83
58.	84
59.	85
60.	87
61.	89
62.	91
63.	92
64.	93
65.	95
66.	97
67.	98
68.	101
69.	102
70.	103
71.	105
72.	107
73.	110
74.	111
75.	114
76.	115
77.	119
78.	119
79.	120
80.	124
81.	127
82.	128
83.	129
84.	131
85.	132

86. ······· 135	120. ······· 190	154. ······· 261
87. ······· 136	121. ······· 192	155. ······· 263
88. ······· 137	122. ······· 198	156. ······· 265
89. ······· 140	123. ······· 201	157. ······· 268
90. ······· 141	124. ······· 203	158. ······· 269
91. ······· 143	125. ······· 204	159. ······· 270
92. ······· 145	126. ······· 205	160. ······· 272
93. ······· 146	127. ······· 206	161. ······· 273
94. ······· 148	128. ······· 210	162. ······· 274
95. ······· 149	129. ······· 212	163. ······· 276
96. ······· 150	130. ······· 215	164. ······· 278
97. ······· 151	131. ······· 216	165. ······· 280
98. ······· 153	132. ······· 218	166. ······· 282
99. ······· 155	133. ······· 220	167. ······· 285
100. ······· 156	134. ······· 221	168. ······· 288
101. ······· 158	135. ······· 222	169. ······· 289
102. ······· 160	136. ······· 225	
103. ······· 162	137. ······· 225	2권
104. ······· 164	138. ······· 230	170. ······· 3
105. ······· 167	139. ······· 232	171. ······· 3
106. ······· 168	140. ······· 233	172. ······· 6
107. ······· 171	141. ······· 234	173. ······· 7
108. ······· 171	142. ······· 236	174. ······· 9
109. ······· 173	143. ······· 239	175. ······· 10
110. ······· 175	144. ······· 241	176. ······· 11
111. ······· 175	145. ······· 244	177. ······· 12
112. ······· 176	146. ······· 246	178. ······· 14
113. ······· 177	147. ······· 247	179. ······· 15
114. ······· 180	148. ······· 250	180. ······· 16
115. ······· 183	149. ······· 251	181. ······· 16
116. ······· 184	150. ······· 253	182. ······· 18
117. ······· 186	151. ······· 256	183. ······· 19
118. ······· 188	152. ······· 258	184. ······· 20
119. ······· 190	153. ······· 258	185. ······· 21

186.	22	220.	80	254.	132
187.	23	221.	81	255.	133
188.	25	222.	84	256.	135
189.	28	223.	85	257.	136
190.	30	224.	86	258.	136
191.	32	225.	89	259.	138
192.	34	226.	90	260.	140
193.	35	227.	92	261.	141
194.	36	228.	97	262.	142
195.	39	229.	99	263.	144
196.	40	230.	100	264.	146
197.	41	231.	100	265.	147
198.	44	232.	102	266.	149
199.	46	233.	104	267.	151
200.	48	234.	106	268.	153
201.	49	235.	108	269.	154
202.	49	236.	109	270.	158
203.	50	237.	110	271.	159
204.	50	238.	112	272.	161
205.	52	239.	114	273.	164
206.	53	240.	114	274.	166
207.	57	241.	118	275.	168
208.	58	242.	118	276.	173
209.	59	243.	120	277.	173
210.	61	244.	121	278.	176
211.	61	245.	122	279.	179
212.	63	246.	124	280.	180
213.	65	247.	125	281.	186
214.	67	248.	127	282.	186
215.	68	249.	128	283.	187
216.	72	250.	128	284.	189
217.	74	251.	129	285.	190
218.	76	252.	130	286.	194
219.	79	253.	131	287.	196

288. ……… 198	322. ……… 259	356. ……… 314
289. ……… 201	323. ……… 261	
290. ……… 203	324. ……… 262	**3권**
291. ……… 205	325. ……… 265	357. ……… 2
292. ……… 206	326. ……… 265	358. ……… 2
293. ……… 208	327. ……… 268	359. ……… 4
294. ……… 209	328. ……… 272	360. ……… 5
295. ……… 211	329. ……… 273	361. ……… 7
296. ……… 212	330. ……… 274	362. ……… 8
297. ……… 215	331. ……… 275	363. ……… 9
298. ……… 217	332. ……… 279	364. ……… 10
299. ……… 220	333. ……… 279	365. ……… 12
300. ……… 221	334. ……… 280	366. ……… 13
301. ……… 222	335. ……… 285	367. ……… 17
302. ……… 227	336. ……… 287	368. ……… 18
303. ……… 227	337. ……… 288	369. ……… 20
304. ……… 230	338. ……… 292	370. ……… 21
305. ……… 232	339. ……… 292	371. ……… 22
306. ……… 233	340. ……… 295	372. ……… 25
307. ……… 237	341. ……… 296	373. ……… 27
308. ……… 238	342. ……… 299	374. ……… 31
309. ……… 239	343. ……… 299	375. ……… 34
310. ……… 239	344. ……… 300	376. ……… 36
311. ……… 240	345. ……… 301	377. ……… 37
312. ……… 242	346. ……… 303	378. ……… 39
313. ……… 243	347. ……… 304	379. ……… 40
314. ……… 248	348. ……… 305	380. ……… 41
315. ……… 248	349. ……… 306	381. ……… 45
316. ……… 250	350. ……… 307	382. ……… 46
317. ……… 250	351. ……… 309	383. ……… 47
318. ……… 251	352. ……… 309	384. ……… 49
319. ……… 253	353. ……… 310	385. ……… 50
320. ……… 254	354. ……… 311	386. ……… 51
321. ……… 257	355. ……… 312	387. ……… 53

388. ············ 54	422. ············ 99	456. ············ 142
389. ············ 55	423. ············ 99	457. ············ 144
390. ············ 55	424. ············ 100	458. ············ 145
391. ············ 56	425. ············ 101	459. ············ 146
392. ············ 58	426. ············ 103	460. ············ 148
393. ············ 59	427. ············ 103	461. ············ 149
394. ············ 59	428. ············ 104	462. ············ 152
395. ············ 60	429. ············ 106	463. ············ 153
396. ············ 61	430. ············ 106	464. ············ 155
397. ············ 63	431. ············ 109	465. ············ 156
398. ············ 64	432. ············ 110	466. ············ 158
399. ············ 65	433. ············ 111	467. ············ 160
400. ············ 67	434. ············ 113	468. ············ 162
401. ············ 67	435. ············ 115	469. ············ 165
402. ············ 68	436. ············ 116	470. ············ 166
403. ············ 69	437. ············ 117	471. ············ 167
404. ············ 69	438. ············ 120	472. ············ 168
405. ············ 70	439. ············ 120	473. ············ 169
406. ············ 71	440. ············ 122	474. ············ 172
407. ············ 73	441. ············ 123	475. ············ 173
408. ············ 75	442. ············ 123	476. ············ 174
409. ············ 77	443. ············ 125	477. ············ 175
410. ············ 80	444. ············ 129	478. ············ 177
411. ············ 81	445. ············ 130	479. ············ 179
412. ············ 81	446. ············ 131	480. ············ 180
413. ············ 86	447. ············ 133	481. ············ 181
414. ············ 86	448. ············ 134	482. ············ 183
415. ············ 88	449. ············ 135	483. ············ 184
416. ············ 89	450. ············ 136	484. ············ 185
417. ············ 90	451. ············ 137	485. ············ 186
418. ············ 93	452. ············ 139	486. ············ 188
419. ············ 94	453. ············ 139	487. ············ 189
420. ············ 96	454. ············ 141	488. ············ 190
421. ············ 97	455. ············ 142	489. ············ 192

490. 193	524. 240	558. 278
491. 194	525. 241	559. 278
492. 196	526. 241	560. 279
493. 197	527. 241	561. 281
494. 198	528. 242	562. 283
495. 200	529. 242	563. 284
496. 200	530. 243	564. 284
497. 204	531. 244	565. 285
498. 207	532. 246	566. 286
499. 208	533. 247	567. 287
500. 210	534. 250	568. 290
501. 211	535. 250	569. 291
502. 213	536. 251	570. 293
503. 213	537. 252	571. 294
504. 215	538. 253	
505. 216	539. 253	4권
506. 217	540. 254	572. 2
507. 218	541. 255	573. 3
508. 224	542. 255	574. 4
509. 225	543. 257	575. 5
510. 226	544. 258	576. 7
511. 227	545. 259	577. 9
512. 228	546. 260	578. 10
513. 229	547. 262	579. 12
514. 230	548. 265	580. 12
515. 231	549. 266	581. 13
516. 232	550. 267	582. 14
517. 233	551. 268	583. 17
518. 234	552. 270	584. 18
519. 235	553. 272	585. 22
520. 237	554. 273	586. 22
521. 237	555. 274	587. 23
522. 238	556. 276	588. 24
523. 239	557. 276	589. 26

590. …… 28	624. …… 77	658. …… 121
591. …… 29	625. …… 80	659. …… 122
592. …… 29	626. …… 82	660. …… 124
593. …… 33	627. …… 83	661. …… 124
594. …… 34	628. …… 86	662. …… 125
595. …… 38	629. …… 86	663. …… 126
596. …… 38	630. …… 87	664. …… 127
597. …… 39	631. …… 91	665. …… 128
598. …… 43	632. …… 92	666. …… 129
599. …… 44	633. …… 94	667. …… 130
600. …… 44	634. …… 95	668. …… 132
601. …… 45	635. …… 95	669. …… 134
602. …… 47	636. …… 97	670. …… 135
603. …… 47	637. …… 98	671. …… 135
604. …… 48	638. …… 99	672. …… 138
605. …… 51	639. …… 99	673. …… 139
606. …… 52	640. …… 100	674. …… 141
607. …… 53	641. …… 101	675. …… 142
608. …… 55	642. …… 104	676. …… 143
609. …… 56	643. …… 104	677. …… 144
610. …… 58	644. …… 105	678. …… 145
611. …… 58	645. …… 105	679. …… 146
612. …… 59	646. …… 106	680. …… 147
613. …… 61	647. …… 107	681. …… 149
614. …… 65	648. …… 108	682. …… 152
615. …… 65	649. …… 109	683. …… 152
616. …… 67	650. …… 110	684. …… 154
617. …… 69	651. …… 113	685. …… 154
618. …… 70	652. …… 114	686. …… 155
619. …… 72	653. …… 116	687. …… 156
620. …… 73	654. …… 117	688. …… 160
621. …… 73	655. …… 117	689. …… 161
622. …… 75	656. …… 119	690. …… 161
623. …… 76	657. …… 120	691. …… 162

692. 164	705. 185	718. 198
693. 164	706. 186	719. 199
694. 164	707. 187	720. 200
695. 167	708. 187	721. 201
696. 170	709. 188	722. 203
697. 170	710. 189	723. 205
698. 172	711. 189	724. 206
699. 174	712. 192	725. 211
700. 176	713. 193	726. 214
701. 177	714. 193	727. 214
702. 180	715. 195	728. 216
703. 182	716. 196	
704. 184	717. 196	

┃ 옮긴이 해제 ┃

사회진화론에 대한 일반적인 비판을 윌리엄 섬너의 입장에도 적용할 수 있는가?[1]

I. 서론

사회진화론(Social Evolutionism)은 자연계에 적용되는 진화론을 인간 사회에도 적용하는 일련의 이론을 지칭하는 단어다. 이러한 이론은 19세기 말 다윈의 진화론이 커다란 반향을 일으키고 난 후 스펜서(Herbert Spencer)를 위시한 여러 학자가 다양한 형태로 제시하면서 한 시대를 풍미했다. 하지만 사회진화론은 얼마 있지 않아 철학적으로 미성숙한 이론이라는 판정을 받게 된다. 그런데 이보다 더 문제가 되었던 것은 사회진화론이 제국주의 침략을 옹호하고 인종 차별 등 각종 불평등의 불가피성까지도 옹호하고 있다는 의심이 제기되었다는 점이다.[2] 이러한

---

[1] 「사회진화론에 대한 일반적인 비판을 윌리엄 섬너의 입장에도 적용할 수 있는가?: 그의 주저 『습속』을 중심으로」, 2017.09, 동서철학연구 85호, 동서철학회, 517~540쪽.

[2] Peter Munz, "Darwinism" in D. Callahan & R. Chadwick ed., *Encyclopedia of*

문제로 어떤 이론이 사회진화론으로 분류된다는 것은 곧 그러한 이론이 심각한 문제가 있음을 뜻하게 되었다.

이 글에서 검토해 보고자 하는 섬너(William G. Sumner)는 스펜서의 영향을 받은 사회진화론자로 알려진 미국의 사회학자이자 경제학자다. 이와 같은 평가는 사실상 섬너에게도 사회진화론자가 일반적으로 받는 비판이 그대로 적용됨을 의미한다. 다시 말해, 그 또한 진화론을 적자생존의 과정으로 보았을 뿐만 아니라 이를 옳다고 생각했으며, 이를 바탕으로 각종 차별을 정당화했다는 것이다.[3] 하지만 이와 같은 비판은 적절한가?

이하에서 필자는 사회진화론에 제기되는 일반적인 비판이 섬너의 입장에도 적용될 수 있는지를 검토해 보고자 한다. 이를 위해 우선 사회진화론의 일반적인 특징을 일별하고, 그러한 입장에 대한 일반적인 비판을 정리해볼 것이며, 이를 기준으로 섬너 또한 같은 비판을 받아야 하는지를 확인해볼 것이다. 필자는 섬너가 적어도 자신의 주저인『습속』에서는 이와 같은 비판을 벗어나 있으며, 따라서 사회진화론에 대한 일반적인 비판을 감수해야 할 이유가 없다고 생각한다.

II. 사회진화론과 허버트 스펜서

사회진화론은 생명의 기원과 발달에 대한 진화 이론을 인간이 이룬

Applied Ethics Vol. I, Academic Press, 1998, 711~713쪽.

[3] Chris MacDonald, "Evolutionary Perspectives on Ethics" in D. Callahan & R. Chadwick ed., *Encyclopedia of Applied Ethics Vol. II*, Academic Press, 1998, 191쪽.

사회를 설명하는 데까지 확대 적용하고자 하는 일군의 이론을 말한다. 이러한 이론이 가장 주목받던 시기는 다윈이 자연선택을 통한 진화론을 주창한 19세기 말에서 20세기 초반이었으며, 그 후 이러한 이론은 최근에 이르러 거의 자취를 감추고 만다.

이와 같은 사회진화론은 진화를 이용해 인간 사회를 설명한다는 사실 외에는 구체적인 특징을 획일적으로 규정하기가 힘들다. 그 이유 중 하나는 진화의 기작이 무엇인지에 대한 생각이 학자마다 다르기 때문이다. 예를 들어 진화를 자연도태의 과정으로 보고 이를 옹호하는 자들만을 사회진화론자라고 부를 경우 스펜서는 포함되겠지만 크로포트킨(Peter Kropotkin)이나 줄리앙 헉슬리(Julian Huxley) 등은 사회진화론자에서 제외될 것이다. 반면 사회진화론자를 우리가 진화 과정에 순응해야 한다고 주장하는 자로 한정한다면 토머스 헉슬리(Thomas Huxley)가 제외될 것이다. 이처럼 무엇을, 어떻게 강조하느냐에 따라 사회진화론으로 묶인 사상의 구체적인 특징은 다르다고 해야 할 것이다.

이와 같은 차이에도 사회진화론이라면 사람들은 거의 예외 없이 부정적인 생각을 떠올린다. 그 이유는 이러한 이론이 가지고 있는 부정적인 정치적 함의 때문이며, 철학적 미숙함 또한 사회진화론을 곱지 않은 시선으로 바라보게 되는 커다란 이유다. 이 중에서 부정적인 정치적 함의란 사회진화론이 다양한 불평등한 요소를 불가피한 것으로 여기며, 약소국가에 대한 제국주의적 침략 등 온갖 잘못된 관행의 정당화에 기여하는 이데올로기로 기능했다는 것이며, 철학적 미숙함이란 진화 과정 자체를 정당하다고 생각함으로써 사실의 문제와 가치의 문제를 구별하지 못하는 소위 '자연주의적 오류'(naturalistic fallacy)를 범하고 있다는 것이다. 이뿐만 아니라 비판자에 따르면 사회진화론자는 진화가 구체적으로 무엇을 의미하며, 이러한 진화가 어떻게 이루어지는지, 그 적용 범위가 어떻게 되는지 등에 대해서도 오해를 하고 있기도 하다. 한마디로 사회진화론은 총체적인 난국을 벗어날 수 없다는 것이다.

이러한 사회진화론을 대표하는 사상가는 스펜서다. 그는 사회진화론의 창시자며, 사회진화론에 대한 비판은 그와 그를 추종하는 사상가가 공통적으로 갖추고 있는 일반적인 특징 때문이라고 해도 과언이 아니다. 이렇게 본다면 사회진화론에 대한 일반적인 비판은 사실상 스펜서의 입장에 대한 비판이라고 해도 그리 잘못은 아닐 것이다. 스펜서의 입장은 다윈의 진화론과 구별되는 다음과 같은 특징을 가지고 있었다고 일컬어진다. 첫째, 다윈의 진화론이 자연계의 설명에 머물러 있었던 것과는 달리, 스펜서는 진화 원리를 확대 적용하여 이를 인간 사회를 포함한 모든 영역에 적용하고자 했다. 다윈은 단순히 어떻게 생명이 진화했는가에 대한 이론을 제시하는 데 머물러 있었다면 스펜서는 우주를 관장하는 힘으로서의 진화가 삼라만상에 영향을 두루 미치고 있다고 생각했다. 이로 인해 스펜서는 자연과학에서 형이상학으로 이행하게 된다.

둘째, 다윈과 달리 스펜서는 진화를 발전의 원리라고 생각했다.[4] 그는 자연을 포함한 사실상 모든 곳에서 다양하고 복잡한 형태로의 끊임없는 진보의 법칙을 확인할 수 있다고 주장했다. 또한, 다윈이 진화에서 이루어지는 경쟁을 의식적이지 않고 맹목적이라고 생각했지만 스펜서는 진화가 복잡함과 완벽함이라는 궁극적인 목표를 향해 나아가는 의도적인 운동으로 보았다. 그에게는 이와 같은 진화가 진보인 동시에 선(善)이었다. 인류는 이를 목표로 나아가는 진화를 방해해서는 안 되

---

[4] Herbert Spencer, *The Data of Ethics*, Wentworth Press, 2016 Chap. III, sect. 8 참조.

며, 우리는 진화 과정의 촉진을 삶의 목표로 삼아야 한다.

셋째, 스펜서는 '적자생존(survival of the fittest)'을 진화의 근본 원리라고 생각했다는 점에서 '자연선택(natural selection)'을 이야기하는 다윈과 차이가 있다.[5] 스펜서에 따르면 인간 사회는 적자생존이라는 자연법칙이 지배하는 장소로, 만인 대 만인의 투쟁이 벌어지는 전쟁터다. 여기에서 살아남는 것은 강자이며, 이러한 싸움에서 약자는 자연스레 사라지고 만다. 이와 같은 결과는 그 자체가 선(善)인 자연적 진화 과정의 산물이므로 국가 등이 개입하여 시정하려 해서는 안 된다.

III. 스펜서의 사회진화론에 대한 비판[6]

스펜서의 의견을 정리한다면 그는 '적자생존'을 삼라만상을 관장하는 근본적인 진화의 힘으로 파악했으며, 적자가 살아남는 것이 선(善)인 동시에 발전이라고 생각했다고 말할 수 있을 것이다. 이러한 입장에 다음과 같은 반론이 제기될 수 있다. 첫째, 진화 과정 자체는 선일 수도 발전일 수도 없다. 둘째, 진화는 최적자만이 살아남는 과정이 아니다. 셋째, 사회진화론은 자칫 약육강식의 이데올로기를 정당화할 수 있다.

---

[5] Herbert Spencer, *The Principles of Biology* Vol. 1, Nabu Press, 2011, 444쪽.
[6] 여기서 정리하고 있는 스펜서 비판에 반론을 제기하는 사람이 있을 수 있다. 하지만 이 글은 스펜서 이론 자체에 천착보다는 스펜서로 대표되는 사회진화론에 '일반적인' 비판이 어떻게 이루어지고 있는지를 보여주고, 이를 기준으로 보았을 때 섬너의 비판이 적절하지 못한 것에 초점을 맞추고 있다. 따라서 스펜서에 대한 비판의 적절성을 여기서 논의할 필요는 없을 것이다.

1. 진화 과정 자체는 선일 수도, 발전일 수도 없다.

진화 과정이 선일 수 없음은 일찍이 토머스 헉슬리가 비판을 제기한 바 있다. 그는 진화를 토대로 한 새로운 윤리를 발견하고자 하는 스펜서의 노력에 회의적인 눈길을 보낸다. 그에 따르면 '사회의 진화'는 '종의 진화'와는 전혀 다른 과정이다. 그가 생각하는 두 가지 세계, 즉 '우주의 진행 과정'과 '윤리적 진행 과정'은 심각한 투쟁을 벌이는 중이다.[7] 이 중 생물의 세계인 우주의 진행 과정에서는 이기적이고 파괴적인 활동이 대부분을 차지한다. 이러한 과정에서 생명체는 지속적으로 인간 윤리체계와 도덕적 감성을 침해하는 활동에 관여한다. 이렇게 볼 때 자연은 모방의 대상이라기보다는 비난의 대상이다.

헉슬리에 따르면 인간의 삶의 의미는 우주의 진행 과정을 따르기보다는 이에 대항하여 싸우는 데에서 발견된다.[8] 이러한 맥락에서 헉슬리는 문명을 찬양한다. 그 이유는 문명이 근본적인 자연 원리를 깨뜨리고 있기 때문이다. 인간은 자신의 도덕적 기준을 견지하고자 진화 법칙을 거슬러야 하며, 이를 통해 약한 자들이 제거되도록 방치하는 대신, 그들을 적극적으로 보호해야 한다. 그에 따르면 우리는 진화 과정에 대항하여 싸움을 벌여야 하는데, 그 목적은 인간의 윤리적 과정으로 진화적 과정을 대체하는 데 있다. 이러한 대체에 성공하면 우리는 적자(適者)로 살아남게 될 것이고, 궁극적으로는 최고로 윤리적인 인간들의 생존이 보장될 것이다. 반면 진화 과정에 복종하고, 거기에 내재된 가치를 내면화하면, 우리에게는 장래에 대한 희망이 완전히 사라져 버리게 될

---

[7] Thomas Huxley, "Evolution and Ethics" in M. Nitecki & D. Nitecki ed., *Evolutionary Ethics*, State Univ. of New York Press, 1993, 44쪽.
[8] Thomas Huxley, "Evolution and Ethics", 68쪽.

것이다.

　헉슬리의 이러한 입장은 진화 과정이 선일 수 없음을 적절히 지적한다고 말할 수 있다. 그럼에도 헉슬리의 생각은 자칫 진화 과정을 부정적으로 평가할 여지가 있다. 다시 말해 우주의 진행 과정으로서의 진화를 선이 아닌 악으로 보게 될 수가 있다는 것이다. 이 또한 잘못인데, 진화는 선하지 않을 뿐 아니라 악하지도 않다. 진화는 생물이 태초부터 이제껏 살아온 과정에 대한 설명으로 그 자체는 가치중립적이다. 자연이 가치를 가진다고 생각하는 것은 자연에 평가자 자신의 가치를 투사하는 것일 뿐이다.

　그런데 만약 진화가 선하지도 악하지도 않은 중립적인 것이라면, 진화가 곧 발전일 수도 없을 것이다. 그 이유는 발전이란 긍정적인 가치가 함축된 개념이기 때문이다. 가령 샤르댕(Teilhard De Chardin)은 진화의 과정에서 인간이 정점(頂點)을 차지한다고 주장하며, 진화가 곧 진보임을 말하고 있다.[9] 하지만 인간이 진화의 피라미드에서 가장 높은 자리를 점한다는 주장은 샤르댕 자신이 만들어낸 형이상학에 불과하다. 한마디로 이는 샤르댕의 감정 이입적인 세계 해석이다.

　무어(George E. Moore)는 '자연주의적 오류'를 들어 이와 같은 입장의 잘못을 지적하고 있다.[10] 주지하다시피 '자연주의적 오류'란 영역이 구분되는 사실과 가치의 경계를 인정하지 않고 사실에서 임의로 가치를 연역해냈을 때 생기는 오류를 말한다. 이러한 기준으로 볼 때 스펜서는 분명 자연주의적 오류를 범하고 있다. '진화가 이루어진다'는 것과 '진

---

[9] Peter Bowler, *Evolution – The History of an Idea*, University of California Press, 1984, 309쪽.

[10] Michael Ruse, *Darwinism Defended: A Guide to the Evolution Controversies*, The Benjamin/Cummings Publishing Company, 1982, 268~269쪽.

화가 이루어져야 한다'거나 '우리가 이에 따라야 한다'고 말하는 것은 엄연히 구분되는 것이다.

2. 진화 = 적자생존?

스펜서에 대한 두 번째 비판은 진화의 기작이 구체적으로 무엇인가의 문제와 관련된다. 스펜서가 밝힌 것과는 달리, 진화는 만인 대 만인의 투쟁을 핵심으로 하는 상호 경쟁의 과정을 통해서만 이루어지는 것이 아니다. 이는 당대에 크로포트킨(Peter Kropotkin)이 문제점을 지적한 바 있다. 크로포트킨에 따르면 진화는 상호 살벌한 경쟁을 통해 이루어지지 않고 상호 협조를 통해 이루어진다.[11] 그가 전적으로 경쟁을 부정한 것은 아니었다. 하지만 경쟁은 오직 종간(種間)에만 일어나는 것이며, 집단 내(內), 특히 인간의 경우는 상호 간의 조화와 신뢰가 진화의 주요 요소가 된다. 이렇게 볼 때 진화의 과정에서 적자가 되는 것은 투쟁에서 최종적으로 승리를 거둔 자가 아니라 오히려 서로의 협조 관계를 유지한 자이다.[12] 물론 이와 같은 크로포트킨의 입장이 전적으로 옳다고 말할 수는 없다. 그럼에도 진화가 경쟁으로만 이루어지지 않으며, 진화를 이루려면 경쟁 외에도 협조 및 이타적 행위가 필요하다는 지적은 타당하다 할 것이다.

경쟁 외에 협동 또한 진화를 이루는 중요한 요소라는 지적과 별개로 생각해봐야 할 점은 경쟁의 의미다. 미즐리(Mary Midgley)에 따르면 '경쟁'

---

[11] Peter Kropotkin, *Mutual Aid: A Factor in Evolution*, CreateSpace Independent Publishing Platform, 2014, 1~2장 참조.

[12] Alan Urbanek, "Evolutionary Origin of Moral Principles" in Nitecki and Nitecki ed. *Evolutionary Ethics*, SUNY Press, 1993, 327쪽.

이라는 단어는 구분할 필요가 있다. 자연에서 이루어지는 경쟁은 의식적이지 않고 맹목적이지만 인간 사이에 이루어지는 경쟁은 다분히 의지가 개입되는 의도적인 경쟁이다.[13] 이렇게 보았을 때 인간 사회에서의 경쟁과 자연계에서의 경쟁은 분명 다르다고 해야 한다. 그럼에도 경쟁, 그리고 이에 따른 적자생존의 법칙을 인간과 자연계 모두에 동일하게 적용하는 것은 잘못이다.

다음으로 언급해야 할 것은 다윈이 말하는 진화는 '적자생존'보다는 '자연선택'의 과정을 거치면서 이루어지며, 오늘날 진화의 기작에 대한 설명으로 설득력을 인정받고 있는 것은 후자라는 점이다. 다윈의 자연선택 이론에 따르면 진화란 매우 서서히 진행되어 가는 과정으로, 특정 생명체는 그 과정에서 주변 환경이 유리하게 작용함으로써 우연히 살아남은 것일 뿐, 그 생명체가 다른 생명체보다 도덕적으로 우월하거나 강자이기 때문에 지금껏 생존하고 있는 것은 아니다. 다윈의 생각에 따르면 적자는 단지 상황에 따라 결정되는 우연의 산물일 따름이다.

마지막으로 지적하고 싶은 것은 다윈 진화론의 핵심인 자연선택마저도 진화가 어떻게 이루어지는지를 설명하는 포괄적인 이론적 틀일 뿐이며, 우리에게 필요한 것은 이보다 훨씬 상세한 설명이라는 점이다.[14] 그리고 설령 상세한 설명이 제시되더라도 그것을 따라야 한다거나 이의 진행을 방해해서는 안 된다는 이야기를 한다는 것은 또 다른 문제이다. 자연선택이건 적자생존이건 진화의 기작을 포괄적으로 나타내고

---

[13] Mary Midgley, "The Origin of Ethics" in Peter Singer ed., *A Companion to Ethics*, Blackwell, 1993, 5쪽.

[14] Arthur L. Caplan, "Say It Just Ain't So: Adaptational Stories and Sociobiological Explanations of Social Behavior" in Michael Ruse ed., *Philosophy of Biology*, Macmillan Publishing Company, 1989, 265쪽.

있는 이러한 단어는 생명계가 이제껏 살아온 복잡한 인과적 상호작용을 요약한 용어에 지나지 않는다. 이러한 의미에서 에른스트 마이어(Ernst Mayer)는 "특이성(uniqueness)이야말로 진화 생물학의 특징이며, 고전역학에서와 같은 일반 법칙으로 이와 같은 독특한 현상을 나타낼 수 없다"고 한 것이다.[15] 이렇게 보자면 자연선택, 적자생존 등의 단어를 통해서는 진화의 기작을 상세하게 드러낼 수 없으며, 이를 따라야 한다고 생각할 수도 없다.

지금까지의 논의를 사하키안(William Sahakian)의 질문에 답하면서 정리해보도록 하자. 그는 다음과 같이 사회진화론에 의문을 제기하고 있다: "진화 과정의 모든 결과는 다 좋은 것인가? 그 과정의 각각의 단계는 모두가 완전성으로 향하는 움직임인가? 그리고 생물학적인 진보는 필연적으로 도덕적 진보인가?"[16] 이에 우리는 다음과 같이 답할 수 있을 것이다. 첫째, 진화 과정의 모든 결과는 옳고 그름과 무관하며, 굳이 이에 윤리적 판단을 내리려면 또 다른 윤리 원리의 도움을 받아야 한다. 둘째, 진화는 완전성으로 향하는 움직임과는 무관하다. 이는 상황에 따라갈 방향이 정해지는 우연적인 움직임이다. 셋째 진화와 도덕적 진보는 전혀 별개의 문제다. 진화는 사실의 영역이며 여기에는 어떤 가치도 포함되어 있지 않다.

---

[15] 위의 책, 266쪽.
[16] W. 사하키안, 『윤리학의 이론과 역사』, 송휘칠·황경식 공역, 박영사, 1986, 263쪽.

3. 스펜서의 입장은 약육강식 이데올로기 정당화에 이용될 소지가 다분했다[17]

일상적으로 철학자가 다양한 오류를 범한다는 점을 감안할 때 스펜서가 범한 오류는 특별한 예외는 아니다. 문제는 그의 입장이 당대의 사회에 엄청난 파문을 일으키면서 신뢰성을 획득한 진화론을 이용하고 있었다는 것이고, 이러한 진화론이 왜곡되어 활용되었다는 것이다. 더군다나 진화론을 널리 보급하는 데 힘썼던 스펜서가 당대에 가졌던 영향력을 고려해볼 때 그의 입장이 미치는 사회적 폐해는 적지 않았다. 이렇게 말하는 이유는 스펜서가 적자생존으로서의 진화 과정이 선인 동시에 발전이라고 생각했기 때문이다. 이러한 입장은 사실상 강자는 성공하고 약자는 도태되는 것이 당연하며, 이는 그 자체가 선(善)인 자연법칙의 결과이기에 우리가 개입해서는 안 된다는 것을 시사하는 듯했다.

사실 앞에서 살펴본 크로포트킨 또한 진화가 선이라고 주장하고 있는 오류를 범한다는 점에서 스펜서와 크게 다를 게 없다. 하지만 그는 진화가 이루어지는 기작을 상호부조로 파악했기에 이를 우주의 법칙으로 확대 적용해도 오류를 범할지언정, 커다란 해악을 미치지 않을 수 있었다. 하지만 스펜서의 사회진화론은 적자의 생존을, 그리고 이것이 정당하다고 말하는데, 이는 그의 의도와 무관하게 약육강식을 정당화하는 논리가 되어버린다. 만약 인간을 배제한 채 자연을 바라보는 시각에만 머물렀다면 스펜서가 범한 오류는 논리적으로 문제가 되었을지언정 사회적으로는 별다른 부정적인 영향을 미치지 않았을 것이다. 하지

---

[17] 정연교, 「진화론의 윤리학적 함의」, 『철학적 자연주의』, 철학과 현실사, 1995, 277쪽.

만 이러한 입장이 인간 사회에까지 적용됨으로써 그의 이론은 힘없는 인종과 빈자 등의 약자들에 대한 차별, 제국주의와 식민주의 등 강자들의 횡포에 대한 정당화의 논리로 활용될 수 있었다. 이러한 우려는 현실로 나타났는데, 스펜서의 주장은 그의 실제 의도와 무관하게 사실상 강자의 번영과 약자의 파멸을 정당화하는 개념으로 그 영향력을 발휘했다. 예컨대 스펜서가 살아있을 당시 여러 인종의 정신적 특성에 관한 연구가 많이 이루어졌는데, 보아스(Franz Boas)에 따르면 "이들은 모두 유럽인이 최고의 인종이라고 먼저 가정하고, 따라서 유럽인들과 구별되는 모든 차이점은 곧 낮은 정신적 능력을 드러내는 흔적으로 해석"[18]한다. 그런데 스펜서의 입장은 이러한 해석에 정당성을 부여하고, 이러한 차별을 정당화하는 데 이용하기에 안성맞춤이었던 것이다.[19]

IV. 『습속』으로 본 섬너의 사회진화론

섬너는 스펜서를 계승하여 그의 입장을 미국에 널리 퍼뜨리는 데 기여한 사회진화론자로 알려져 있다. 일반적인 비판에 따르면 섬너는 스펜서와 마찬가지로 진화론을 적자생존의 과정으로 보았을 뿐만 아니라 이를 옳다고 생각하기도 했으며, 이와 같은 근본 신념을 바탕으로 각종 차별과 침략 등을 정당화하기도 했다.

---

[18] Franz Boas, *The Mind of Primitive Man*, The Macmillan Company, 1938, 16쪽.
[19] Talcott Parsons, *The Structure of Social Action*, Free Press, 1968, 3쪽. 이러한 비판을 정당하다고 생각했기 때문인지 사회진화론은 한동안 자취를 감추었고, 국내에서도 현재 이에 대해 연구를 하는 학자들은 거의 없다고 해도 과언이 아닐 정도다.

이러한 평가는 섬너가 스펜서와 다를 바 없는 비판을 받아 마땅하다는 것인데, 이러한 비판은 적어도 섬너의 주저인 『습속』에서만큼은 적절하지 않을 수 있다. 섬너는 앞에서 정리한 스펜서에 대한 비판을 바탕으로 사회진화론에 제기되는 일반적인 비판을 어느 정도 벗어나 있다. 『습속』에서 그는 습속과 모레스에 대한 정의에서 출발하여 노동, 부, 노예제도, 식인 풍습, 원시적 정의, 성, 결혼제도, 스포츠, 드라마, 교육과 역사에 이르기까지의 폭넓은 사회현상을 스펜서의 입장과는 상당히 다른 관점에서 설명하고 있다. 『습속』을 통해 보았을 때, 섬너는 다음과 같은 점에서 스펜서와는 입장을 달리한다.

1) 섬너는 진화가 아닌 '습속' 또는 '모레스'에 초점을 맞추어 사회 변화를 설명하고 있다.
2) 그가 말하는 진화는 형이상학적인 개념이 아니며, 진화 과정이 곧 발전도 아니다. 이는 단지 사회현상을 개괄적으로 설명하는 데 활용하는 설명틀일 뿐이다.
3) 그가 사회변화를 설명하는 데 활용하는 개념은 '적자생존'이 아닌 '자연선택'이다.
4) 섬너는 약육강식의 이데올로기를 정당화하지 않는다.
5) 섬너는 습속이나 모레스 자체를 선(善)이라 생각하지 않는다.

만약 섬너의 입장이 이와 같다면 그가 스펜서와 다를 바 없는 사회진화론자로 불리면서 비판을 받아야 할 이유는 없을 것이다. 이하에서는 방금 정리한 내용을 섬너의 주저인 『습속』을 통해 상세히 살펴보도록 하자.

1. 사회를 관장하는 힘으로서의 습속 내지 모레스

섬너가 인간 사회와 생물계의 진화를 이야기하고 있음은 분명하지만 그가 초점을 맞추는 대상은 진화 자체가 아니다. 스펜서와 달리, 그가 초점을 맞추는 것은 삼라만상에 내재된 진화의 힘을 들추어내는 것이 아니다. 『습속』에서의 그의 관심은 사회 변화를 이끄는 힘으로서의 습속과 모레스의 특징을 규명하고, 이의 실재함을 다양한 사례를 통해 보이는 것이다. 그는 지극히 상식적인 의미에서의 '습속'과 '모레스'의 흥망성쇠에 관심을 집중하고 있는데, 이는 『습속』의 부제인 '용례, 매너, 관습, 모레스, 그리고 도덕의 사회학적 중요성'에서도 어느 정도 드러난다.

섬너가 이처럼 습속 내지 모레스에 초점을 맞추고 있다고 해서 그가 진화에 관심이 없는 것은 아니다. 그럼에도 그의 관심은 진화 자체가 아니라 자연계의 진화 과정과 유사한 과정을 거치는 습속이나 모레스의 진화다. 습속이나 모레스가 개인에게 미치는 영향이라는 측면에서 보자면 섬너의 입장은 진화를 이야기하지만 오히려 문화 결정론자로 일컬어지는 보아스(Boas)의 입장에 가깝다. 양자가 차이가 없는 것은 물론 아니다. 보아스는 문화의 상대성에 매료되어 심지어 문화마다의 공통성이 전혀 없다는 극단적 상대주의적 입장에 도달하지만 섬너는 인간이 가진 공통적인 특징을 인정함으로써 보아스와 같은 입장에까지 이르고 있지 않다. 그럼에도 개인에게 미치는 문화의 영향, 섬너의 입장에서는 습속이나 모레스의 영향의 중요성을 감안한다면, 그래서 문화에 의해 인성이나 품성이 좌우된다는 점을 양자 모두가 강조하고 있음을 감안한다면 섬너는 진화 결정론자보다는 문화 결정론자에 가깝다고 생각해야 할 것이다. "인간은 모레스를 만들 수 없다. 인간은 모레스에 의해 만들어진다."[20] 이러한 주장으로 미루어 보았을 때 그에게는 미국의 스펜서가 아닌 미국 사회학의 창시자라는 별칭이 훨씬 잘 어울린다고 말할 수 있다.

2. 사회현상을 설명하는 데 활용되는 틀로서의 진화

섬너가 말하는 진화는 보이지 않는 추진력을 갖춘 형이상학적 원리가 아닌, 상식적인 의미에서의 '습속'과 '모레스'의 흥망성쇠다. 그는 습속이 사회와 그 안에 사는 개인에게 미치는 힘, 습속의 변화 과정 등을 현실적인 관점에서 상세하게 설명하고자 할 뿐이며, 이를 관장하는 보이지 않는 힘을 상정하고 이를 설명하지는 않는다. 이는 스펜서와의 근본적인 차이점이다.

섬너가 말하는 사회는 자연계와 유사한 방식으로 진화가 이루어지지만 그렇다고 양자가 같은 것은 아니다. 습속이 자연계와 다른 방식의 진화를 거치는 이유는 습속이 유기적인 것이거나 물질적인 것이 아니며, 자연현상과는 별개 차원의 사회현상이기 때문이다. "이는 관계와 관례, 그리고 제도적 장치로 이루어진 초유기적 시스템에 속해"[21] 있다. 이에 따라 섬너는 양자를 관장하는 같은 진화의 힘을 상정하고 있지 않은데, 심지어 그는 진화론의 이론적 틀을 인간 사회의 변화를 설명하는 데 차용하고 있을 뿐 그 이상의 역할을 진화에 부과하고 있지 않다. 심지어 그는 양자 간의 유사성이 중요하지 않다고 지적을 하기도 한다. "모레스의 지속성 못지않게 주목해야 할 특징으로 들 수 있는 것은 모레스의 가변성과 변이성(variation)이다. 비록 **그 유사성이 중요한 것은 아**

---

[20] *Folkways*, 478.
[21] *Folkways*, V.

니지만(강조는 필자) 우리는 여기서 생명계의 유전과 변이와의 흥미로운 유사성을 발견할 수 있다."²²

이러한 주장은 그의 진화 개념 활용이 사회 내에서의 다양한 변화나 현상 등을 설명하고자 편의적으로 차용한 데 머물고 있으며, 그 이상도 그 이하도 아니라는 점을 보여준다. 그는 형이상학자가 아닌 사회학자로서 진화 개념을 활용하고 있는 것이다. 이처럼 섬너는 진화론의 기본적인 이론 틀을 이용해 습속의 특징을 설명하는 데 머물고 있지, 그 범위를 확장하고 있지는 않다.

3. 최적자 생존이 아닌 자연선택을...

섬너가 스펜서와 다른 또 다른 점은 진화의 기작이 되는 원동력에 대한 견해에서도 찾아볼 수 있다. 스펜서는 경쟁에서 싸워 이기는 '최적자의 생존'(survival of the fittest)을 통해 진화가 이루어진다고 생각했고, 이를 정당한 것으로 파악했다. 반면 섬너는 '최적자 생존'을 이야기하지 않고 다윈 진화론의 핵심이라 할 수 있는 자연선택을 사회 변화를 설명하는 이론적 틀로 활용하고 있다. 이는 (1) 그가 '최적자의 생존'보다는 '선택'이라는 표현과 '변이' 등의 용어를 사용한다는 점, (2) 상황에 따라서, 우연적으로 사회선택이 이루어짐을 강조한다는 점, (3) 진화를 발전 과정이라고 생각하지 않는다는 점, 그리고 (4) 경쟁 외에 협동에 대해서도 관심을 가진다는 점 등을 통해 확인할 수 있다.

먼저 섬너가 스펜서의 최적자 생존보다는 다윈의 자연선택 개념에 충실하고 있음은 그가 책에서 사용하고 있는 진화와 관련된 개념들을

---

²² *Folkways*, 85.

통해 확인된다. 예를 들어 그는 '생존을 위한 투쟁'을 이야기하지 '최적자의 생존'을 언급하고 있지 않다. 또한 그는 가변성과 변이(variation), 그리고 '선택'(selection)[23]을 말하며, 그리고 필연성이 아닌 우연성에 초점을 맞추기도 하는데, 이는 그가 스펜서보다는 다윈의 자연선택의 개념에 충실하고 있음을 시사한다. 그는 사회 진화를 이야기하면서 자연선택 개념을 활용하고 있는 것이다.

다음으로 섬너는 습속이 "인간의 의도나 지혜의 산물이 아니며",[24] "우연에 의해 형성"[25]된다고 주장한다. 이처럼 그는 다윈이 자연선택을 이야기할 때와 마찬가지로 상황에 우연적인 적응을 강조하고 있으며, 특정한 상황에서 사람들이 이루고자 하는 목적에 얼마만큼 부합되는지가 습속의 존속 여부를 결정한다고 생각한다. "습속의 성공 여부는 항상 소기의 목적에 얼마만큼 적절히 적응했는지에 좌우된다."[26] "생존을 위한 투쟁은 삶의 여러 조건에서, 그리고 살아가려고 치루는 경쟁과 연결되어 이루어짐이 분명하다. 삶의 조건은 가변적인 환경 요소에 좌우된다."[27] 습속은 이와 같은 상황을 적절히 반영하여 모양새를 갖추게 되는데, 여기에서 핵심은 그 과정과 결과의 우연성이다.

이와 같은 생각에 일관되게 섬너는 상황에 따르는 습속의 적응 방식이 항구적으로 유효한 것이 아니라고 생각한다. 왜냐하면 적절한 적응 방식은 상황에 따라 달라질 수 있기 때문이다. 그리고 이와 같은 이유로 상황에 대한 적응 방식으로서의 습속은 필연적으로 흥망성쇠의 과

---

[23] 예를 들어 *Folkways* 제5장의 제목은 사회선택이다. *Folkways*, 174.
[24] *Folkways*, 5.
[25] *Folkways*, 25.
[26] *Folkways*, 6.
[27] *Folkways*, 16~7.

정을 겪는다. 이는 자연선택에 의한 진화의 산물로서의 개체가 우호적인 상황에서 흥했다가 적대적인 상황을 맞으면서 사라지게 되는 경우와 다를 바 없는 것이다. 이러한 진화는 누군가의 의도와 무관하게, 우연히 이루어진다. 그리고 이러한 진화를 이야기하고 있다는 것은 섬너나 스펜서가 아닌, 다윈이 말하는 자연선택에 의한 진화에 충실하고 있음을 보여준다.

세 번째로 섬너가 최적자의 생존이 아닌 자연선택을 진화의 요체로 간주한다면 그는 진화가 곧 발전이라고 생각하지 않았을 것이다. 실제로 그는 이와 같은 입장을 견지하는데, 그리하여 시간이 흐름에 따라 습속이 오히려 퇴보할 수 있음을 이야기한다. "모레스가 시간이 흐르면서 점차 세련되어 간다는 견해(이러한 입장은 모레스가 스스로, 혹은 어떤 고유한 경향성에 의해 그러한 방향으로 진행되어 간다고 가정한다)는 전혀 근거가 없다."[28] 이러한 모레스는 시대적 요청에 따른 결과물일 뿐 최적자이기 때문에 살아남은 것이 아니며, 이것이 발전 또한 아니다.

이와 관련한 섬너의 구체적인 언급을 두 가지만 인용해보자. 섬너에 따르면 '인도주의'는 사람들이 새로운 땅을 획득함으로써, 또한 기술이 진보함으로써 자연을 통제하는 인간의 힘이 더욱 증진됨에 따라 탄생한 이념일 뿐, 인간이 이러한 힘을 갖출 수 없는 다른 상황이었다면 '인도주의'가 아닌 다른 이념이 지배적인 이념으로 자리 잡았을 것이다. 섬너의 생각에 따르면 인도주의는 하필이면 인류가 특정한 발달 과정을 거쳤기 때문에 요청되었을 뿐, 어떤 역사적인 과정을 거쳤다고 해도 그와 상관없이 인도주의가 시대의 지배 이데올로기가 되지는 않

---

[28] *Folkways*, 117.

앉을 것이다.[29]

　이러한 생각은 민주주의에 마찬가지로 적용된다. 그는 민주주의가 절대적이면서 영원한 진리를 담는 것은 아니라고 생각한다. 이는 "지구의 인구가 과소하여 사람에 대한 경제적 목적의 수요가 있을 경우"[30]에 요청되는 이데올로기일 뿐 이러한 상황이 바뀔 경우 민주주의에 대한 평가도 달라질 수 있으며, 그러한 상황에 부합하는 이데올로기가 민주주의의 자리를 대신하게 될 것이다.

　마지막으로 섬너는 진화가 이루어지려면 단지 경쟁만이 아니라 협동도 필요하다고 주장한다. "모든 자연이 투쟁과 경쟁의 무질서 상태에 놓여 있다고 생각하는 것은 잘못일 것이다. 제휴와 협력은 어떤 경우에도 필요하다."[31] 이와 같은 협동이 필요한 이유는 먼저 사람 간의 이익이 지나칠 정도로 충돌하면 모두가 실패하게 될 수 있기 때문이고, 둘째, 그들이 제휴하여 협력하면 자연에 대항하는 노력을 더욱 강력한 힘으로 승화시킬 수 있기 때문이다.[32] 섬너는 이러한 상황에서의 협력을 '적대적 협동'(antagonistic coöperation)이라고 불렀는데, 이러한 협동은 "더욱 큰 공동의 이익을 충족시키기 위해 결합하면서 이루어지며, 이렇게 하면서 세세한 이익 충돌이 억제된다."[33]

　만약 지금까지 정리한 내용이 섬너의 입장을 적절히 반영하고 있다면 우리는 섬너가 '사회'의 진화를 이야기한다는 점에서 스펜서 쪽에 가까운 면도 있지만 사회의 진화를 자연선택을 통해 설명하고 있다는

---

[29] *Folkways*, 40.
[30] *Folkways*, 195.
[31] *Folkways*, 16.
[32] *Folkways*, 18.
[33] *Folkways*, 18~9.

점에서 오히려 다윈의 입장을 충실히 반영하고 있다고 봐야 할 것이다.

4. 차별의 논리?

이처럼 섬너가 다윈의 자연선택 개념을 채택하여 사회의 변화 추이 등을 설명한다면 그가 각종 차별과 약육강식 등의 논리를 정당화한다는 주장은 근거가 없다. 이는 자연선택을 받아들이는 데 따른 논리적 귀결로서의 그의 주장으로도 확인할 수 있다. 예를 들어 그는 "어떤 국가에 속하는 사람은 '그 국가'를 혹은 군국주의, 상업주의, 혹은 개인주의를 신봉한다. 그들이 생각하기에 다른 나라 사람은 감정적이고, 신경질적이며, 미사여구를 좋아하고, 집단적 자만심으로 가득하다."[34]라고 하면서 쇼비니즘을 비판하고, "1898년 미국의 대중은 미국이 필리핀 군도를 점령하고, 그곳에서 지배를 받는 것이 아니라 그곳의 지배자가 되길 원했다. … 권력의 정당성을 지탱하는 원천으로서의 위대한 주의(主義)가 순식간에 밟혀 뭉개졌다."[35]라고 주장하면서 제국주의적 침략을 비판하며, "주인 때문에 아기 엄마가 된 노예 여성에 대한 이슬람 율법은 대부분의 기독교인을 부끄럽게 하는 규정 중의 하나다."[36]라는 주장을 통해서는 기독교중심주의 내지 자문화중심주의의 잘못을, "어느 한 집단도 다른 집단을 자신의 모레스로 개종할 합리적 근거를 전혀 갖지 못한다는 말을 듣는 어떤 집단은 충격을 받을 것이다. (왜냐하면 이것은 그들의 습속이 다른 집단의 습속보다 좋은 것이 아니라는 것을 함축하는 듯이 보이기 때문이다. 그러나 사실은 그렇지 않다.) 그

---

[34] *Folkways*, 99.
[35] *Folkways*, 168.
[36] *Folkways*, 304.

러나 이 말을 하지 않을 수 없다. 왜냐하면 그것은 진실이기 때문이다."[37]라는 주장으로는 모레스나 습속의 우열을 가릴 수 없음을 이야기하고 있다. 이처럼 그는 약육강식과 차별 등에 부정적인 견해를 보이는데, 이는 그가 "우리는 선이고 타인은 악이라는 주장은 절대로 참이 아니다"[38]라고 밝히는 데서도 극명하게 드러난다.

『습속』에서 강자의 논리를 정당화하는 듯이 보이는 대목 중의 하나는 그가 노예제를 비윤리적이라고 비난하지 않는 듯한 주장을 하는 데에서 찾아볼 수 있다. 가령 그는 다음과 같이 말한다. "노예제로 여성의 지위가 상승했고, 짐수레 끄는 동물 사육으로 노예들의 지위가 상승했다."[39] "노예 자신의 바람과 무관하게 그를 무조건 내쫓아야 한다는 명령을 내리는 인도주의적 견해는 분명 합당하지 않다."[40]

하지만 노예제에 전반적인 입장을 통해 보았을 때 섬너는 노예제에 분명 비판적인 견해를 보인다. "노예제는 탐욕과 허식에서 탄생한 만큼 사람들의 기본 동기에 부합되었고, 곧바로 이기심과 다른 근본적인 악덕과 뒤얽히게 되었다."[41] "우리는 노예제가 서비스를 약속했지만 결국 주인이 되어버린 끔찍한 악마였음을 알게 될 것이다."[42] 등의 주장은 섬너가 노예제를 어떻게 파악하는지를 확인할 수 있는 대목이다. 그렇다면 오해의 여지가 있는 그의 주장은 어떻게 받아들여야 할까?

이에 대한 적절한 견해를 보이려면 그가 옹호하는 듯한 노예제에 관한 주장이 '특정 환경 속에서 나타난 현상에 인과적 설명과 그에 따른

---

[37] *Folkways*, 474~5.
[38] *Folkways*, 16.
[39] *Folkways*, 306.
[40] *Folkways*, 307~8.
[41] *Folkways*, 280.
[42] *Folkways*, 264.

결론'임을 인지할 필요가 있다. 다시 말해 그는 노예제가 발생하게 된 사회적, 역사적 맥락이 있으며, 이러한 맥락을 고려하여 그 적절성을 판단해야 함을 이야기하는 것이다. 예를 들어 섬너는 "노예제가 문명사에서 좋은 역할을 했다고 해서 노예제가 영원히 지속되어야 한다고 말할 수는 없다."[43]라고 주장하고 있는데, 이는 한편으로는 전후 상황을 고려해보았을 때 노예제가 어떤 특정한 상황에서 일정한 역할을 한 경우가 있음을 인정하면서도, 다른 한편으로는 노예제가 시대 상황과 무관하게 그러한 역할을 할 수 없음을 이야기하는 것이다. 이 상황에서 그는 노예제가 정당하다고 하기보다는 특정 상황에서 노예제가 그 시대의 상황을 타개해 나갈 방법으로 부득이하게 노예제가 활용되었음을 이야기하고 있을 뿐이다.

섬너는 습속을 통틀어 일관되게 이러한 견해를 보인다. 가령 그는 "일반적으로 낙태, 유아살해, 그리고 노인살해는 개인의 직접적인 이기심 때문에 시행된다. 그럼에도 여기에는 사회 복리가 무엇을 요구하는지에 대한 판단의 요소가 다수 포함되어 있다."[44]고 이야기하고 있는데, 이것이 곧 이들 관행이 정당하다는 주장은 아니다. 다만 그는 이러한 관행이 이루어질 수밖에 없는 불가피한 상황과 맥락을 고려해볼 필요가 있음을 말하고 있을 뿐이다. 섬너가 생각하기에 현상에 대한 심층적인 이해를 도모하면, 우리는 이들에 인간의 사악한 측면만이 포함되어 있는 것은 아니며, 더욱 커다란 재앙을 피하기 위한 고민의 흔적을 발견할 수 있을 것이다.

그렇다면 섬너가 스펜서 등의 사회진화론자와 마찬가지로 제국주의

---

[43] *Folkways*, 267.
[44] *Folkways*, 310.

적 침략 등을 정당화하는 이론가로 비판을 받는 이유는 무엇일까? 아마도 그 이유 중 하나는 습속이나 모레스가 그 자체로 정당하다고 주장하는 것처럼 보이는 구절이 그의 저서에서 눈에 띄기 때문일 것이다. "사회는 무엇보다 방해꾼들에게서 자유로울 필요가 있다. – 다시 말해 그냥 혼자 내버려 둘 필요가 있다."[45] 이러한 주장은 사회진화론에 대한 일반적인 비판이 섬너에게 적용할 수 있다는 생각을 갖게 할 수 있다. 다시 말해 섬너가 진화 과정에 놓여 있는 습속이나 모레스 자체가 선(善)이요 정당성을 가지기 때문에 우리가 여기에 개입해서는 안 된다는 생각을 갖게 할 수가 있다는 것이다.

5. 진화 = 선?

지금까지의 논의를 정리해보면 섬너는 습속의 흥망성쇠를 이야기하고 있으며, 이러한 추이는 우연의 산물이지 필연 법칙의 소산이 아니라고 생각하고 있다. 또한, 그는 이와 같은 흥망성쇠 자체가 습속의 발전을 함의하는 것도 아니라고 생각한다. 그럼에도 그가 진화 자체를 선이나 악이라고 생각하는 것은 아닌가? 이 질문에 답하려면 먼저 섬너에게서 '진화'가 말 그대로 '진화 자체'를 이야기하는지, '진화 과정의 산물'을 말하는지, 아니면 '진화를 이끄는 힘'을 말하는지부터 정리해볼 필요가 있다.

먼저 섬너가 진화 자체를 이야기하면서 이를 선하다고 생각하고 있지 않음은 분명하다. 만약 섬너가 사회의 진화 자체를 선이라고 생각했

---

[45] William Sumner, *The Challenge of facts and Other Essays*, Forgotten Books, 2012, 25쪽.

다면 그는 어떤 경우에도 사회현상을 비판하지 않았을 것이고, 이에 정당성을 부여했을 것이다. 사회의 진화는 어떤 경우에도 옳을 것이기 때문이다. 하지만 섬너는 습속에서 그와 같은 견해를 보이지는 않는다. 앞에서 언급된 여러 인용문에서 확인해볼 수 있는 바와 같이 그는 기존의 사회현상에 비판의 칼을 휘두르고 있다.

다음으로 '진화 자체'를 '진화의 산물', 다시 말해 이를 진화의 산물로서의 습속이나 모레스로 파악하고, 이들을 선하다고 생각했을 가능성을 고려해보자. 섬너가 습속 내지 모레스가 진화 과정을 거친다고 생각하고 있음은 분명하다. 하지만 그가 이들이 진화 과정의 산물이기 때문에 선하다고 생각했을 가능성은 거의 없다. 그 이유는 진화 과정을 거쳤다는 이유만으로 습속이나 모레스가 선하다고 이야기할 수는 없을 것이기 때문이다. 이는 진화를 매개로 탄생하게 되었다고 해서 진화의 산물로서의 특정 동물을 선하다고 할 수 없다는 점을 생각해보면 쉽게 이해할 수 있을 것이다. 도대체 진화 과정을 거쳤다는 사실이 그 결과로서의 산물을 선하게 만드는 이유가 무엇인가?[46]

남은 것은 섬너가 '진화를 이끄는 힘'을 진화 자체로 생각했을 가능성이다. 다시 말해 섬너가 진화를 이끄는 힘으로서의 습속이나 모레스를 선이라고 생각했다는 것이다. 하지만 이처럼 해석하면 이들은 적어도 우주의 변화를 관장하는 힘이 될 수는 없을 것이다. 심지어 이는 자연계의 진화를 관장하는 힘마저 될 수 없다. 왜냐하면 습속이나 모레스는 오직 인간 사회에서만 확인되는 사회현상이기 때문이다. 실제로 섬너는 습속이나 모레스가 우주를 변화시키는 역할을 한다고 생각하지

---

[46] 그럼에도 자연의 진화와는 달리, 습속 변화의 산물인 '현재의 습속'을 그 자체로 선이며, 더 이상의 정당화는 불가능하다고 생각할 수 있는 여지는 있다. 이는 소위 윤리적 상대주의자인 관례주의자들(conventionism)이 취하는 입장이다.

않는다. 이들은 오직 사회의 진화에만 관여한다.

　이와 같은 문제가 있음에도 섬너가 '사회' 진화를 이끄는 힘인 습속 내지 모레스가 선하다고 생각했을 가능성을 고려해보자. 만약 섬너가 사회 진화를 추진하는 힘으로서의 습속이나 모레스를 그 자체로 선하다고 생각한다면 우리는 섬너가 사회 진화론에 대한 일반적인 비판, 다시 말해 진화 내지 진화를 이끄는 힘 자체를 선이나 악이라고 생각했다는 비판을 근본적으로 벗어나지 못했다고 보아야 할 것이다.

　습속과 모레스 중에서 섬너가 그 자체로 선이라고 생각했을 것으로 예상되는 후보는 습속보다는 모레스다. 물론 언뜻 보기에 섬너가 습속이 선이라고 주장한다고 판단할 수 있는 구절이 있다. 예를 들어 섬너는 "습속은 옳다",[47] "습속은 참이다"[48]와 같은 주장을 하고 있는데, 이들은 섬너가 습속 자체를 선이라고 생각했다고 읽힐 수 있는 구절이다. 하지만 이는 오해인데, 그 이유는 그가 습속은 '옳다'라고 하면서 구체적으로 제시하고 있는 내용을 살펴보면 '상황에 적절하다고 여겨지는 일반적인 행동 방식들'을 언급하고 있음을 확인할 수 있기 때문이다. "사냥을 할 때, 아내를 구할 때, 자신의 모습을 나타낼 때, 질병을 치료할 때, 망령을 경외할 때, 동료나 모르는 사람을 대할 때, 아이가 태어났을 때, 출정 길에 오를 때, 회의를 할 때의 행동 등 있을 수 있는 모든 경우에 대한 올바른 방식이 있다."[49] 이와 같은 올바른 방식은 특정 상황에서 적절하다고 여겨지는 편의적인 것이지 결코 도덕적인 옳고 그름은 아니다. 이들은 습속이긴 하지만 그 자체를 '도덕적인' 선으로 판정할 수 없는 것이다.

---

[47] *Folkways*, 30.
[48] *Folkways*, 29.
[49] *Folkways*, 29.

섬너가 습속을 선이라 생각하지 않았다고 말해야 하는 또 다른 이유는 그가 일부 습속을 나쁜 것으로 판정 내리기도 하기 때문이다. "전통적인 습속이 이성적 혹은 윤리적 검토의 대상이 되면, 이들은 더 이상 소박하고 무의식적인 것이 아니게 된다. 이때 우리는 이들이 조악하고, 터무니없으며, 적절치 못했던 것임을 발견할 수 있다."[50]

만약 습속이 선이 아니라면 모레스는 어떠한가? 섬너의 모레스에 대한 정의로 미루어 볼 때 그가 모레스를 선이라고 생각했을 가능성이 있다. "참됨과 옳음이라는 요소가 복리에 관한 교의로 발전하게 되면, 습속은 또 다른 국면으로 접어들게 된다. 이때 습속은 추론을 제시할 수 있게 되고, 새로운 형태로 발전을 이루며, 인간과 사회에 건설적인 영향력을 널리 발휘하게 된다. 우리는 이들을 모레스(mores)라고 부른다."[51] 또한 그는 "모든 사람은 습속을 강제로 따라야 하고, 습속은 사회생활을 지배한다. 이 경우 습속은 참되고 옳은 것으로 보이며, 복리를 지향하는 규범으로서의 모레스로 부상한다."[52]라고 주장하기도 하는데, 이는 섬너가 모레스가 곧 선이라고 생각했다고 볼 수 있는 대목이다. 그 밖에 섬너가 "한 시대와 장소에 있는 사람의 입장에서는 그들 자신의 모레스가 항상 좋은 것이며, 자신들이 받아들이는 모레스의 좋고 나쁨은 의심의 여지가 없는 것이다",[53] "어떤 시간과 장소에서 채택되고 있는 모레스 안의 모든 것은 그 시간과 장소에서는 정당한 것으로 간주해야 한다",[54] "모레스는 무엇이든 올바른 것으로 만들고 또 무엇

---

[50] *Folkways*, 69.
[51] *Folkways*, 31.
[52] *Folkways*, 39.
[53] *Folkways*, 59.
[54] *Folkways*, 59.

에 대한 비난이든 방지할 수 있다"[55]와 같이 주장하고 있음을 고려한다면 우리는 그가 모레스 자체를 선한 것으로 보았다고 생각해볼 수 있을 것이다.

하지만 습속에 제기한 의문과 마찬가지로, 섬너가 모레스를 곧 선이라고 생각했는지에 같은 의문이 제기될 수 있다. 예를 들어 그는 "마녀 박해는 모레스의 극단적인 어리석음, 사악함, 그리고 터무니없음을 보여준다."[56]라고 주장하는데, 이는 그가 마녀 박해를 모레스라고 생각하지만, 그럼에도 이러한 박해를 잘못이라고 판단하고 있음을 보여준다. 그는 모레스가 어떤 경우에도 선임을 인정하고 있지 않은 것이다. 그런데 우리는 이러한 섬너의 태도를 모순적이라고 생각해볼 수 있다. 어떻게 모레스가 특정 시간과 장소에서 정당한 것으로 간주해야 한다고 하면서 마녀 박해를 비판할 수 있을까? 마녀 박해는 특정 시대의 모레스이고, 이에 따라 그 자체가 선으로 파악해야 하는데 말이다.

이와 같은 일관되지 못한 태도는 섬너가 모레스 자체를 '정당하다'고 생각한 것이 아니라 그러한 모레스를 수용하고 있는 사람이 이를 정당하거나 선하다고 '생각'할 따름이며, 이에 따라 당대에 받아들이는 모레스가 '실제로' 선한 것이라고 생각하지 않았다고 이해함으로써 해소할 수 있을 것이다. 바꾸어 말해 마치 과거의 사람들이 천동설을 믿었지만 그것이 옳지 않았듯이, 설령 특정 시대 사람들이 모레스 자체의 정당성을 의심하지 않았다 해도 그것 자체가 모레스의 '실질적인' 정당성을 보장하지는 않는다고 이해하는 것이다. 이 경우 우리는 섬너가 다음과 같이 생각하고 있는 것으로 판단해볼 수 있다. '설령 당대의

---

[55] *Folkways*, 521.
[56] *Folkways*, 60.

사람들이 모든 모레스가 선하다거나 정당성을 갖는다고 생각한다고 해도 모든 모레스가 '실제로' 정당한 것은 아니며, 모레스 중 일부만을 그렇게 파악할 수 있다.' 이와 같은 방식으로 우리는 섬너가 마녀 박해도 '설령 모든 사람이 당대의 모레스인 마녀 박해가 정당하다고 생각했어도 그러한 박해가 실제로 정당한 것은 아니며, 이는 비판적인 통찰을 통해 그 어리석음과 사악함 등이 드러날 것이다.'라고 생각했다고 이해할 수 있을 것이다. 이처럼 해석하면 우리는 섬너가 모레스가 곧 선이 아니라 모레스 일부를 선이라고 생각한다고 이해할 수 있게 되며, 섬너가 주장하는 바의 모순을 해소할 수 있게 된다.

실제로 섬너는 모든 모레스를 선하다고 생각하지 않았는데, 이와 같은 이유로 섬너는 진정으로 선한 모레스와 그렇지 않은 것을 선별해내야 하며, 이를 위해 치열한 노력을 해야 한다고 주장한다. "우리가 잘못되었다고 판단하는 현행 모레스의 특정 부분에 저항하려면 용기를 가지고 분투해야 한다."[57]

이를 위해 섬너가 초점을 맞추는 것은 우리의 비판 능력이다. 그는 이러한 능력을 통해 모레스를 객관적으로 검토할 수 있어야 한다고 강조한다. "우리는 전통적인 모레스에 대한 자유롭고 이성적인 비판이 사회 복리를 위해 필수불가결하다고 생각해볼 수 있을 것이다."[58] 그런데 섬너에게 이러한 비판 능력을 이용해 우리가 진정한 선이라고 생각해야 할 모레스가 무엇인지, 이러한 생각을 근거 짓는 기준은 무엇이며, 어디에서 유래했는지를 물으면, 그는 이 모든 것의 답을 당대의 습속이나 모레스 안에서 찾아야 한다고 말할지도 모른다. 하지만 그의 구체적

---

[57] *Folkways*, 119.
[58] *Folkways*, 96.

인 답변이 무엇인지를 떠나 적어도 우리가 말할 수 있는 것은 섬너가 사회 진화의 엔진인 습속이나 모레스 자체를 선이라고 생각하지 않았다는 점이다.

V. 나가며

지금까지 우리는 스펜서에 대한 비판에서 비롯된 사회진화론에 일반적인 비판을 섬너에게 적용하는 것은 재고의 여지가 있음을 확인해보았다. 섬너는 사회진화론자이기보다는 진화론의 일부 이론적 틀을 활용한 사회학자이며, 스펜서와 다윈 중에서 후자의 입장에 더욱 가까운 것처럼 보인다. 이렇게 생각하는 이유는 섬너가 진화보다는 습속을 이야기하고 있고, 최적자의 생존을 통해 진화가 이루어지지 않고 자연선택으로 이루어진다고 생각하고 있기 때문이며, 이와 더불어 진화를 선도 악도 아니며, 발전을 함축하고 있다고 생각하고 있지 않기 때문이다. 이렇게 보았을 때 섬너를 온갖 차별과 제국주의 침략 등을 정당화하는 '못된' 사상가로 판단하는 것은 재고의 여지가 있다. 섬너에 대한 일반적인 비판은 대체로 허수아비 논증에 해당한다고 해야 할 것이다. 적어도 섬너의 주저인 『습속』의 경우는 그러하다. 만약 그의 주저인 『습속』을 기준으로 판단하는 것이 잘못된 시각이 아니라면 섬너를 스펜서주의로 부르면서 일반적인 사회진화론에 대한 비판 도구를 잣대로 판단하는 것은 재고해 보아야 할 태도라 할 것이다.

지은이 윌리엄 그레이엄 섬너(William Graham Sumner, 1840~1910)

윌리엄 그레이엄 섬너는 1872~1909년에 예일(Yale)대학교 교수를 지낸 미국의 사회학자이자 경제학자이다. 미국 사회학의 창시자로 불리기도 하는 그는 집단이 공유하고, 사회의 유지·발전에 힘이 되는 '습속'(folkways)이라는 단어를 최초로 사용했으며, 다윈 진화론의 기본 틀을 개인뿐만 아니라 사회를 설명하는 데 적용한 것으로도 널리 알려져 있다. 대표적인 저술은 『Folkways(1906)』이며, 이외에도 『Andrew Jackson as a Public Man(1882)』, 『What social class owe to each other(1883)』 등이 있다.

옮긴이 김성한

전주교대 윤리교육과 교수. 관심 분야는 함께 살아가는 삶, 채식, 진화론 등이고, 저서로는 『나누고 누리며 살아가는 세상 만들기』, 『어느 철학자의 농활과 나누는 이야기』, 『왜 당신은 동물이 아닌 인간과 연애를 하는가』, 역서로 『채식의 철학』, 『동물해방』, 『사회생물학과 윤리』, 『프로메테우스의 불』, 『동물에서 유래된 인간』, 『섹슈얼리티의 진화』 등이 있다.

옮긴이 정창호

고려대학교 영어영문학과를 거쳐 고려대학교 대학원에서 서양철학을 공부하였고 독일 함부르크 대학에서 철학교육학 박사학위를 취득하였다. 고려대학교 교육문제연구소 연구교수를 역임하였고, 현재 경기대학교 교직학부 초빙교수로 재직 중이며 고려대, 중앙대, 경희대에 출강하고 있다. 역서로는 존 듀이의 『공공성과 그 문제들』(이유선과 공역) 등 다수가 있고, 다문화교육, 인성교육 등의 분야에서 다수의 논문과 글들을 발표하였다.

한국연구재단 학술명저번역총서 서양편· 786

습속
용례, 매너, 관습, 모레스, 그리고 도덕의 사회학적 중요성
제4권

1판 1쇄 발행 2019년 10월 10일
원 제 | Folkways: A Study of Mores, Manners, Customs and Morals
지은이 | 윌리엄 그레이엄 섬너(William Graham Sumner)
옮긴이 | 김성한·정창호
펴낸이 | 김진수
펴낸곳 | 한국문화사
등 록 | 1991년 11월 9일 제2-1276호
주 소 | 서울특별시 성동구 광나루로 130 서울숲 IT캐슬 1310호
전 화 | 02-464-7708
팩 스 | 02-499-0846
이메일 | hkm7708@hanmail.net
웹사이트 | www.hankookmunhwasa.co.kr

ISBN 978-89-6817-810-8　94380
세트 978-89-6817-806-1　94380

• 이 책의 내용은 저작권법에 따라 보호받고 있습니다.
• 잘못된 책은 구매처에서 바꾸어 드립니다.
• 책값은 뒤표지에 있습니다.

• 이 도서의 국립중앙도서관 출판예정도서목록(CIP)은 서지정보유통지원시스템 홈페이지
 (http://seoji.nl.go.kr)와 국가자료종합목록 구축시스템(http://kolis-net.nl.go.kr)에서
 이용하실 수 있습니다.(CIP제어번호 : CIP2019035788)
• '한국연구재단 학술명저번역총서'는 우리 시대 기초학문의 부흥을 위해
 한국연구재단과 한국문화사가 공동으로 펼치는 서양고전 번역간행사업입니다.